Bauen und sanieren mit Lehm

www.Fex.Dis.de

Bauen und sanieren mit Lehm

Kork, Hanf und Schilf in modernen Lehmbautechniken

Klaus Schillberg
Heinz Knieriemen

AT Verlag

Inhalt

Lehm – ein Baustoff mit Zukunft

Vielfach haben wir die Vorzüge von Lehm als Baumaterial bereits gelobt und gepriesen. In zahlreichen Kulturen auf der ganzen Welt wird dafür beredtes Zeugnis abgelegt.

Lehm kann energieaufwendig erzeugtes Baumaterial ersetzen. Der Kreislauf von der Verarbeitung bis zur Wiederverwendung bleibt überblickbar. Lehm wird, zusammen mit anderen Naturmaterialien, daher nicht zu einer Hypothek für Natur und Mensch. Durch seine Fähigkeit, die Luftfeuchtigkeit zu regulieren und Temperaturschwankungen auszugleichen, schafft er ein gesundes Raumklima, bindet den Staub und beugt so auch Erkältungskrankheiten, Asthma und Allergien vor. Lehmwände sind antistatisch, neutralisieren Rauch und absorbieren im Wasserdampf gelöste Schadstoffe. Doch damit nicht genug der Lobpreisungen: Lehm ist ein Naturmaterial, das der Haut schmeichelt und zum Formen und Gestalten einlädt.

Lehm ist über Jahrtausende ein lebendiges, lebensfreundliches Baumaterial geblieben. Seit der 1. Auflage unseres Buches «Naturbaustoff Lehm» im Jahre 1993, das viele Bauprojekte inspiriert und gefördert hat, ist einiges in Bewegung geraten. Der Lehmbau hat vor allem im deutschsprachigen Raum endgültig den Dornröschenschlaf beendet – wachgeküsst vor allem durch die innige Verbindung mit Naturprodukten wie Hanf, Kork, Schilf und Jute und durch eine grosse Zahl von Neuerungen und innovativen, selbstbaufreundlichen Entwicklungen. Lehm und Lehmprodukte haben ihr Nischendasein verlassen und treten selbstbewusst als gesunde, umweltschonende und preislich attraktive Alternativen zu konventionellen Baustoffen auf. Auch die Vielzahl von kleineren in diesem Bereich tätigen Fachbetrieben zeigt, dass Lehm- und Naturbauweisen dem Handwerk eine Zukunft bieten.

Das Schwergewicht hat sich in den letzten Jahren vom Neubau hin zur Sanierung von Fachwerkbauten, Häusern, Wohnungen und Scheunen verschoben. Alte Bausubstanz wird sinnvoll genutzt. Und darüber hinaus schaffen Lehm und Naturmaterialien Lebensqualität im umfassenden Sinne.

Das Buch «Bauen und sanieren mit Lehm» ist auf dem neuesten Stand. Der fachtechnische Teil (Seite 115ff.) enthält Ausschreibungen und Arbeitsanleitungen aus der Praxis für die Praxis. Er spiegelt die Erfahrungen von über 500 Lehmbauprojekten, die der Fachmann Klaus Schillberg begleitet hat, und liefert die nötigen Grundlagen für SelbstbauerInnen wie für Baufachleute mit Rezepturen und Detailzeichnungen. Das ausführliche Bezugsquellenverzeichnis ermöglicht Preisvergleiche und verschafft den Zugang zu Innovationen wie den farbigen Lehmedelputzen für eine harmonische Raumgestaltung, zu Kork-Lehm-Produkten und Dämmstoffen sowie zu Hanfleichtlehm und Hanfdämmstoffen, die auch preislich sehr attraktiv sind. Ein besonderes Kapitel ist den Bauschäden im Lehmbau gewidmet. Die bauphysikalischen Hintergründe und Ursachen werden praxisnah erklärt, und es wird aufgezeigt, wie sie vermieden werden können.

Lehm, Hanf, Kork, Schilf und Jute sind nicht nur bewährte Baustoffe, die sich in Naturkreisläufe einfügen: Sie machen das Bauen und Wohnen darüber hinaus auch wieder zu einem sinnlichen Vergnügen.

12 gute Gründe, mit Lehm zu bauen

Lehm wird seit Jahrtausenden in aller Welt für den Hausbau verwendet. Richtig aufbereitet und verarbeitet, liefert der Aushub ohne den Humusanteil einen gesunden, regenerierbaren Baustoff, der auch heute allen ökologischen und ökonomischen Anforderungen gerecht wird.

Traditionelles Weidengeflecht wird mit Strohlehm beworfen.

- Bauen mit Lehm und Wohnen in Lehmhäusern ist gesund.
- Lehm reguliert die Luftfeuchtigkeit, schafft ein gutes Raumklima, ist hautfreundlich und bindet schlechte Gerüche wie etwa Zigarettenrauch.
- Lehm als Baumaterial überdauert bei fachgerechter Verarbeitung Jahrhunderte.
- Lehm ist zu hundert Prozent wiederverwertbar. Lehm aus alten Häusern wird eingesumpft und emeut beim Bauen verwendet.
- Lehm schützt durch die geringe Gleichgewichtsfeuchte Holzkonstruktionen. Chemischer Holzschutz ist unnötig!
- Lehm wird mit geringem Aufwand an Fremdenergie und Technik gewonnen und verarbeitet.
- Lehm lässt sich leicht reparieren und eignet sich gut für das Verlegen von Leitungen usw.
- Lehm weist mit entsprechenden Zuschlagsstoffen gute Wärmedämmwerte für Wände, Decken und Dächer auf.
- Lehmbaustoffe haben besonders gute Schallschutzeigenschaften.
- Lehm ist ein bewährtes, gesundes Material für Innenputze, auch bei Renovationen.
- Lehm lädt zur kreativen Gestaltung und künstlerischen Betätigung ein – gegen Langeweile und Normierung am Bau.
- Lehm ist ein kostengünstiger Baustoff, der sich zur handwerklichen Verarbeitung gut eignet. Mit keinem anderen Material kann man ähnlich einfach bauen. Deshalb ist Lehm prädestiniert für Selbstbauprojekte.

Und ein weiterer Grund: Unsere Zukunft kann nicht in Bauweisen liegen, die umweltbelastend sind, Handwerker überflüssig und Menschen krank machen.

Lehm und Hanf – eine überzeugende Liaison

Nehmen wir das Hanfseil. Es wird seit Jahrhunderten aus den Fasern des *Cannabis sativa* gefertigt. Ein unscheinbares Produkt. Kein aufdringliches Styling, keine aufwendige Verpackung. Verrottungsfähig, authentisch, vielseitig. Selbst den entschlossensten Vertretern von «Law and Order» ist nie in den Sinn gekommen, die Hanfschnur mit dem Argument zu verbieten, sie könne – in grossen Mengen genossen – einen Rausch erzeugen. Die brave Schnur entging den Verbotsnetzen des Betäubungsmittelgesetzes.

Der Anbau von Hanf, der ältesten Kulturpflanze der Erde mit den mannigfaltigsten Verwendungsmöglichkeiten, wird immer noch mit Argwohn verfolgt. Doch langsam beginnt die Erkenntnis zu dämmern, dass *Cannabis sativa* so ziemlich alles liefert, was das Herz des durchschnittlichen Europäers begehrt: Autokarosserien, Nahrungsmittel, gesunde Stoffe, heilende Medikamente und pflegende Öle, umweltverträgliche Waschmittel, hochwertiges Papier – und ausserdem hervorragende Wärmedämmstoffe und Baustoffe. Die Wiederentdeckung der Nutzpflanze Hanf ist nicht mehr aufzuhalten. Allein in Deutschland wurden 1999 auf 6000 Hektaren Hanf angebaut, europaweit auf etwa 35 000 Hektaren, überwiegend auf brach liegenden Flächen. Tendenz: stark steigend. Und damit gar nicht erst falsche Vorstellungen aufkommen: Von den als Dämmmaterial eingesetzten Hanfmatten müsste man bei dem kaum wahrnehmbaren THC-Gehalt etwa 40 Kilogramm rauchen, bis man «abhebt».

Hanf, ein umweltfreundlicher Werk- und Baustoff.

Hanfdämmung, die Alternative zu Glas- und Steinwolle

Hanfschäben – das sind äusserst beständige zerkleinerte Teilchen vom holzigen, harten Stiel der Hanfpflanze – haben als Schüttdämmung und Zuschlagsstoff für Hanfleichtlehm und Dämmmatten aus feinen Hanffasern (Produktname Thermo-Hanf) dem Naturbau neue Anwendungsmöglichkeiten erschlossen. Lehm und Hanf sind eine überzeugende Liaison eingegangen, und die Produkte werden heute weit über die Naturbauszene hinaus akzeptiert. Hanf-Trittschallfilze und Dämmmatten bieten sowohl von ihren Wärme- und Schalldämmwerten her als auch preislich eine gute, ökologisch sinnvolle und gesunde Alternative zu Glas- und Steinwollmatten. Zum Aspekt der Ökologie: Bei Thermo-Hanf werden zur Stabilisierung der zwei Meter langen Matten zur Zeit etwa 15% PE-Stützfasern beigemischt. Nach Alternativen zur textilen Kunststofffaser wird geforscht. Hanf-Trittschallfilze, Hanf-Schüttdämmung und Hanfleichtlehme sind als reine Naturbaustoffe völlig frei von chemischen Zusatzstoffen. Hanffilze erreichen sehr gute Schalldämpfungswerte und eignen sich gut als Unterlagsfilze für diffusionsoffene Holzfussböden. Sie wirken feuchtigkeitsregulierend und sind in hohem Masse reissfest. Eine Gefährdung der Gesundheit ist sowohl bei der Herstellung als auch beim Einbau der Dämmung ausgeschlossen. Mit Hanfbaustoffen gibt es auch keine Probleme beim späteren Ausbau, da das Material recyclierbar ist.

Hanfgrossschäben

Die Hanfdämmung wird in Mattenform in Stärken von 4 bis 16 Zentimeter und in individuellen Breiten geliefert, sie eignet sich für die Dämmung von Dach, Wand und Boden. Egal ob die Dämmung in Neu- oder Altbauten verarbeitet wird, der Einbau ist auch für Heimwerker einfach, rationell und im Gegensatz zu den konventionellen Alternativen nicht gesundheitsgefährdend. Saubere und staubarme Verarbeitung, gute Hautverträglichkeit ohne Juckreiz und optimale Dämmwerte machen das Produkt zu einem qualitativ hochwertigen Baumaterial, das feuchtigkeitsregulierend und klimaausgleichend wirkt.

Hanfleichtlehm

Hanfgrossschäben, als Schütt- oder Einblasdämmstoffe eingesetzt, sind mit 85,– DM/Fr. pro Kubikmeter ab Werk zur Zeit die preiswertesten Naturdämmstoffe, sogar Steinwoll-Dämmstoffe oder Polystyrolplatten sind teurer.

Der ebenfalls mit Hanfschäben hergestellte Leichtlehmstein weist mit 400 kg/m^3 Rohdichte neben den bekannten Vorzügen des Lehms gute Dämmwerte auf, die schwereren Hanflehmsteine für Fachwerkwände überzeugen durch ihre Schallschutz- und Speicherqualitäten. Die Vorteile des lange verpönten und vergessenen Zuschlagsstoffes sind offensichtlich: Hanfschäben sind wegen des hohen Silikatanteils kaum verrottbar, und da sie keine Eiweissanteile enthalten, für Insekten nicht attraktiv. Sie verleihen den Steinen eine hohe Stabilität und machen sie gut verarbeitbar. Hanf ist also auf dem besten Wege, den Naturbaustoffhandel so richtig aufzumischen.

Produktpalette Hanflehm-Bausystem:
Hanf-Trittschallmatten/-Streifen in Stärken von 3 bis 15 Millimeter
Thermo-Hanf-Dämmmatten in Stärken von 4 bis 16 Zentimeter
Gereinigte Hanfgrossschäben als Schütt- und Einblasdämmung
Hanf-Stopf- und -Dämmwolle
Hanflehmsteine, Hanfleichtlehmsteine
Hanfleichtlehm, Hanfkleinschäben
Lehmfertigputze mit Hanfkleinschäben
Hanfteppiche, Auslegeware

Hanflehmprodukte vielfältig einsetzbar

Weit über die angebotenen Produkte hinaus bieten Mischungen von Hanf und Lehm gerade für Selbstbauer vielfältige Einsatzmöglichkeiten. Hanfkleinschäben, in der Grösse mit Sägemehl vergleichbar, haben sich als idealer Zuschlagsstoff für wärmedämmende Lehmputze erwiesen. Eine erdfeuchte Füllung aus 2 bis 4 Zentimeter langen Hanfgrossschäben und aufbereitetem Lehm kann als Wärme- und Schallschutz direkt zwischen Aussenwand und die Fachwerk-Vorsatzschale aus Lehmsteinen eingebracht werden. Schilfrohrmatten bilden zusammen mit Hanflehmprodukten eine harmonische Verbindung. Sie können auch für unterschiedlichste Bodenaufbauten verwendet werden. Im Gegensatz zu Strohlehm sind sie extrem leicht und bei richtigem Mischungsverhältnis praktisch schwundfrei. Es bilden sich keine Fugen, und damit besteht auch nicht die Gefahr der Bildung von Wärmebrücken.

Hanfleichtlehm als Fussbodenfüllung.

Trittschallstreifen aus Hanf für gute Schalldämmung.

10
11

Moderne Lehmbautechniken

Ein sehr wichtiges Kriterium für die Wahl der Lehmbautechnik ist die gewünschte Bauzeit: Nasslehmtechniken können nur von Frühjahr bis Herbst ausgeführt werden, wobei, je nach Witterung und Jahreszeit, Trocknungszeiten von 8 bis 16 Wochen eingeplant werden müssen: Eine im Herbst ausgeführte Holzleichtlehm-Innendämmung kann im darauf folgenden Frühjahr verputzt werden. Lehmsteinwände können schon nach zwei bis drei Wochen verputzt werden.

Bei vorhandenen Mischausfachungen mit Gasbeton, Bimssteinen, Klinker oder Feldbranntsteinen eignet sich nicht jede der genannten Lehmbautechniken als Dämmung. Um bauphysikalisch sicherzugehen, können zwei Techniken empfohlen werden:

1) Vormauerung mit Leichtlehmziegeln, wobei ein Zwischenraum von 5 bis 8 Zentimeter zur Ausfachung hin mit Mineralleichtlehm verfüllt wird (in diesem Bereich befindet sich der so genannte Taupunkt).
2) Innendämmung mit Kork- oder Mineralleichtlehm, homogen an die alte Aussenwand angeschlossen.

In keinem Fall sollten Hinterlüftungen eingebaut werden, die in der Praxis sowieso nicht funktionieren, da die Tauwasserabflussrinne zwischen den beiden Wänden mit Mauermörtel gefüllt ist, der beim Eindrücken der Mauersteine hinunterfällt. Das Ergebnis ist eine nach zwei bis drei Jahren faulende Schwelle.

Die zur Auswahl stehenden Lehmbautechniken haben unterschiedliche Festigkeiten: Will man an einer Stampf-Leichtlehmwand Schränke aufhängen, muss eine Bilderleiste in Form eines breiten Brettes in die Wand integriert werden.

Nasslehmtechniken

Die Sanierung historischer Fachwerkgebäude geschah über viele Jahrhunderte vorwiegend mit Nasslehmtechniken für die Ausfachung von Aussenwänden, Innenwänden und Lehmdecken. Meist handelte es sich um Lehm-Geflecht-Bewurftechniken, bei denen die Weidengeflechte mit einer Mischung aus Strohhäcksel und Lehm von beiden Seiten der Gefache beworfen wurden.

Im Deckenbereich wurden entweder Lehmwickel, hergestellt mit Langstroh und Lehm, in die genuteten Deckenbalken eingearbeitet, oder eine Trapezleistenkonstruktion angelegt. Bei dieser Technik werden in die Nuten Hartholzstaken eingebaut und darüber eine Strohlehmmischung aufgebracht und von oben durch die Staken gedrückt. Das abschliessende Verstreichen der durchhängenden Lehmteile zu einem Lehmputz ergibt eine lebhafte, harrnonische Deckenansicht. Diese historischen Fachwerktechniken kommen heute sowohl bei Sanierungen als auch bei Neubauten immer wieder zur Anwendung, da sie handwerkliche Traditionen wiederbeleben und selbstbaufreundlich sind.

Atelier aus massivem Stampflehm (Pisétechnik) in der Ostschweiz.

Auch im Massivlehmbau wurden selbst in unseren feucht-nassen und wechselhaften Klimazonen komfortable und menschengerechte Bauten erstellt. Viele Zeugen dieser Pisébauweise haben Jahrhunderte überdauert, werden wegen ihres hohen Wohnwertes gelobt und sind in tadellosem Zustand. Piséwände sind in ihrem Gefüge ganz ähnlich wie Beton (selbstverständlich ohne dessen baubiologische Nachteile). Sie weisen keinerlei Fugen auf, sind wie aus einem Guss und so belastbar, dass im 19. Jahrhundert sogar Fabriken und bis zu fünfgeschossige Wohnhäuser erstellt wurden.

Bei den heutigen Anforderungen an das Wohnklima drängt sich eine Kombination der Lehmtechniken auf: Eine gut Wärme speichernde Wandmasse im Innenbereich und gut Wärme dämmende Wände an der Gebäudeaussenhülle.

Strohleichtlehm-Stampftechnik

Anfangs der Achtzigerjahre unternahmen die Lehmbauer die ersten Versuche mit Nasslehmverfahren, und zwar mit der Strohleichtlehm-Stampftechnik.

In einer Lehmgrube wird der Baulehm gut angesumpft und in einem speziellen Zwangsmischer zu Lehmschlämme verarbeitet. In diese Lehmschlämme wird entweder manuell (Stampfen mit den Füssen) oder maschinell (mit einer Gartenfräse) das Stroh eingearbeitet. Diese Arbeit geschieht direkt auf dem Boden oder in einer grösseren Wanne. Die so hergestellte Strohlehmmischung lässt man 48 Stunden mauken. In dieser Ruhephase nehmen die Faserstoffe einen Teil der Feuchtigkeit auf, während das überflüssige Wasser abfliesst. Anschliessend wird die sehr feuchte Mischung in eine Gleit- oder Kletterschalung eingestampft.

Bei Lehmhausneubauten werden mit Strohleichtlehm meist die Aussenwände und Dachdämmungen erstellt, in der Fachwerksanierung dient das Material für Innenwand- und Deckendämmungen. In den meisten Fällen handelt es sich bei Strohlehmbauprojekten um Selbstbau.

Gestampfter Strohlehm

Probleme mit Strohlehm

Während heute der Faktor Zeit entscheidend ist, konnte man sich früher beim Bau von Fachwerkhäusern Zeit lassen. Die Lehmausfachungen wurden in der warmen Jahreszeit ausgeführt, danach wartete man in der Regel ein Jahr mit der weiteren Behandlung der Lehmwände. Je nach Strohlehmqualität mussten nach der Trocknung der Gefache die Fugen zum Fachwerk wegen auftretender Schwundrisse überarbeitet werden. Häufig wurde jedoch auf eine solche Überarbeitung verzichtet, weshalb bei der Fachwerksanierung oft undichte, inhomogene Aussenwände, die nicht winddicht abgeschlossen sind, vorzufinden sind. In der Regel handelt es sich um Schwundfugen der Grössenordnung von 3 bis 10 Millimeter.

Ähnliche Probleme traten auch beim modernen Hausbau mit Strohleichtlehm auf. Je nach der Qualität des Baulehms schwinden die Wände stärker oder weniger stark (teilweise betrug der Schwund bei einer Wandhöhe von 2,5 Meter bis zu 8 Zentimeter). Bei allen Projekten musste nachgearbeitet werden. Und selbst nach den Nacharbeiten entstand wiederum ein Trocknungsschwundriss, der leider nicht immer nachbehandelt wurde.

Da auf der Baustelle die Qualität der Strohlehmmischung – das genaue Mischungsverhältnis zwischen Wasser, Lehm und Stroh – nie exakt eingehalten werden kann, entstehen in den Wänden oft starke Hohlräume und damit Kältebrücken. Ein weiterer, häufiger Fehler besteht darin, die horizontalen Haltelatten der aussteifenden Holzkonstruktion an die vertikalen Hölzer anzunageln. Beim anschliessenden Schwundprozess stellen sich dann horizontale Risse und Kältebrücken ein, da die Latten nicht nach unten mitschwinden können. Diese dürfen bei sachgerechter Ausführung nur lose eingelegt werden.

Neuerdings gibt es wieder Lehmbaustoffhersteller, die Strohleichtlehmmischungen herstellen und an Selbstbauer verkaufen. Je nach Witterungsverhältnissen muss diese Lehmmischung innerhalb einer Woche verarbeitet werden. In der Baupraxis ist dies oft nicht zu bewerkstelligen, so dass der Strohleichtlehmhaufen auf der Baustelle zu schimmeln beginnt. Oft wurden die Lehmmischungen zu einem grossen Haufen abgekippt, so dass von unten keine Belüftung mehr möglich war.

Ein typischer Fehler besteht darin, dass sehr leichte Mischungen verwendet werden. Dabei wird mit Rohdichten unter 400 kg/m^3 gearbeitet – immer nach dem Motto: Je mehr Stroh in der Mischung, desto besser die Wärmedämmung. Logischerweise ergibt sich bei einem Mischungsverhältnis von fünf Teilen Stroh und einem Teil Lehm ein grosses Trocknungsproblem, zumal der geringe Lehmanteil nur in Form sehr wässriger Lehmschlämme beigemischt werden kann. Diese sehr leichten Lehmaufbauten beginnen bei lang anhaltendem, feuchtem Klima nach kurzer Zeit zu humusieren und zu schimmeln.

Strohlehmaussenwände brauchen Zeit zum Austrocknen. Das gilt vor allem für Wanddicken über 25 Zentimeter, die oft noch im Oktober oder schon im Februar ausgeführt wurden. Auch Deckenfüllungen mit Strohleichtlehm, die erst im Herbst eingebracht werden, können kaum noch durchtrocknen. Resultat: Schimmel, nicht selten mit der Folge, dass alles wieder herausgerissen und zu «sicheren», modernen Baustoffen wie Gasbeton gegriffen wurde. Viele Denkmalpfleger können davon ein Lied singen. Diese traurigen Erfahrungen mussten auch die Lehmbau-Fachbetriebe machen und dafür viel Lehrgeld zahlen. In der Öffentlichkeit wurde dem Lehmbau dadurch viel Schaden zugefügt.

Strohleichtlehmbau mit handwerklicher Sorgfalt

Eine grosse Zahl zufriedener Hausbewohner legen Zeugnis dafür ab, dass bei sorgfältigem Vorgehen die genannten Probleme beim Strohlehm-Stampfbau zu bewältigen sind. Die Mischung muss in der warrnen, trockenen Jahreszeit verarbeitet werden, und die Aussenwände sollten nicht dicker als 25 Zentimeter sein.

Wenn genügend Platz vorhanden ist, können direkt auf der Baustelle Strohlehmsteine und auch Massivlehmsteine hergestellt werden. Diese haben sich als Innendämmung von Fachwerkbauten und als Speicherwände gut bewährt. Wer mit Strohlehm arbeitet, muss neben den Jahreszeiten auch noch andere Faktoren berücksichtigen. Zuerst müssen die Decken rnit Strohlehm gefüllt werden, damit der Trocknungsprozess durch Wind- und Sonneneinstrahlung gewährleistet ist. Der Aussenwandaufbau beginnt immer im Norden, es folgen Ost-, West und Südwand.

Die Rohdichten der trockenen Lehmwände sollten mindestens 650 kg/m^3 betragen. Leichte Mischungen von um 400 kg/m^3 sind nicht zu empfehlen, da sie den Anforderungen an Brand- und

Holzbalkendecke für Alt- und Neubau gut wärme- und schalldämmend

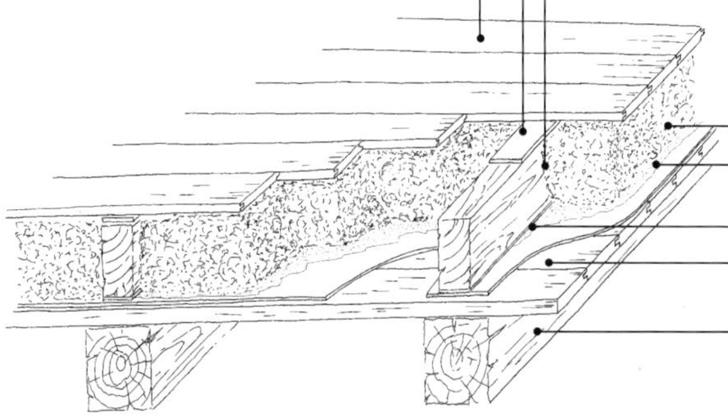

Schallschutz nicht genügen und Trocknungsprobleme entstehen können. Für das Herstellen der Mischungen mit Lehm haben sich die hartfaserigen Strohsorten (Roggen, Gerste) bewährt.

Schwer zu behebende Schäden beim Hausbau mit der Strohleichtlehm-Stampftechnik führten dazu, neue Wege zu suchen und neue Techniken zu erproben. Das sind neben den Trockentechniken mit Lehm- und Leichteichtlehmsteinen neue, schwundfreie Nasslehmtechniken.

Holzleichtlehmgemisch

Schwundfreie Nasslehmtechniken

Holzleichtlehm

Rindenfreie Holzhackschnitzel werden zusammen mit Lehm und Sägemehl oder Hobelspänen aus Weichholz im Zwangsmischer aufbereitet, in eine Kletterschalung gefüllt und leicht verdichtet. Die Schalung kann sofort nach dem Einstampfen entfernt werden. Holzleichtlehm eignet sich sowohl für die Innendämmung von Fachwerkaussenwänden als auch für Aussenwände und Deckenfüllungen von Neubauten. Bei richtiger Anwendung entstehen keine Schwundprobleme, die Trocknung erfolgt im Vergleich zu Strohleichtlehm sehr schnell. Realisierbare Rohdichten: 500 bis 750 kg/m^3.

Hanfleichtlehm

Diese Mischung besteht aus Lehm und Hanfgrossschäben, die im Zwangsmischer angerührt wird. Die äusserst harten und beständigen Hanfschäben werden aus dem harten Stiel der bis vier Meter hoch wachsenden Hanfpflanze hergestellt und als 20-Kilogramm-Sackware geliefert. Sie enthalten ca 65% Zellulose, 21% Lignin und viele phosphathaltige Nährstoffe, die eine hohe Materialbeständigkeit garantieren. Hanfleichtlehm wird leicht verdichtet und kann sofort ausgeschalt werden. Die Hanf-Lehm-Mischung kann individuell eingestellt werden (250 bis 600 kg/m^3).

Korkleichtlehm

Eine Mischung aus grobem Korkgranulat, am besten Recycling-Granulat, und Lehm wird im Zwangsmischer angerührt. Korkgranulat wird als

100-Liter-Sackware geliefert. Es hat hervorragende Wärmedämmwerte bei gleichzeitig gutem Schallschutz. Korkleichtlehm kann maschinell mit bauüblichen Estrichpumpen angemischt und gefördert werden, wird leicht verdichtet und kann schnell ausgeschalt werden. Die Mischungen können mit entsprechenden Zuschlagsstoffen wie Korkmehl oder Sand individuell eingestellt werden (280 bis 600 kg/m^3).

Mineralischer Leichtlehm

Diese Leichtlehmmischung besteht aus Lehm, Sand, mineralischen Dämmstoffen (Blähton, Bims) sowie mineralischen Bindemitteln wie z.B. Kalk. Die Verarbeitung ist einfach: Im Betonmischer wird die Mineralleichtlehmmischung angerührt und in eine Schalung eingeschüttet. Anschliessend wird leicht nachverdichtet und in ein bis zwei Tagen ausgeschalt. Je nach Gebäudenutzung und Sonnenausrichtung der Wände kann die Mischung individuell eingestellt werden (500 bis 1200 kg/m^3).

Baustellenlehm für Deckenkonstruktionen

Der Baustellenlehm (trocken bis erdfeucht) eignet sich auch zum Verfüllen im Deckenbereich. Falls der humusfreie Lehm dennoch zu feucht ist, empfiehlt sich die Zugabe von Weisskalk, der vollflächig auf die unterseitige Hanf- oder Jutefilzlage eingestreut wird. Bei guter Verdichtung entsteht ein homogener, belastbarer Lehmboden. Gestampfter Lehm hat ein hohes Raumgewicht – bis 1900 kg/m^3. Deshalb sollte zunächst die Statik der Deckenbalken genau geprüft werden. Deckenfüllungen mit 8 bis 10 Zentimeter verdichtetem Baulehm sind allemal ausreichend. Bevor sich die Balken durchbiegen, verfüllt man die restlichen Hohlräume bis Balkenoberkante mit Korkgranulat oder Hanfgrossschäben.

Trockenlehmtechniken

Das heutige Baugeschehen ist auf Trockenbautechniken mit kurzen Zeitvorgaben und hohem Maschinen- und Kapitaleinsatz ausgerichtet. In dieses Umfeld fügen sich Lehmbautechniken nur dann ein, wenn auf der Baustelle folgende Bedingungen erfüllt sind:

– Einfache, rationelle Baustelleneinrichtung (Produktlagerung auf stapelbaren Paletten)

– Lehmputze sollten als Sackware oder Container-Siloware geliefert werden.

– Die Verarbeitung muss mit den auf dem Bau gängigen Maschinen möglich sein.

– Der Bauablauf sollte nicht durch lange Wartezeiten beispielsweise wegen der Trocknung von bestimmten Bauteilen beeinträchtigt werden.

– Die Verarbeitung der Baustoffe sollte schnell und einfach möglich sein.

– Konstruktionen müssen einfachst konzipiert sein, damit auch Selbstbauer oder ungelernte Bauhandwerker damit gut umgehen können.

– Naturbaustoffe müssen ein gutes Preisgefüge haben, um mit marktüblichen Produkten in Konkurrenz treten zu können.

– Alle beim Lehmbau verwendeten Baustoffe sollten von hoher ökologischer Qualität sein (geringer Energieaufwand bei Herstellung und Verarbeitung, kurze Transportwege, volle Recyclingfähigkeit, keine Gesundheitsgefährdung für Hersteller, Verarbeiter und spätere Bewohner).

– Gesetzlich vorgeschriebene Normen – Schall- und Brandschutz, Wärmedämmung – sollten von Lehmbaustoffen ebenso gut wie von konventionellen Baustoffen erfüllt werden.

Man mag bedauern, dass Naturbauweisen teilweise in einen unsympathischen Rahmen hineingezwängt werden, doch lassen sich Marktgesetze

Herstellung von grossformatigen Karphosit-Lehmbauplatten.

nicht ohne weiteres aufheben. Tatsache ist, dass in den letzten zehn Jahren wegen unsachgemässer handwerklicher Ausführung von Nasslehmtechniken für den Lehmbau grosse Imageprobleme entstanden sind. So äusserten an Baufachmessen oftmals Denkmalpfleger Kritik bezüglich fachlich inkompetenter Beratungen und Ausführungen von Sanierungen, Trocknungs- und Schimmelpilzproblemen. Lange Trocknungszeiten verteuern ein Projekt. Immer wieder kommt es zu vermeidbaren Fehlleistungen, etwa dass Lehmbaufirmen im Herbst Deckenfüllungen mit Strohleichtlehm durchführen mit dem Ergebnis, dass äusserst unangenehme und teure Schimmelpilzbekämpfungsmassnahmen, in einigen Fällen sogar Holzschwammbehandlungen notwendig waren.

Alternativ zu Nasslehmtechniken werden heute Strohlehmplatten, Kork-, Hanf- oder Holzlehmsteine, grossformatige Lehmbauplatten und Massivlehmsteine – umgangssprachlich oft Grünlinge genannt – im Trockenbau verarbeitet.

Strohlehmsteine, Strohlehmplatten

In einem speziellen Zwangsmischer stellt die Firma Karphosit GmbH eine intensiv aufbereitete, pastöse Lehmmischung her. Hierbei wird ein vor Ort vorhandenes Steinmehl beigemischt. Damit Rohdichte und Wärmedämmwert in gleich bleibender Qualität geliefert werden können, sind Lehm- und Zuschlagsstoffe genau dosiert. Als wärmedämmende Zuschlagsstoffe werden in einer Hammermühle sehr fein gehäckselte Strohfasern beigegeben. Nach intensivem Mischprozess wird die Stroh-Lehm-Masse in eine nicht vakuumisierte Strangpresse gegeben. Die Steinformate sind so konstruiert, dass eine umlaufende Nut und Feder entstehen. Anschliessend werden die Rohlinge zur Trocknung in den gasbetriebenen Trocknungsofen gefahren. Nach der Trocknung wird die Steinoberfläche mit entsprechenden Werkzeugen abgeschliffen, so dass sich die Masstoleranzen bei +/– 1,5 Millimeter bewegen.

Den Anwendungsgebieten Innenwand und Vorsatzschale im Alt- und Neubau entsprechend werden die Strohlehmplatten in einer Rohdichte von 950 kg/m³ hergestellt. Das Standardformat hat die Masse: 10 Zentimeter Dicke, 50 Zentimeter Länge, 25 Zentimeter Höhe. Des weiteren werden Strohlehmplatten in der Stärke von 5 Zentimeter mit umlaufender Nut sowie fertige Tür-/Fensterstürze in 120 Zentimeter Länge hergestellt.

Das Vermauern an der Baustelle ist ähnlich einfach wie der Umgang mit Porenbetonsteinen: Mittels pastöser Lehmspachtelmasse werden sie miteinander verklebt.

Je Quadratmeter Wandfläche bei einer Stärke d = 10 Zentimeter betragen die Materialkosten für Karphosit-Strohlehmplatten ab Werk in Sachsen-

Traditionelle Lehmsteinherstellung (oben) und moderne Lehmfertigprodukte.

Anhalt 59,– DM, zuzüglich Mehrwertsteuer (Stand 1.1.2000).

Karphosit-Strohlehmplatten sind nicht geeignet für die Ausmauerung von Fachwerkaussenwänden, da die Steinoberfläche für die Aufnahme von Kalkputzen zu glatt ist und die Plattenformate für die traditionell kleinen Gefache zu gross sind. Darüber hinaus sollten Lehmsteine im Aussenfachwerk mit Lehmmörtel vermauert und keinesfalls nur verklebt werden.

In der Baustellenpraxis hat sich die Bearbeitung der Strohlehmsteine mit elektrischem Fuchsschwanz mit gehärtetem Sägeblatt (Alligator-Steinsäge) bewährt.

Problematisch ist der Lehmputzauftrag auf Karphosit-Lehmplatten. Die bisher einzige Methode, Lehmputze risssicher aufzuziehen, geht wie folgt:

– Die Oberfläche der Karphosit-Lehmbauplatte wird mit pastöser Lehmgrundierung eingeschlämmt (mit Tapezierquast und/oder Rolle).

– Direkt in die noch feuchte Lehmgrundierung wird vollflächig ein reissfestes, engmaschiges Jute-Fasonleinengewebe mittels Auftrag von Lehmgrundierung aufgeklebt.

– Eine schöne Wandstruktur erhält man, wenn die Gewebestruktur sichtbar bleibt (Textiltapeteneffekt)

– Auf Wunsch kann nach dem Trocknen der Lehmgrundierschlämme (nach ca. 1 bis 3 Stunden) das Jute-Fasonleinengewebe mit dem Auftrag einer weiteren Lehmgrundierschicht zugeschlämmt werden.

– Abschliessend erfolgt ein offenporiger Anstrich mit baubiologischen Kasein- oder Silikatfarben.

– Oder es können farbige Lehmedelputze in Stärken von 2 bis 3 Millimeter auf das getrocknete Jutegewebe aufgebracht werden.

Strohlehmsteine selbst herstellen

Einige Selbstbauer haben bei ihren Projekten ihre Strohlehmsteine in zeitaufwendiger, aber auch befriedigender Eigenleistung selbst hergestellt. In einfache Holzformen wird ein durchgemauktes Stroh-Lehm-Gemisch eingestampft, in der Regel einen Tag später ausgeschalt und in Gestellen getrocknet.

Um Strohleichtlehmsteine auf der Baustelle selbst herzustellen, benötigt man zur Trocknung sehr viel Platz. Auch ist eine sehr lange Trocknungsdauer einzuplanen, in der Regel 8 bis 12 Wochen. Beim Anrühren der Strohleichtlehmmasse in Selbstbauweise ist ein sehr hoher Wassergehalt im feuchten Stein die Regel: ein Strohleichtlehmstein im Format 15 x 30 x 25 Zentimeter enthält etwa 9 Liter Wasser. Der Faktor Zeit muss also berücksichtigt werden, und genügend Trocknungsgestelle – geschützt vor Regen – müssen vorhanden sein. Schon oft ist es vorgekommen, dass wegen mangelnder Organisation feuchte Steine vermauert wurden, was zu Schwundproblemen und unter Umständen gar zu Schimmelpilzbildung führte.

Dennoch können handgefertigte Lehmsteine neue Akzente setzen. Sicher können wir heute nicht mehr so bauen wie früher, das ist auch nicht das Ziel. Vergleiche mit alten Häusern zeigen aber, was unseren heutigen Häusern oft fehlt. Handgeformte Lehmsteine können da wieder korrigierend wirken und eine weitere, eine menschliche Dimension zum Ausdruck bringen. Die Stimmung und die Art des Bauens prägen auch den Bau selbst.

Holzlehmsteine, Holzlehmplatten, Hanf-, Korklehmsteine

Als Weiterentwicklung der Holzleichtlehm-Stampftechnik haben einige Lehmbaustoffhersteller maschinell hergestellte Holzlehmsteine in Rohdichten von 1000 bis 1500 kg/m^3 und in einer Vielzahl von Formaten entwickelt. Hierbei werden der Lehmmasse Sägemehl, teilweise auch feine Hobelspäne beigemischt. Innovative Produzenten liefern Hanflehmsteine in Rohdichten ab 400kg/m^3

Deckenaufbau mit Lehmsteinen

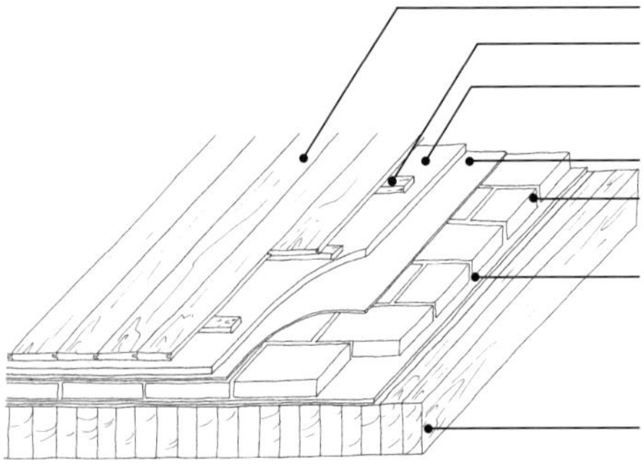

Lehminnenwand und Fussbodenaufbau

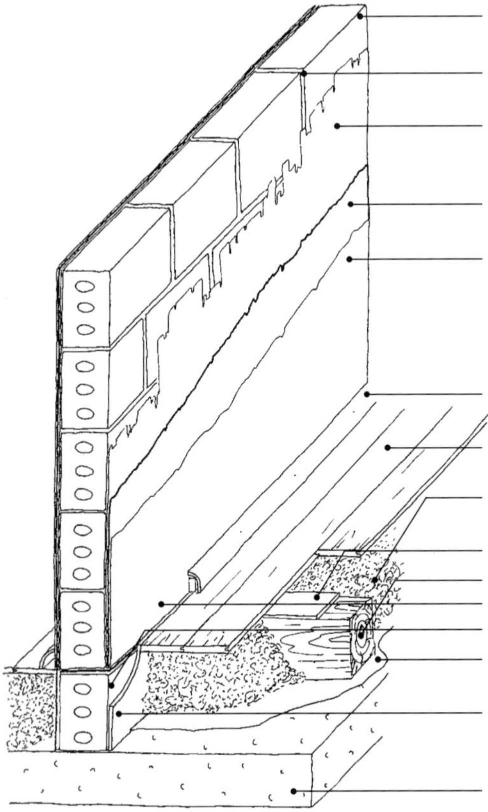

mit Hanfkleinschäben, teils auch Hanfgrossschäben als Zuschlagsstoff. Die Werkstatt für Behinderte im badischen Kehl-Kork liefert hochwertige, handproduzierte Korklehmsteine in Rohdichten von 600 kg/m³. Sie sind in hohem Masse frostbeständig, haben ein sehr gutes Quellverhalten und eignen sich für folgende Anwendungsgebiete:

– Ausmauerung von Fachwerkaussenwänden im historischen Fachwerkbau. Geeignete Rohdichten: 400 bis 1200 kg/m³, geeignete Formate: DF, NF, 2 DF. Fachwerk-Sonderformate in Stärken von 10 und 14 Zentimeter.

– Schallschutz-Innenvorsatzschalen bei Fachwerkaussenwänden.
Geeignete Rohdichten: 1200 bis 1400 kg/m³, geeignete Formate: 2 DF, 4 DF.
Grossformatige Sonderelemente bis 50 x 25 Zentimeter.

– Ausmauerung von Innenwänden im Alt- und Neubaubereich, wo die statischen Gegebenheiten keine Massivlehmsteine erlauben.
Geeignete Rohdichten:1200 bis 1400 kg/m³, alle Formate, auch Sonderelemente.

– Als Deckeneinschub im Alt- und Neubaubereich. Geeignete Rohdichten: 1200 bis 1500 kg/m³, geeignete Formate: DF, NF, 2 DF.

Massivlehmsteine, Massivlehmplatten

Eine verbreitete Lehmbautrockentechnik ist die Verarbeitung von luftgetrockneten Massivlehmsteinen im Innenbereich und bei Deckenfüllungen. Diese Technik wird von allen Lehmbaufirmen seit Jahrzehnten erfolgreich angewendet. In Deutschland, in der Schweiz und in Holland haben sich etwa fünfzehn kleine ältere Ziegeleibetriebe auf die Produktion von Massivlehmsteinen spezialisiert, oft deshalb, weil sie finanziell nicht in der Lage waren, die vielen Millionen DM oder Franken zu investieren, die heute eine moderne Ziegelei für gebrannte Backsteine benötigt, um am Markt konkurrenzfähig zu sein.

Zur Herstellung von Massivlehmsteinen wird der meist eigene Ziegeleilehm zunächst mit Mahlwerkzeugen unter Wasserzugabe geknetet. Dann wird, je nach Tongehalt des Lehms, mit Sand abgemagert und nochmals gemischt und geknetet. Diesen Vorgang nennt man Lehmaufbereitung im Kollergang. Danach wird die erdfeuchte, gut aufbereitete Lehmmasse mit Druck durch eine vakuumisierte Presse gedrückt. Die aus der Strangpresse herauskommende lange «Lehmwurst» wird mit Metalldrähten auf die Grösse des jeweiligen Steinformats abgelängt. Die frischen Lehmsteine sind gerade so feucht, dass sie sofort mit der Hand in Trockengestelle gefahren werden können. Anschliessend trocknen sie in Trocknungskammern oder an der Luft.

Massivlehmsteine sind wegen der Produktionsart unter Vakuum nicht frostsicher. Deshalb dürfen sie ausschliesslich in Decken- und Innenwandkonstruktionen, nie im Aussenbereich mit direktem Wetterkontakt verwendet werden.

Massivlehmsteine haben einen geringen Tongehalt (ca. 5 bis 8%), da meist Magerlehme verwendet werden. Einen Hinweis auf die Steinqualität gibt die Schlämmprobe, bei der man feststellt, wie gut der Lehm aufbereitet wurde. (Moderne Ziegeleien kneten den Lehrn sehr wenig und jagen die Lehmmasse mit hohem Druck durch eine Hochvakuumpresse.) Je nachdem, wie lange es dauert, bis der Lehmstein völlig in Wasser aufgeweicht ist, und ob eventuell Klumpen verbleiben, erhält man Aussagen über die Lehmaufbereitung und damit über die Qualität der Lehmsteine.

Die Druckfestigkeit ist ein wichtiges Qualitätsmerkmal, gerade bei der Anwendung für hohe, schwere Lehmwände. Sie kann mit einfachen Laborgeräten oder auf der Baustelle mit der uralten «Lehmstein-Turmprobe» gemessen werden. Gute Lehmsteine weisen Druckfestigkeiten von durchschnittlich 2 bis 2,9 N/mm^2 auf (im Vergleich dazu gebrannte Backsteine: 3,1 bis 3,5 N/mm^2).

Ein weiteres Qualitätsmerkmal ist der Lochanteil: Qualitätsbewusste Lehmsteinhersteller bieten Massivlehmsteine mit geringen Lochanteilen von 5 und 15% an. Dies ist wichtig für die Anwendung bei Schallschutzwänden und für die spätere Montage von Regalen oder an der Lehmwand befestigten Möbelstücken. Moderne Ziegeleien verwenden zwecks Beschleunigung der Trocknung sehr stark gelochte Lehmsteine, die im Lehmbaubereich unbedingt zu meiden sind.

Die gängigsten Massivlehmsteinformate (Standardformate) sind:

- DF-Format: 5,2 x 11,5 x 24 cm
- NF-Format: 24 x 11,5 x 7,1 cm
- 2-DF-Format: 24 x 11,5 x 11,3 cm
- 3-DF-Format: 17,5 x 11,5 x 24 cm

Für die Anwendung im Decken- und Dachbereich werden von einigen Herstellern besonders dünne Lehmplatten hergestellt (3,5 und 4 cm hoch, 24 x 11,5 cm gross).

Massivlehmsteine werden auf Euro-Paletten gestapelt und mit verschweissten Folien vor Transportfeuchtigkeit geschützt. Damit die eventuell vorhandene Restfeuchte gut entweichen kann, soll sofort nach Lieferung an die Baustelle die Folie entfernt werden und lediglich ein horizontaler, hinterlüfteter Regenschutz angebracht werden.

Wahl der Lehmbautechniken bei Fachwerksanierungen

Bei einer Fachwerksanierung mit Lehmbautechniken wird als erstes eine Bestandsaufnahme der historischen Bausubstanz vorgenommen:

– Anzahl der gut erhaltenen Lehmgefache
– Anzahl der zu reparierenden Lehmgefache
– Anzahl der zerstörten Gefache, die neu ausgefacht werden müssen.
– Anzahl der Gefache, die im Zuge der Holzbauarbeiten ausgekernt werden müssen.
– Beschreibung der vorhandenen Ausfachungstechniken wie: Geflecht-Bewurftechnik, Ausmauerung mit Feldbrannt-, Bims-, Porenbeton-, Bruchsteinen, Klinkerausfachung usw.
– Qualität und Konstruktionszustand der vorhandenen Lehmdecken
– Art der Lehmdeckenkonstruktion
– Statische Belastbarkeit der Decken- und Dachkonstruktion prüfen, Holzschäden
– Zustand des vorhandenen Bodenaufbaus über Erdreich oder Kellergewölbe
– Feuchtigkeitssituation des Sockelmauerwerks an Fundamenten von Aussen- und Innenwänden
– Ursachen der Feuchtigkeit, z. B: vorhandene Betonbodenplatte im Innenbereich, die die Bodenfeuchtigkeit kapillar ins Sockelmauerwerk aufsteigen lässt, oder äussere Bodenplatte aus Beton oder Asphalt (Strassenversiegelung bis an das Sockelfundament)
– Zustand der Aussen- und Innenputze
– Qualität und Material historischer Anstriche
– Aufnahme der von Holzschädlingen befallenen Hölzer
– Zustand der Fachwerkschwelle
– Zustand der Deckenbalken, insbesondere im Auflagenbereich von Mauerwerken
– Zustand der Dachdeckung und der Dachkonstruktion
– Dokumentation gut erhaltener Türen, Treppen, Fenster

Für die Planung des Sanierungskonzepts ist die zukünftige Raumnutzung von grosser Bedeutung. Diese muss im Zusammenhang mit der Wahl des Heizsystems (Strahlungsheizung oder Konvektionsheizung), der gewünschten Schallschutzanforderungen und der Raumfeuchtesituation (Nasszellen wie Bad, Dusche) betrachtet werden. Ein gesundes Raumklima, basierend auf diffusionsoffenen, hygroskopischen Baustoffen, sollte das Ziel sein.

Bei der Festlegung des realisierbaren k-Werts der Aussenwände spielt das Heizsystem eine besonders wichtige Rolle.

Weitere Kriterien für die Wahl der Lehmbautechnik sind:

– Habe ich genügend Zeit, um die Trocknungsphase abzuwarten? (Nasslehmtechniken ja/nein?)
– Verfüge ich über die nötigen Maschinen (Zwangsmischer) für die Nasslehmaufbereitung?
– Habe ich genügend Helfer für die Nasslehmtechniken, oder muss ich alleine arbeiten?
– Ist mein Baustellenlehm geeignet? Kann der alte Lehm wiederverwendet werden?
– Habe ich an der Baustelle genügend Platz für die vielen Baustoffe für Nasslehmtechniken?

All diese Fragen müssen vor Baubeginn gut überlegt und sorgfältig abgeklärt werden.

Hanf, Lehm und Schilf im neuen Fachwerkhaus

Als Jens und Susi Kostka das schön gelegene Grundstück im brandenburgischen Stechow kauften, war es bereits ausgemacht, dass der junge Zimmermann für seine Familie und die Schwiegereltern ein stolzes Fachwerkhaus erstellen wird. Es dauerte jedoch über ein Jahr, bis die lang ersehnte Baugenehmigung eintraf, denn das Baugrundstück liegt am Rande eines ausgewiesenen Naturschutzgebiets.

Während dieser Wartezeit sammelte der junge Bauleiter auf der Fachwerk-Sanierungs-Baustelle eines Freundes fruchtbare praktische Erfahrungen in der Verarbeitung von Lehm- und Naturbaustoffen. Ursprünglich sollte das Fachwerkhaus mit konventionellen Baustoffen wie Porenbetonsteinen, Mineralwolle und Polystyrolplatten gebaut werden. Nach der Teilnahme an einem Lehmbauseminar, dem Besuch einer Austellung von Lehmedelputzen bei Tex-Bis Naturbaustoffe im Schloss Windecken und einer Fachberatung durch Klaus Schillberg entschied sich die Bauherrschaft, für das neue Haus Lehm- und Naturbaustoffe zu verwenden.

Die Bodenplatte aus Beton war bereits gegossen, der Haussockel wurde mit neuen Klinkersteinen vorgemauert. Der Bauzeitenplan musste be-

Fachwerk für das Haus der Familie Kostka im Rohbau.

reits vor Beginn der Lehmbauarbeiten korrigiert werden: Der beauftragte Zimmereibetrieb musste lange auf die Holztrocknung warten, die Abbundarbeit bei 17 Kubikmeter Konstruktionsholz hatte länger gedauert als geplant. Bei herrlichem Sonnenschein wurde zusammen mit Freunden unter grosser Anteilnahme der staunenden Dorfbevölkerung das Richtfest gefeiert. Gerade als der Richtspruch beendet war, kam ein grosser LKW mit Lehmsteinen aus Sachsen angefahren.

Holzlehmsteine aussen, Massivlehmsteine innen

Nachdem die Bauherrin das Sichtfachwerk mit Naturharzölfarben – hergestellt aus heimischem Leinöl und kräftigen Schweden-Pigmenten – behandelt hatte, begann der Maurerbetrieb mit der Ausmauerung der Aussengefache. Hierzu wurden kleinformatige, beidseitig genutete Holzlehmsteine mit einer Rohdichte von 1200 kg/m³ und ein fertiger Lehm-Mauermörtel verwendet. Später wurde aussen ein zweilagiger Kalkputz mit Silikatfarbenoberfläche aufgetragen.

Die brandenburgischen Maurer hatten erstmals mit Lehmbaustoffen zu tun und waren zunächst skeptisch. Nachdem sie erlebt hatten, wie gut sich Lehmsteine und der hautfreundliche Lehmmörtel verarbeiten lassen, wollten sie den Lehmbauauftrag gerne erweitern: Sie bewarben sich beim Bauherrn um den Einbau des Hanfleichtlehms, eine Mischung aus Lehmpulver und Hanfgrossschäben, im Zwangsmischer mit Wasser zu erdfeuchter Konsistenz angerührt. Doch bereits am Richtfest boten sich viele Freunde für die Erstellung der in Eigenleistung geplanten Hanf-Lehm-Vorsatzschale an. Für die Ausfachung der Innenwände im Erd- und Obergeschoss wurden Massivlehmsteine in unterschiedlichen Rohdichten verwendet: Schallschutzwände im Erdgeschoss mit 1900 kg/m³, die Wände im Obergeschoss mit 1400 kg/m³. Auch diese Steine wurden mit Lehmmörtel vermauert. Danach begannen die Vorbereitungen für den Einbau von Hanfleichtlehm.

Hanfleichtlehm zur Winterszeit

Zunächst montierte man die Haltekonstruktion für die spätere Schilfplattenmontage: Vertikale Holzlatten in Hanflehmbreite von 15 Zentimeter, fixiert am Fachwerkgebälk, sowie senkrechte Bretter, die am Schilfplattenstoss eine Breite von ca. 18 Zentimeter aufwiesen. Fenster- und Türrahmen wurden oben und unten mit Brettern eingefasst. Dann wurden die Elektroleitungen verlegt.

Schneller als erwartet setzte die kalte Jahreszeit ein und die geplanten Arbeitsabläufe mussten geändert werden: Ursprünglich sollte die 15 Zentimeter dicke Hanfleichtlehmschicht in einem Arbeitsgang zusammen mit der Montage kleinformatiger Schilfplatten eingebaut werden. Dieses rationelle

Aussengefache, mit Holzlehmsteinen ausgemauert – Dreikantleiste (rechtes Bild) nicht vergessen!

Verfahren war nun leider nicht mehr möglich, da die Gefahr von Schimmelbildung an Holz und Hanfschäben mangels schlechter Trocknung bei nasskaltem Wetter zu gross ist. Nach langer Suche erstanden die Kostkas einen kleinen Zwangsmischer. Das in Big-Bags angelieferte Lehmpulver wurde mit Hanfschäben aus der Altmark nach folgender Rezeptur angemischt: Auf einen 20-Kilogramm-Sack Hanfschäben 40 Kilogramm Trockenlehmpulver. Die Rezeptur war so eingestellt, dass die als Schalung verwendeten Bretter und Holztafeln sofort nach dem Verdichten entfernt werden konnten. Kinder und Eltern hatten viel Spass beim Einbau der leichten Lehmmischung, zumal die Verdichtung mit wenig Kraftaufwand vonstatten ging. Zwischenzeitlich wurde das Dach mit Zellulose im fugenlosen Einblasverfahren wärmegedämmt.

Nach einer vierwöchigen Trocknungsphase, unterstützt durch die frühzeitig eingebaute Heizanlage, konnten die 5 Zentimeter dicken Schilfplatten an den Montagebrettern fixiert werden. Anfangs verwendete man hierzu bauübliche Dämmstoffanker. Alsbald erinnerten sich die findigen Selbstbauer an die Improvisationskünste vergangener DDR-Zeiten: Schwiegervater Gerd sam-

Selbstbauerin beim Verfüllen von Hanfleichtlehm.

Fachwerkaussenwand aus Hanf, Schilf und Lehm

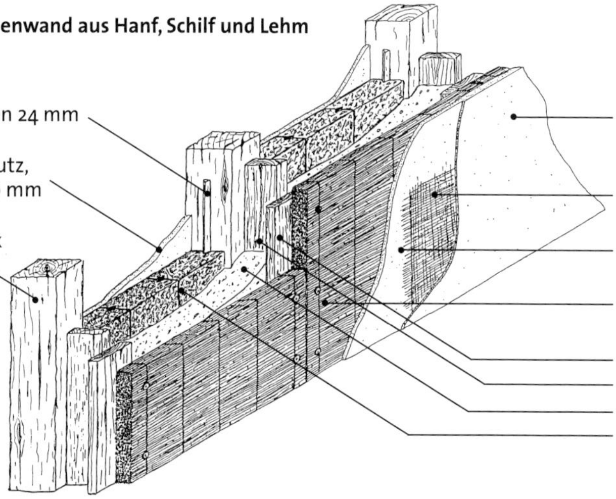

Bierdeckel für die Montage von Schilfplatten.

melte in seiner Seglerkneipe in Brandenburg/Havel einige hundert Bierdeckel und fixierte die Schilfplatten mit Nägeln und Holzschrauben. Dann konnte der mit Jute-Fasonleinen armierte Lehmunterputz aufgetragen werden. Abschliessend erhielten einige Wände einen 2 Millimeter starken Auftrag mit Lehmedelputzen in farbigen Pastelltönen (Firma Tex-Bis), andere wurden zweimal mit Kaseinfarben gestrichen.

Decken mit Hanfmatten und Lehm

Beim Deckenaufbau wurde – was ich nach vielfältigen Erfahrungen jederzeit weiterempfehlen kann – ausschliesslich im Trockenbau gearbeitet: Auf die von unten sichtbare Holzschalung wurden vollflächig 5 Millimeter dicke Hanfmatten als Trittschall- und zugleich als Rieselschutz verlegt. 13 Tonnen Lehm wurden darauf in Form von 7 Zentimeter hohen Massivlehmsteinen aufgelegt. Darauf verlegte der Bauherr seine innovativen Fussbodenheizungselemente. Die Bodendämmung im Erdgeschoss wurde mit Korkgranulat und PE-Platten ausgeführt. Als Bodenbelag entschied man sich für massive Holzdielenböden.

Nach jahrtausendealter Tradition schnitzten die Zimmerleute in den Giebelbalken einen von der Bauherrschaft ausgewählten Wahlspruch:

«Wer mit dem Leben spielt, kommt nie zurecht. Wer sich nicht selbst befiehlt, bleibt immer Knecht.»

Adresse: Jens und Susi Kostka, Semlinger Strasse 6, D-14715 Stechow, Telefon 033874/60 534
Bauleitung: Fundamenta Baupartner GmbH, D-14712 Rathenow

Was hätte unser Haus wohl gern?

Im Kanton Bern prägen noch heute Bauernhäuser mit den typischen Walmdächern die Ortsbilder vieler Gemeinden. Ein solches «Traumhaus» hatte die Familie Christina und Michael Habelt-Müller nach langem Suchen gefunden und nach einer Besichtigung sofort ins Herz geschlossen. Glücklicherweise ergab sich die Möglichkeit, das Haus zu kaufen. Ein Schritt, den die Familie bis heute nicht bereut hat. Doch bis die in allen Bereichen erfreulich verlaufene fachgerechte Renovation des schönen Riegelhauses abgeschlossen werden konnte, waren viele Stolpersteine aus dem Weg zu räumen. Der konsequente und erfolgreiche Einsatz, die Substanz und Identität des Hauses zu erhalten, kann Menschen in einer ähnlichen Situation Mut machen.

Der Enthusiasmus und die Freude der Familie Habelt-Müller erfuhr bei der ersten Besichtigung mit dem Architekten im Hinblick auf den Umbau zunächst einmal einen argen Dämpfer. Sein «fachmännisches» Urteil: Keine erhaltenswerte Bausubstanz – aushöhlen, betonieren, aufmauern, ausschäumen und dem Haus mit einer modernen Architektursprache neues Profil verleihen! Das alte Bauernhaus hätte sich in eine lange Reihe ähnlicher Projekte eingefügt – seines Charakters und seiner wohnlichen Behaglichkeit beraubt, mit vorprogrammierten Bauschäden, die sich häufig bereits nach kurzer Zeit einstellen.

Es kam nicht so weit. Ein Artikel über Lehmbau und Fachwerksanierung in der Schweizer Ausgabe der Zeitschrift «Natürlich» erwies sich als glückliche Fügung und schuf den ersten Kontakt zum Mitautor dieses Buches und Lehmbaufachmann Klaus Schillberg. Er verstand im Gegensatz zum Architekten die wohl entscheidende Frage der Familie: Was hätte das Haus wohl am liebsten? Er zeigte Gespür und Einfühlungsvermögen, er gab die nötigen Impulse, mit denen die alte Bausubstanz ohne gewalt-

Altes Berner Bauernhaus, mit Kork, Lehm und Schilf sanft renoviert.

same Eingriffe zu neuem Leben erweckt werden konnte. Die erste Fachberatung vor Ort schuf die nötige Vertrauensbasis. Materialwahl, Detailzeichnungen der Wand-, Decken-, Fussboden- und Dachaufbauten waren die nächsten Schritte, bevor in einem Lehmbaukurs praktische Erfahrungen gesammelt und letzte Fragen geklärt werden konnten. Die anfängliche Unsicherheit bei Michael Habelt-Müller, der den Umbau selbst mit ortsansässigen Handwerkern durchführte, war längst der festen Überzeugung gewichen: Mit Lehm und Naturbaustoffen ist gut bauen!

Gefahren einer nicht fachgerechten Sanierung

Bei nicht fachgerechten Sanierungen von Fachwerk- und Riegelhäusern wiederholen sich regelmässig die gleichen Fehler, die dann zwangsläufig zu Bauschäden führen. Wird die äussere Wand, die Riegelkonstruktion, neu mit einer Luftschicht hintermauert, besteht die Gefahr, dass sich der Taupunkt zwischen Vormauerung und Riegel befindet und dort die Feuchtigkeit kondensiert. Die Folgen: Schimmel, Fäulnis und letztlich Zerfall der Holzkonstruktion.

Als Wärmeisolation wurden daher Schilfrohrmatten vor die Aussenmauern angebracht und an der bestehenden Backsteinmauer befestigt. Darauf folgten Lehmputz, Feinputz und ein Sumpfkalkanstrich. Bewährt hat sich ein Tip aus dem Buch «Natürliche Farben – Anstriche und Verputze selber herstellen» (AT Verlag): In den Feinputz wurde etwas Marmormehl gemischt, um so für den Sumpfkalk eine gute Haftbrücke zu schaffen. Im Innenbereich wurden auf einen Lattenrost zwei Schilfrohrmatten – die erste horizontal, die zweite vertikal – in den noch feuchten Lehmgrundputz geschraubt. Darauf folgte ein Lehmgrundputz, auf den ein Jutegewebe aufgebracht wurde. Nach dem Abtrocknen wurde dann noch ein Feinputz und ein Kalkanstrich aufgetragen. Der Anstrich musste fünfmal wiederholt werden, bis sich der gewünschte Weisseffekt einstellte. In der Küche wurde ein reiner Kalkverputz – Sumpfkalk mit Grubensand von 0 bis 2 Millimeter Korngrösse gesiebt, gewaschen – aufgebracht, der härter und schlagfester als Lehmverputze ist. Durch eine mineralische Dispersion auf Silikatbasis werden die Wände sogar abwaschbar. Auch das ist mit natürlichen Materialien möglich!

Im Erdgeschoss wurde eine Wärmeisolation vom Riemenboden zum Gewölbekeller aufgebaut. Hier bestätigte sich, welch hervorragende Eigenschaften die Kombination Lehm/Kork bietet. Das aus Kehlkork (siehe Seite 36ff.) hergestellte Korkgranulat wurde mit Lehmpulver der Ziegelei Rapperswil leicht feucht gemischt und als Boden- wie auch als Deckenisolation zum Estrich hin eingebracht. Die Balkenzwischenräume erhalten zuerst einen Aufbau mit Jute und Rieselpapier, bevor die Leichtlehmmasse eingefüllt wird. Es ist an der Zeit, dass auch in der Schweiz die Flaschenkorken als ein Wertstoff anerkannt werden, der granuliert und aufbereitet im ökologischen Bauen sinnvoll eingesetzt werden kann.

Auch der Dachstock, in den eine stimmungsvolle Wohnung unter Beibehaltung der alten Strukturen eingebaut wurde, erhielt zunächst eine Isolation mit Isofloc-Platten, auf die Schilfmatten geschraubt und mit einem Lehmputz versehen wurden. Trotz der extremen Temperaturunterschiede im Dachgeschoss hat sich die Wärmedämmung bestens bewährt. Sie wirkt klimaausgleichend und weist auch nach mehr als drei Jahren noch keinerlei Risse auf.

Deckenausbau mit Mergel und Kork

Grösste Sorgfalt wurde auf die Deckenaufbauten verwendet, um eine gute Wärmespeicherung und Schallisolation zu gewährleisten. Die Detailzeichnungen verdeutlichen, worauf es ankommt. Wichtig ist, dass der Holzriemenboden als schwimmender Estrich, das heisst nicht auf den Balken verlegt und befestigt wird. Direkt auf den Balken liegt ein 15-Millimeter-Jutefilz und das Lagerbrett, auf dem der Riemenboden befestigt wird. Diese schwimmende Form vermeidet, dass Vibrationen direkt auf die Balken übertragen werden und sich Trittschall im ganzen Haus ausbreitet.

Wandaufbau wärmeisolierend

Deckenaufbau (EG-OG) schallisolierend

Deckenaufbau (OG-Dachstock), wärmeisolierend

Holzriemenboden
Jutefilz
Vierkantholz (Deckenbalkenaufdoppelung)
Korkleichtlehmmasse
Jutefilz (mit Rieselschutzpapier)
Blindboden
Dachlatten
Deckenbalken
Schilfmatte 20–30 mm
Lehmgrundputz
Jutegewebe
Lehmfeinputz
Sumpfkalkanstrich

Dachaufbau, wärmeisolierend

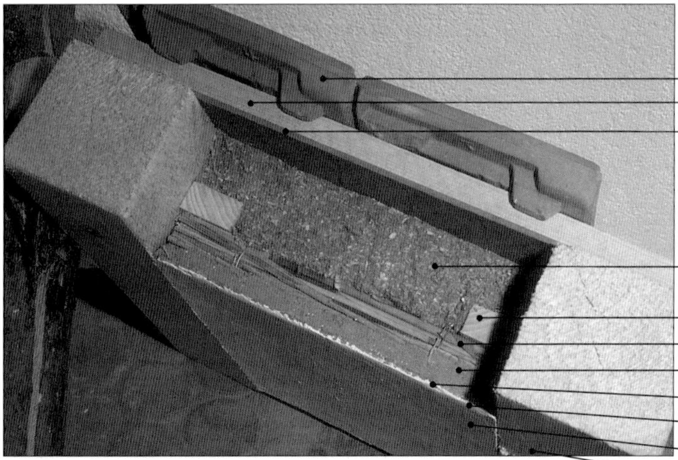

Dachziegel
Dachlatte (Lüftung)
Pavatex ca. 8 mm (Unterdach)
Isoflocplatte (100 mm)
Konterlattung für Schilfmatte
Schilfmatte 30 mm
Lehmgrundputz
Jutegewebe
Lehmfeinputz mit Marmormehl
Sumpfkalkanstrich (3- bis 5-mal)
Dachsparren

Die Decken waren ursprünglich gefüllt mit Hochofenschlacke, die in der Eisenverhüttung anfällt und im Berner Seeland wie auch in anderen Regionen für den Hausbau gratis abgegeben wurde. Heute drängen sich andere Lösungen auf. Eine fachgerechte Sanierung bedeutet also auch, die Fortschritte im Bauen mit Naturmaterialien zu kennen und umzusetzen. Auf den in den Balken eingefrästen Blindboden folgt ein Jutefilz mit Rieselschutzpapier, darauf Juragrien und dann Korkgranulat. Der Mergel, das Jurakalkgestein, bildet die Speichermasse und den Schallschutz für tiefe Frequenzen, Kork die Wärmeisolation und den Schallschutz für hohe Töne. Eine Kombination, die sich bestens bewährt hat. Kalkgestein wird zudem nachgesagt, dass es negative Strahlungen neutralisiert.

Als ein besonders wertvoller Rat von Klaus Schillberg erwies sich, die Decken eines Zimmers mit kleinen Gewölben zwischen den Deckenbalken auszubilden. Dadurch erscheint der relativ niedrige Raum höher und bietet zudem eine bessere Akustik. Hierfür wurden 2 Zentimeter dicke Schilfrohrmatten zwischen die Deckenbalken gespannt. Die etwas breiter zugeschnittenen Schilfrohrmatten wurden dann in die für den Blindschiebeboden vorgesehenen Nuten gedrückt und verputzt.

Die fachgerechte Sanierung des alten Berner Bauernhauses mit natürlichen, gesunden Materialien ist abgeschlossen und Familie Habelt-Müller erfreut sich an dem Wohn- und Lebensraum, den sie sich erträumt hat. Der Charakter des Hauses ist im äusseren Erscheinungsbild wie in den inneren Qua-

Innenansicht des sanierten Fachwerks.

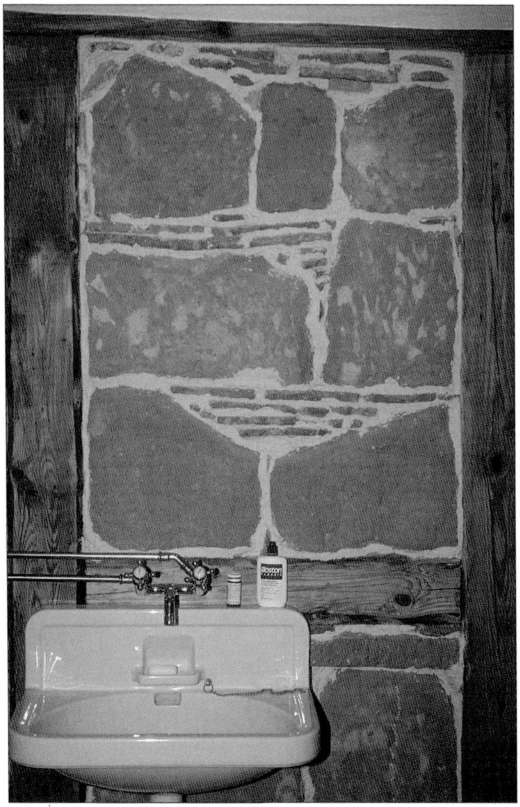

Der freigelegte Sandstein kommt im Bad wieder zur Geltung.

Gewölbte Lehmdecke mit Schilfplatten.

litäten erhalten geblieben, und der sorgfältig-liebevolle Ausbau bildet eine glückliche Synthese aus überlieferter handwerklicher Tradition und neuen Erkenntnissen im Bau mit natürlichen Materialien. Am Anfang stand die Frage: «Was hätte das Haus wohl gern?» Ich habe bei einem Besuch gespürt, dass das mehr als hundertjährige Berner Bauernhaus wie die Bewohner und Bewohnerinnen rundum zufrieden sind.

Michael Habelt-Müller hat während der Umbauzeit so viel handwerkliche Erfahrungen im Umgang mit Lehm und Naturbaustoffen gesammelt, dass er bereit ist, sie als Fachberater weiterzugeben. Wenden Sie sich vertrauensvoll mit der Frage an ihn: «Was hätte unser Haus wohl gern?»

Adresse: Christina und Michael Habelt-Müller,
Holi 22, CH-3257 Ammerzwil, Telefon 032/389 24 46

Alt und neu – nicht
für jeden in Harmonie.

Kork – ein Alltags- und Wegwerfmaterial. Bis vor wenigen Jahren ist niemand auf die Idee gekommen, Flaschenkorken zu sammeln und sie einem Recycling zuzuführen. Das hat sich mittlerweile geändert. Ob als Weinkorken, ökologischer Dämmstoff, Bodenbelag oder Zusatz zu Lehmbaustoffen – Kork ist ein überzeugendes Naturmaterial mit besonderen Qualitäten.

Die Korkeiche wächst seit Jahrmillionen in vielen Mittelmeerländern und in den nordafrikanischen Maghrebstaaten und prägt dort nicht nur ein typisches Landschaftsbild, sondern auch das Leben der Menschen. Sie dient als Schattenspender und Wasserspeicher, ihre Krone bildet einen guten Nistplatz, und die Früchte, die Eicheln, bilden Nahrung für viele Tiere. Die Korkeichen sind aber auch Grundlage für Arbeit und Verdienst vieler Menschen. Die Pflege und Kultur von Korkeichen ist ein wichtiger Beitrag zur Erhaltung der typischen Bewaldung mediterraner Landschaften. Werden die Korkeichenwälder nicht mehr bewirtschaftet, folgt stattdessen meist der ökologisch schädliche, grossflächige Anbau der schnell wachsenden Eukalyptusbäume für die industrielle Zelluloseproduktion, was zu Erosion und Verödung ganzer Landstriche und dem Verlust von Arbeitsplätzen führt. Statt einer nachhaltigen Korknutzung beginnt ein Raubbau an der Natur.

Kork wird im Hochsommer geerntet, weil sich dann die Rinde besonders gut vom Baum abschälen lässt. Wirtschaftliche Bedeutung kommt dem Naturprodukt heute vor allem in Nordportugal, Spanien, auf Korsika und im Bereich des Atlasgebirges in Nordafrika zu. Allein Portugal erntet mit etwa 180 000 Tonnen mehr als die Hälfte der Weltproduktion. Die Rinde der Korkeiche wächst alle neun bis zwölf Jahre wieder nach. Es vergehen allerdings etwa dreissig Jahre, bis erstmals Hand an die Rinde gelegt werden kann. Die Rinde ist dann etwa 3 bis

Korkeichenrinde auf Korsika.

4 Zentimeter dick. Das Schälen der Eichen ist immer noch Handarbeit. Nach der Ernte wird der Kork gewässert, gelagert, zu den Verarbeitungsbetrieben transportiert und dort in grossen Bündeln gekocht. Dabei dehnt er sich aus, erhält Zähigkeit und Elastizität, und es werden unerwünschte Mikroorganismen abgetötet. Als Endprodukt machen Flaschenkorken immer noch mehr als zwei Drittel des Umsatzes aus – allein Deutschland importiert jährlich mehr als 1,2 Milliarden Stück davon. Die allseits positive Ökobilanz wird lediglich durch die langen Transportwege belastet. Allerdings fallen mehr als 75% davon wieder als so genannter Sekundärkork

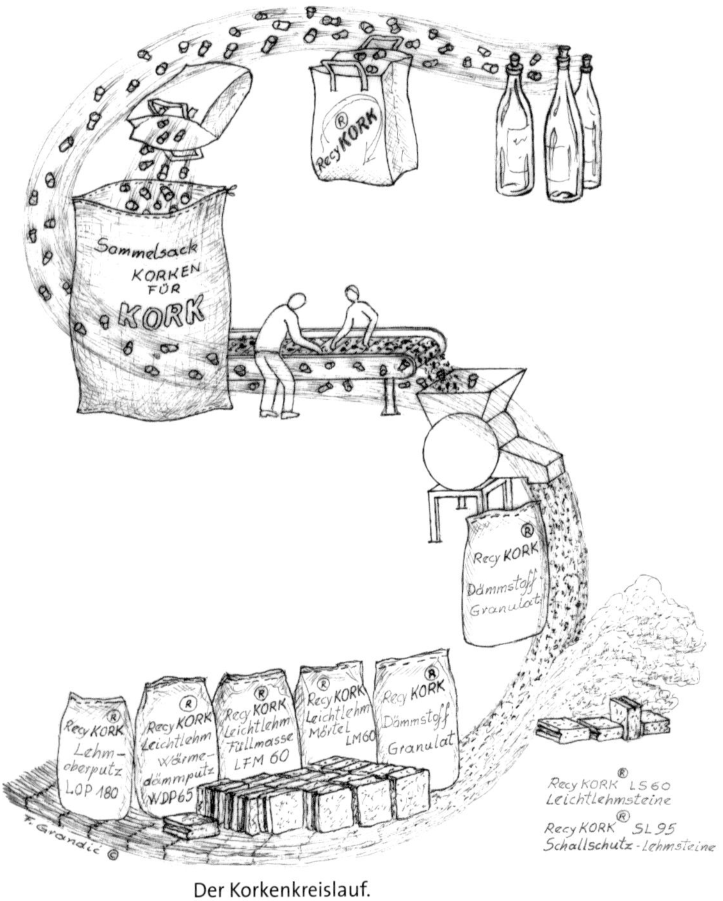

Der Korkenkreislauf.

Vom Korken ...

... zum Korkgranulat.

an, der zu Granulaten vermahlen und zu einer grossen Palette von Produkten weiterverarbeitet wird

Kork verfügt über hervorragende Materialeigenschaften: Er ist zäh-elastisch, belastbar, säureresistent, weitgehend pilz- und insektenresistent, atmungsaktiv, geruchsfrei, hautfreundlich, schwer brennbar und bietet gute Qualitäten als Isolation.

In der Schweiz und in Deutschland wurden in standardisierten Versuchen die Brandeigenschaften von Kork- und Polystyrolplatten (Styropor) verglichen: Auf Gipskarton montierte Kork- und Styroporplatten wurden dabei mit einem Flammenwerfer einer Temperatur von 1200° C ausgesetzt. Der Kunststoff brannte nach 11 Minuten lichterloh. 3 Minuten später schlugen die Flammen aus den

Schichtaufbau einer Korkleichtlehmwand:
- Korkleichtlehmsteine
- Lehmgrundierung
- Lehmunterputz
- Lehmoberputz
- Kalkanstrich

Korkplatten, die jedoch sofort nach Abschalten des Brenners wieder erloschen. Vor allem gingen von dem natürlichen Material im Unterschied zum Styropor auch keinerlei giftige Dämpfe aus. Warum in den Brandschutznormen Styropor dennoch besser als Kork eingestuft wird, kann wohl nur die Baulobby beantworten. Die Raumfahrtindustrie hat die Vorzüge des Korks dagegen längst entdeckt: Der Space Shuttle trägt unter seinem Metallmantel einen Hitzeschutz aus Kork!

In der Korkverarbeitung fallen kaum Abfälle an. Reste werden granuliert, und es entstehen daraus Platten und andere Produkte wie z.B. Korkparkett. Beim Kauf gilt es darauf zu achten, dass Kork als Naturprodukt keine gesundheitsschädigenden Zusätze wie Lösungsmittel enthält und nicht mit einer Oberflächenversiegelung wie PVC oder anderen Kunststoffen, die ein Recycling verunmöglichen, versehen ist. Korkplatten können mit einem Grundieröl und Hartwachs behandelt werden.

Hochwertige Naturbaustoffe aus Recyclingkork

1991 wurde auf Initiative der Werkstatt für Behinderte des Epilepsiezentrums im badischen Kehl-Kork eine zentrale Verarbeitungs- und Sammelstelle für Flaschenkorken gegründet, die von vielen regionalen Stellen in ganz Deutschland beliefert wird. Auch beim Transport werden neue Wege erschlossen. Spediteure haben sich bereit erklärt, den Wertstoff Kork in Leer- und nicht ausgelastete Fahrten aufzunehmen. 1998 kamen etwa 3000 Kubikmeter Kork zusammen – das sind mehr als 120 Millionen Flaschenkorken. Diese werden zur Auslüftung in Silos eingeblasen, zu Granulaten unterschiedlicher Körnung vermahlen, entstaubt und in handliche 100-Liter-Säcke verpackt. Sie dienen als Dämmstoffgranulat oder werden zu Leichtlehmbaustoffen verarbeitet, womit viele neue Arbeitsplätze geschaffen wurden.

Korklehmsteine für die Fachwerksanierung

Die Zukunft gehört ökologisch verträglichen und gesunden Baustoffen. Produkte mit Lehm nehmen dabei eine herausragende Stellung ein. Sie sind ressourcenschonend und benötigen wenig Energie bei Herstellung und Verarbeitung. Es gibt keine Entsorgungsprobleme: Lehmbaustoffe sind hundertprozentig wiederverwertbar. Lehm hat hervorragende Schallschutzwerte und kann Gerüche absorbieren. Zusammen mit natürlichen Zuschlagsstoffen wie Korkgranulat erreicht Lehm beachtliche Dämmwerte (siehe Fachtechnischer Teil, Seite 136/137). Allein in Deutschland gibt es rund 2 Millionen Fachwerkhäuser und über 100 000 massive Lehmbauten, die bauphysikalisch sinnvolle Sanierungstechniken wie das RecyKork®-Lehmbausystem benötigen.

Korklehmsteine auf Trockenpaletten.

Innenfachwerk mit Korklehmsteinen

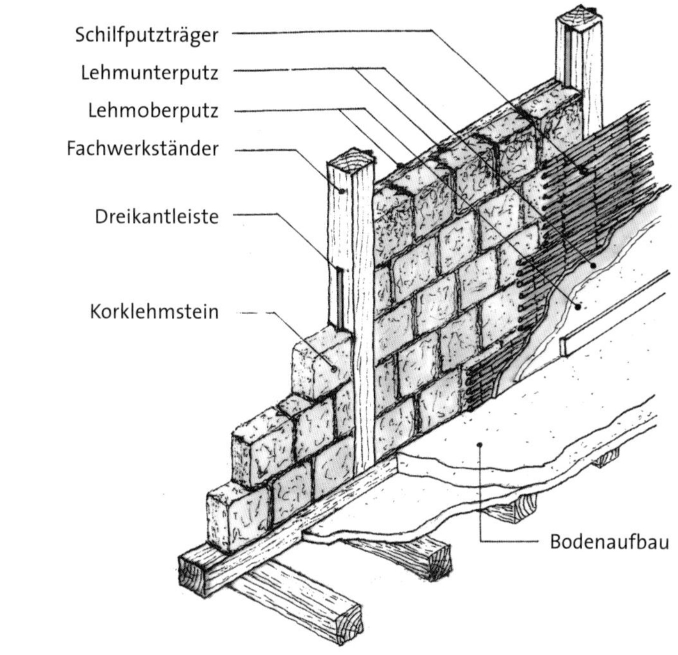

Fachwerkinnendämmung

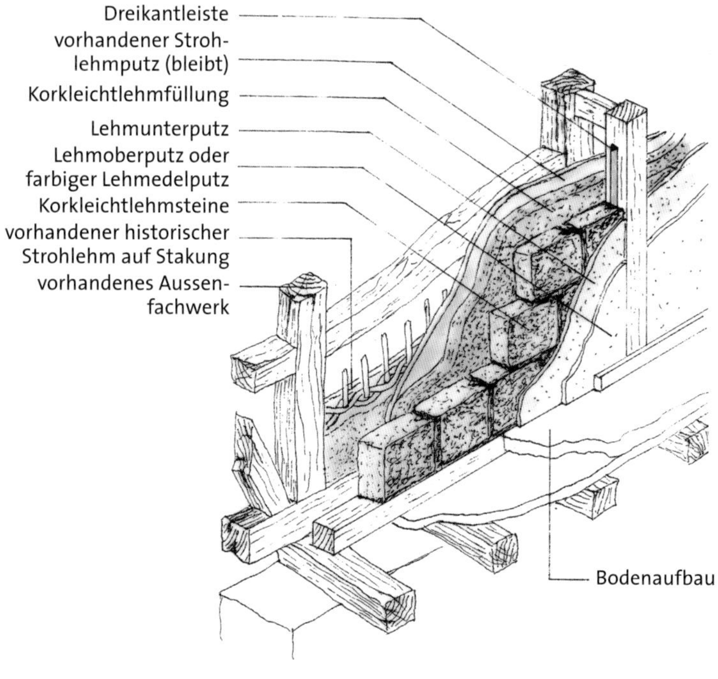

Decke mit Schilfrohrdämmplatten und Dämmstoffgranulat

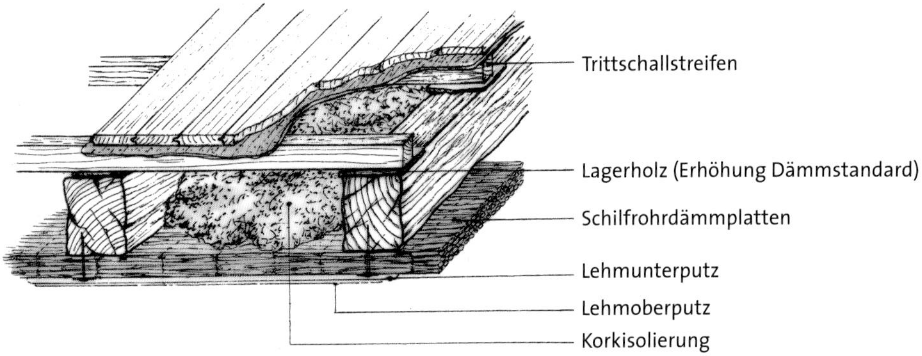

Neubauaussenwand mit Kork und Lehm

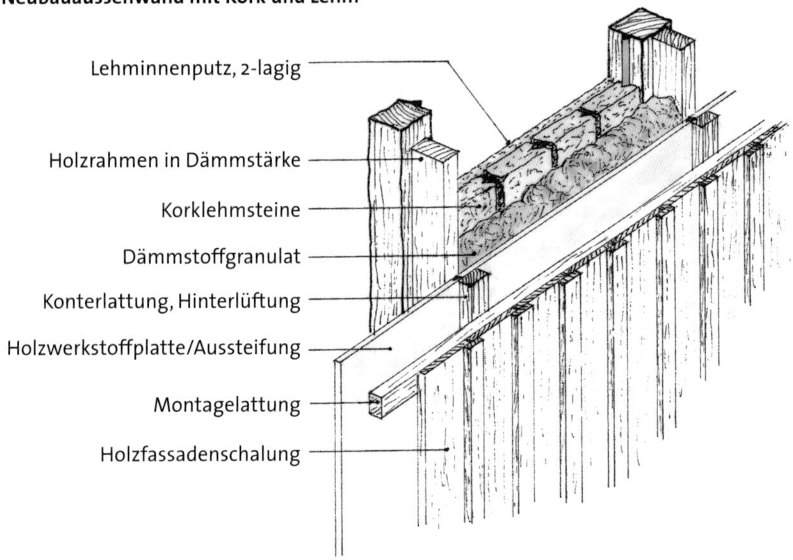

In Handarbeit werden von behinderten Menschen und arbeitslosen Jugendlichen Korkleichtlehmsteine LS-60 hergestellt: Gut aufbereiteter Rohlehm wird mit grobkörnigem Korkgranulat und Strohhäcksel unter Wasserzugabe angemischt und in genutete Holzformen gefüllt. Unmittelbar nach der manuellen Verdichtung kann die Holzform ausgeschalt werden. Nach der Trocknung werden die hoch wärmedämmenden Leichtlehmsteine mit nur 600 kg/m^3 Trockenrohdichte transportfertig palettiert.

Wegen ihres hervorragenden Wärmeleitfähigkeitswerts von 0,13 mauert man bei Fachwerksanierungen hauptsächlich die Aussengefache mit 12 oder 15 Zentimeter dicken Korklehmsteinen aus oder erstellt damit Aussenwand-Vorsatzwände. Ein Gemisch aus Korkgranulat und Lehm, Korklehm-Füllmasse genannt, hat sich bei Aussenwandzwischenschichten und Deckenfüllungen gut bewährt. Diese Naturbaustoffmischung lässt sich rationell mit bauüblichen Estrichpumpen verarbeiten. Die Rohdichten können je nach Einsatzgebiet von 300 bis 800 kg/m^3 durch entsprechende Sandzugaben variiert werden. Damit werden gute Schallschutzwerte bei gleichzeitig guter Wärmedämmung erreicht.

Produktpalette RecyKork®-Lehmbausystem:
- RecyKork®-Dämmstoffgranulat in 2 Körnungen
- Korklehmsteine LS 60, 12/15
- Leichtlehmmörtel LM 60
- Korklehm-Füllmasse LFM 60

Werkstatt für Behinderte (WfB), Landstrasse 1, D-77694 Kehl-Kork, Telefon 07851/84505

Wärme- und Schalldämmung mit RecyKork®-Dämmstoffgranulat

Das in zwei Körnungsvarianten erhältliche Granulat kann direkt als Dämmschüttung in Wände, Böden und Decken von Neu- oder Altbauten eingebracht werden. Bei grösseren Mengen wird RecyKork® als grobes Granulat der Körnung bis 14 Millimeter rationell mit bauüblichen Einblasmaschinen in vorbereitete Hohlräume eingeblasen. Feines Granulat wird zu Leichtlehmmörtel oder als wärmedämmender Lehmputzzuschlag verarbeitet. Seit Jahren hat sich eine statisch belastbare Fussbodenplatte aus Korkgranulat, Korkmehl,Sand und einem speziellen Kalkbindemittel schon vielfach bewährt: die wärmegedämmte Korkleichtbetonplatte.

Und was Korkprodukte allgemein auszeichnet: Alle Materialien können bei einem späteren Umbau wieder verwendet werden. Ein wertvoller Baustoff bleibt so über Generationen erhalten und fügt sich in die Naturkreisläufe ein.

Vielleicht können das Recycling und die Lehmbauweisen auch den neu aufkommenden Aluverschlüssen für Flaschen entgegenwirken und die Zukunft einer Weinkultur mit den traditionsreichen Korken sichern helfen.

Korkrecycling und Sammelstellen in Deutschland

Werkstatt für Behinderte (WfB), Landstrasse 1,
D-77694 Kehl-Kork, Telefon 07851/84505

Kork Recycling, M.A.B.L. e.V., Rheinstrasse 27,
D-80995 München, Telefon 089/31232060

Schweinfurter Kork GmbH, c/o AFZ e.V.,
Friedhofstrasse 2, D-97412 Schweinfurt,
Telefon 09721/299275

KIBA GmbH, Projekt Korkrecycling, Werftstrasse 220, D-24143 Kiel, Telefon 0431/70218-115

Aachener Projektwerkstatt Heinrich Böll e.V.,
Nordstrasse 78–80, D-52078 Aachen,
Telefon 0241/9209785

Wurzelwerk GmbH, Am Sportplatz 1,
D-64823 Gross-Umstadt, Telefon 06078/72702

KorKampagne, NABU Hamburg, Rehmstrasse 13,
D-22299 Hamburg, Telefon 040/5117445

Der Grüne Korken NRW, c/o Hans-Jürgen Serwe,
Hohenzollernplatz 4, D-52068 Aachen,
Telefon 0241/543302

Lehm, Hanf und Schilf in der Fachwerk-sanierung

Nach jahrelanger Suche eines geeigneten Objekts im Rhein-Main-Gebiet kaufte sich Familie Carl in Dreieich-Offenthal ein zweihundertjähriges Bauernhaus mit grosser Scheune. Das stolze Fachwerkhaus grenzt an eine mit 20 000 Autos pro Tag befahrene Bundesstrasse. Die Vorbesitzer hatten glücklicherweise nicht so viel Geld, um die üblichen Sanierungen durchzuführen. Die historische Bausubstanz mit Strohlehmdecken, Lehm- und Ziegelgefachen sowie Eichenfachwerk war weitestgehend erhalten, das Dach war regendicht und nicht wärmegedämmt.

Anlässlich einer Bauschadenführung im Freilichtmuseum Hessenpark in Neu-Anspach konnten sich die Bauherren vor Ort darüber informieren, wie man eine Fachwerksanierung nicht durchführen sollte und welche Fehler zu vermeiden sind:

- Fenster müssen aussen fassadenbündig eingesetzt sein.
- Fachwerkschwellen dürfen nicht direkt auf der Dachpappe aufliegen.
- Natursteinsockel sollen freigelegt und mit Trasskalkmörtel verfugt werden.
- Mit Mineral- oder Glaswolle gedämmte Vorsatzschalen lassen das Holzgebälk von innen verfaulen.
- Dampfsperren an der Aussenwand-Innenseite erzeugen Kondenswasser, Dämmstoffe werden feucht.
- Holzteile und Gefachputze dürfen nur mit hoch diffusionsoffenen Farben behandelt werden.
- Fussbodenbeläge aus PVC schädigen die alten Dielenböden und das Holztragwerk.
- Bei schlecht be- und wenig entlüfteten Kellern verfaulen die Deckenbalken samt Lehmstakdecken.

Fachwerkhaussanierung mit Naturbaustoffen.

Nach dem Besuch eines Lehmbau-Fachseminars war für die gut informierte Bauherrschaft klar: Ins Fachwerk gehört Lehm. Zur Anwendung sollten nur diffusionsoffene Naturbaustoffe gelangen. Das von Klaus Schillberg erarbeitete Sanierungskonzept wurde von der örtlichen Denkmalpflege einstimmig angenommen und wird seither vielen Fachwerksanierern weiterempfohlen.

Bausubstanz erhalten: Zementputze entfernen – Hölzer auswechseln

Durch Erschütterungen waren bei vielen Gefachen die Aussenputze abgefallen; mit Zementmörtel reparierte Aussenputze hatten keine Verbindung mit dem Lehmuntergrund. Der teilweise rissige Zementputz auf der Hofseite zur Nachbarin hin wurde komplett entfernt, kaputte Hölzer und die angefaulte Fachwerkschwelle wurden erneuert. Einige Eichenbalken in der Decke über dem Kellergeschoss waren durchgebrochen und mussten statisch unterstützt werden. Nachdem die Zimmerleute am stolzen Strassengiebel Fachwerkhölzer in desolatem Zustand mit grosser Liebe zum Handwerk erneuert und mit Eichenholz ergänzt hatten, wurden einige Giebelgefache mit gut schalldämmenden Korkleichtlehmsteinen neu ausgemauert. Vorhandene Lehmgefache erhielten einen Neubewurf mit Strohlehm, der mit eingedrückten Löchern für den späteren Kalkputzauftrag gut aufgerauht wurde. Kalkputze haften auf Lehmuntergründen rein mechanisch, da Lehm und Kalk im Prinzip «chemische Feinde» sind.

Wärme- und Schalldämmung mit Lehm, Hanf, Recyclingkork und Schilf

Aus Schallschutzgründen wollte die örtliche Denkmalpflegerin überall teure Kastenfenster einbauen lassen. Schliesslich entschied man sich für gut schallgedämmte Massivholz-Verbundfenster, die in einen Kastenrahmen eingebaut wurden. Die Sprossenteilung wurde nach historischen Vorlagen gewählt.

Eine hoch schalldämmende Strohlehmwand aus

Lehmdecke mit Schilfputzträger.

grossformatigen, 10 Zentimeter dicken Lehmbauplatten wurde vor die Fachwerkaussenwände gestellt, der Zwischenraum zu den Lehmgefachen mit schwundsicherem Hanfleichtlehm in einem Arbeitsgang gefüllt und leicht verdichtet. Hierfür wurden Hanfgrossschäben mit fein gemahlenem Lehmpulver unter Wasserzugabe zu einem wärmedämmenden Leichtlehm in Rohdichten von 350 bis 400 kg/m^3 erdfeucht angemischt. Die verwendeten Strohlehmplatten (Fabrikat Karphosit) haben bei 10 Zentimeter Dicke einen Schallschutzwert von 52 dBA, sind massgenau mit umlaufender Nut und Feder hergestellt und werden mit einer gut haftenden Lehmspachtelmasse nass verklebt. Der Lehmspachtel besteht aus fein gemahlenem Lehmpulver mit 20% Tongehalt und wird in Wasser zu einer kartoffelbreiähnlichen Konsistenz angerührt. Damit den Handwerkern auch am Montagmorgen nach einem alkoholfreundlichen Wochenende eine lot- und fluchtrechte Wand gelingt, montiert man am vorhandenen Holzgebälk mehrere mit der Wasserwaage ausgerichtete Montagelatten, an denen die Strohlehmplatten mit langen Holzschrauben ab und zu fixiert werden.

Fenster- und Türstürze fertigt man bei normalen Raumhöhen am besten aus Holz, für höhere Räume werden bereits fertige Lehmstürze von bis zu 1,2 Meter Länge geliefert. Strohlehmplatten lassen sich gut mit Elektrosägen schneiden, Schlitze für

Lehm- und Stalldecke mit Lehmunterputz

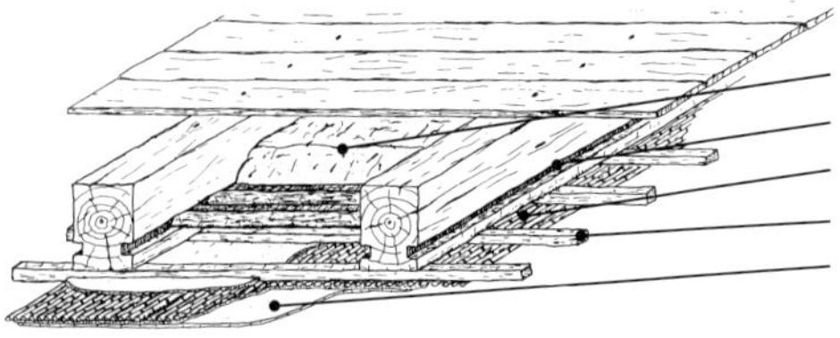

Elektrokabel können mit bauüblichen Fräsmaschinen hergestellt werden. Risse lassen sich am besten mit handelsüblichen Lehmputzen verschliessen.

Die verputzte Fachwerkwand zur Nachbarin hin wurde aussen mit 80 Millimeter dicken Schilfplatten wärme- und schallgedämmt. Zuvor erhielten die äusseren Lehmflächen einen desinfizierenden Kalkanstrich. Die grossformatigen Schilfplatten wurden auf vertikal angebrachten Montagehölzern und ca. 16 Zentimeter breiten Montagebrettern mit langen Holzschrauben und Unterlagsscheiben mit 40 Millimeter Durchmesser befestigt. Der 25 Millimeter dicke Kalkaussenputz wurde dreilagig (mit vollflächigem Glasfasergewebe in der zweiten Lage) ausgeführt. Innenseitig tackerte der Lehmbau-Fachbetrieb Putzträgermatten aus Schilf vollflächig auf das vorhandene Holzfachwerk und brachte einen zweilagigen Lehmfertigputz in Stärken bis 3 Zentimeter auf.

Die bestehende Tonziegeldeckung war regendicht. Lediglich drei Dachsparren mussten statisch verstärkt werden. Die Holzbalken-Lehmdecke im Speicher erhielt eine 25 Zentimeter dicke Wärmedämmung aus sehr preiswerten Hanfgrossschäben (Materialkosten 85,– DM/Fr. pro Kubikmeter). Im Schüttverfahren wurden diese zwischen Lagerhölzer eingebracht und mit einem Holzbodenbelag abgedeckt.

Neue Innenwände wurden freistehend – ohne Holzfachwerk – mit grossformatigen Lehmbauplatten erstellt. Die vorhandenen Lehmfachwerk-Innenwände erhielten ein- bis zweilagige Lehmputze und mussten teilweise mit Putzträgermatten aus Schilf überzogen werden. Die Lehmstakdecken in Flur und Schlafzimmer erhielten unterseitig montierte Schilf-Putzträgermatten. Darauf wurde ein zweilagiger Lehmfertigputz mit einer handelsüblichen Putzmaschine aufgebracht. Die anderen Lehmdecken waren bezüglich Rissbildung in gutem Zustand. Bröselige Leim- und Kalkanstriche mussten jedoch entfernt werden. Dann wurden die Decken mit Lehmschlämme grundiert und mit einem 3 bis 5 Millimeter dünnen Lehmfeinputz beschichtet.

Ehemaliger Stall wird zum Wohnzimmer

Im Erdgeschoss wurde ein als Kuhstall genutzter Raum zum Wohnzimmer umgestaltet. Die nitrathaltigen Bodenbeläge samt Wassertrögen wurden komplett ausgebaut, im Sandsteingiebel baute man drei neue Fenster ein. Der in Offenthal verwendete Buntsandstein ist naturgemäss sehr weich und wurde damals mit einem Lehm-Kalk-Mörtel vermauert. Aus statischen Gründen wurde innenseitig eine neue Wand aus Hochlochziegeln vorgemauert. Dadurch konnte die schöne Sandsteinmauer aussen als Sichtmauerwerk freigelegt werden. Sämtliche Wandflächen wurden mit einem sehr harten Lehmputz in zwei Schichten verputzt.

Der Fussboden erhielt zwischen den Lagerhölzern eine 25 Zentimeter dicke Wärmedämmung aus Recyclingkorkgranulat, ein Dämmstoff der sinnvollerweise in feuchtegefährdeten Bauteilen eingesetzt wird. Der Holzdielenboden erhielt eine naturgerechte Oberflächenbehandlung mit gehärteten Naturharzölen.

Lehmedelputze risssicher aufbringen

Ein grosses Problem, speziell bei grossformatigen Lehmbauplatten, ist ein risssicheres Verputzen mit Lehm, da sich die im Dünnbettverfahren geklebten Plattenstösse immer durchdrücken und zur Rissbildung im Putz führen. Ebenso problematisch sind Putzuntergründe im Fachwerkbereich, da das unter dem Lehmputz liegende Holz immer arbeitet. Bei diesem Projekt hat sich das vom Autor entwikkelte Lehmputzsystem mit engmaschigem, reissfestem Jute-Fasonleinengewebe bestens bewährt:

Zunächst wird die Oberfläche mit pastöser Lehmgrundierung beschichtet. Das Jute-Fasonleinengewebe (in Breiten von 100 bis 215 Zentimeter lieferbar) wird unmittelbar in die noch feuchte Grundierschicht mit Lehmgrundierung eingeschlämmt. Im Stossbereich werden die Jutebahnen 10 Zentimeter überlappend angebracht. Ist die feine Jutestruktur als Oberfläche erwünscht, wird die getrocknete Oberfläche mit Lehmgrundierung nochmals beschichtet. Danach kann die Fläche z.B. mit Kaseinwandfarben farblich gestaltet werden. Beim Auftrag von farbigen Lehmedelputzen wird die getrocknete Oberfläche vor dem Putzauftrag mit dem Wassersprüher leicht angenetzt.

Frau Carl wählte für ihr Fachwerkhaus aus der umfangreichen Farbtonpalette den Tex-Bis-Lehmedelputz LK1, Sonnengelb, aus. Die aus handgesiebten, naturbelassenen Sanden und Lehm hergestellten Lehmedelputze sind pigmentfrei und haben eine sehr hohe Leuchtkraft, die vor allem den kleinen, oft dunklen Räumen in Fachwerkhäusern Helligkeit verleiht. Durch einfache Tricks beim Abreiben mit dem Schwammbrett wurde ein sanfter Aquarellschleier erzeugt. Im Treppenhaus, in Bad und Küche wurden die Edelputzflächen zweimal mit Silifix besprüht, ein Produkt, hergestellt mit chemisch reinem Kaliwasserglas. Dadurch wurden die Wandflächen wisch- und waschfest fixiert.

Heizsystem

Die Bauherrschaft entschied sich für eine Fussleisten-Wandstrahlheizung. Zur Warmwasserbereitung wurde ein Gas-Brennwertkessel im Dachgeschoss installiert. Entlang der Aussenwände in Erdgeschoss und Obergeschoss wurden selbstbaufreundliche Heizregister mittels Montageclips auf das Montagebrett montiert und mit öllasiertem Holz verkleidet. Wo die Raumnutzung keinen Platz für Heizleisten zuliess, z.B. in Badezimmer und WC, wurden normale Strahlungsheizkörper in das Heizsystem integriert.

Fachwerk-Vorsatzschale mit Hanfleichtlehm und Lehmbauplatten

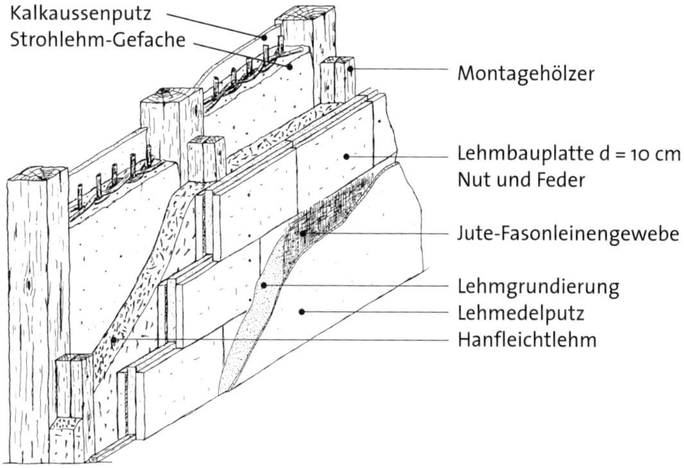

Aussenwanddämmung mit Schilfplatten

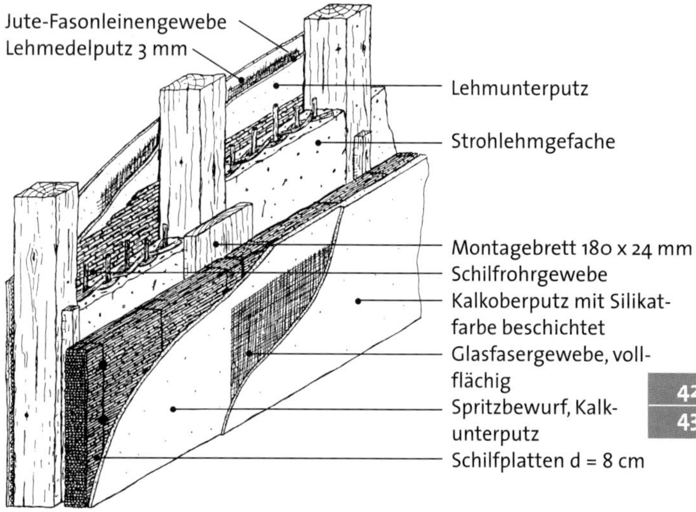

Bodenbeläge, Farben

Die alten Dielenböden wurden gereinigt und mehrmals abgeschliffen. Bei den Vorbereitungsarbeiten für die Hanfdämmung im Speicher konnten alte Terrakottaplatten geborgen werden. Diese wurden im Salzsäurebad gereinigt und als Bodenfliesen im Eingangsbereich im Erdgeschoss in ein Trasskalkmörtelbett verlegt. Mit gehärteten Naturharzölen, mehrmals aufgetragen, wurden Holz- und Terrakottaböden oberflächenbehandelt. Alle Lehmdecken wurden zweimal mit hoch deckenden Kaseinfarben beschichtet. Die Kalkputzflächen an der Fassade erhielten einen zweimaligen Silikatfarbenanstrich, abgetönt mit Erdfarbpigmenten. Das Eichenfachwerk wurde dreimal mit hoch diffusionsoffenen Ölfarben, hergestellt aus heimischem Leinölfirnis, gestrichen.

Adresse: Familie Carl, Mainzer Strasse 22,
D-63303 Dreieich-Offenthal
Bestandesaufnahme: Architekturbüro
Schauer & Volhard, Darmstadt
Fachbauleitung: Klaus Schillberg, Lothar Keil,
Tex-Bis Naturbaustoffe GmbH, Nidderau,
Telefon 06187/901820, Fax 06187/21259

Grossformatige Lehmbauplatten sind gut geeignet für den Selbstbau.

Scheunenausbau mit Hanf, Lehm und Schilf im Selbstbau

Wie die ökologisch engagierten Umweltingenieure Michael Fassbinder und Dorothee Dernbach baubiologische Akzente setzten, zeigt sich am Beispiel des Ausbaus einer Fachwerkscheune mitten im Dorf Büdingen-Rinderbügen.

Das mit Strohlehm ausgefachte Fachwerkgebäude war jahrhundertelang als Stall sowie als Heu- und Strohlager genutzt worden. Die Fassade war ringsum mit einer hinterlüfteten Holzschalung verkleidet. Die Bauherrschaft erarbeitete ein Ausbaukonzept unter liebevoller Bewahrung der historischen Fassade. Als sensible Gestaltungselemente kamen einige Dachgauben und ein grossflächig verglastes Scheunentor neu hinzu, der Strassengiebel erhielt ein sichtbares Aussenfachwerk. Im Zentrum des Wohn-Küchen-Bereichs steht ein massiver Lehm-Grundofen mit integrierter Sitzbank.

Lehmgefache für Kalkputzauftrag vorbereitet.

Rohbau

Zwei Kellerräume wurden tiefer gelegt, damit der neue Treppenlauf zum Obergeschoss auf dem bestehenden Deckenbalkenniveau anliegt. Viel zu tun gab es am Fundament: vorhandene Mauerwerke mussten unterfangen werden, für die Aussenwand-Vorsatzschale musste das Fundament mit Betongurten verbreitert werden. Damit die Fachwerkschwelle keinen Betonkontakt hat, wurden Kokosstreifen als Trennschicht verlegt. Neue Trennwände im Erdgeschoss errichtete man statisch tragend mit gelochten Ziegelsteinen. Deckenbalken wurden neu verlegt und der Dachstuhl komplett neu aufgebaut. Im Obergeschoss wurden sämtliche Innenwände in Holzständerbauweise errichtet, ebenso der Giebel zur Balkonseite. In die historischen Fachwerkaussenwände wurden Holzstaken eingesetzt, mit Kopfweiden neu ausgeflochten und mit Strohlehm in zwei Lagen von aussen beworfen.

Vorsatzschale mit Hanfleichtlehm und Schilf

Als homogene Vorsatzschale wurde vor den Strohlehmgefachen eine 15 Zentimeter starke Stampflehmschicht aus Hanfleichtlehm hinter eine einfache Kletterschalung eingebracht. Als Haltekonstruktion für die Leichtlehmwand wurden am bestehenden Fachwerk vertikale Montagehölzer und breite Montagebretter zur besseren Schilfmontage angebracht.

Fachwerksanierung mit Hanfleichtlehm.

Der Selbstbauer erwarb einen 500-Liter-Zwangsmischer, der am Schlepper montiert und mit der Traktorzapfwelle betrieben wird. Insgesamt mussten für den Scheunenausbau ca. 25 Kubikmeter Mischung mit Hanfschäben hergestellt werden. Die Hanfgrossschäben wurden als Sackware mit 20 Kilogramm Inhalt angeliefert. Für einen Kubikmeter braucht man 5 Säcke Hanfschäben. Als Bindemittel für den Hanfleichtlehm wurde fein gemahlenes Lehmpulverkonzentrat mit einem 22%igen Tonanteil, geliefert in 40-Kilogramm-Säcken, verwendet. Im Zwangsmischer wurde ein erdfeuchtes Hanflehmgemisch der Rohdichte von 350 kg/m^3 (Trockenrohdichte) hergestellt. Mit Eimern und Wannen transportierte Herr Fassbinder den Hanflehm und baute ihn mit einer Holzlatte leicht verdichtet hinter eine Bretterschalung ein, die nach dem Einbau sofort demontiert werden konnte. Nach ca. drei Wochen war die Lehmwand getrocknet. Anschliessend wurden 5 Zentimeter starke Schilfrohrdämmplatten im handlichen Selbstbauformat von 50 x 175 Zentimeter mit Lehmputz beschichtet und an den Montagebrettern fixiert.

Hanf-Kalk-Estrich statt Betonbodenplatte

Das gesamte Gebäude ist nicht unterkellert. Von Hand und mit einem Minibagger wurden 60 Zentimeter Erdreich ausgehoben. Darauf wurde grober Basaltschotter als kapillarbrechende Schicht in einer Stärke von 20 Zentimeter eingebaut und gut verdichtet. Im feuchtegefährdeten Bereich zur Hauptstrasse verlegte der Selbstbauer eine mit Kokosmatten ummantelte Innendrainage entlang den Aussenwandfundamenten. Ursprünglich war eine Betonbodenplatte geplant, wie sie leider zu oft unbedacht im Scheunenausbau eingebaut wird:

- Die Erdfeuchte kann dabei nicht mehr nach oben diffundieren und sucht sich den einfachsten Weg.
- Entlang der Betonunterseite wandert die Feuchtigkeit zum Natursteinsockel.
- Sockel- und Fundamentsteine werden feucht.
- Die aufsteigende Feuchtigkeit schädigt das aufsteigende Mauerwerk.
- Die Fachwerkschwelle verfault von hinten, was der Hausbesitzer erst nach Jahren erkennen kann.

Bei diesem Bauvorhaben wurde alternativ ein wärmegedämmter, hygroskopischer Bodenaufbau, bestehend aus Hanfgrossschäben und Sand, mit Trasskalk gebunden, in einer Stärke von 35 Zentimeter eingebaut. Hierbei hat sich der traktorbetriebene Zwangsmischer bestens bewährt, denn das Material konnte vom Schlepper aus direkt auf den Boden entleert werden. Dazu wurde die Mischung recht feucht angesetzt und mit einer Abziehbohle leicht verdichtet abgezogen. Ein dicker Hanf-Kalk-Estrich hat als einzigen Nachteil eine lange Trocknungszeit von ca. 8 Wochen. Die wärmedämmenden Hanfschäben sind mit 82,– DM/Fr. pro Kubikmeter sehr preiswert. Bei ähnlichen, vom Autor betreuten Bauvorhaben mit geringeren Trocknungszeitvorgaben wird erfolgreich ein Kork-

Hanfleichtlehmfüllung

Innenansicht der Fachwerkaussenwand vor dem Einbau von Hanfleichtlehm.

Kalk-Estrich mit wärmedämmenden Zuschlagsstoffen wie Recyclingkorkgranulat und Korkmehl angewendet.

Nach der Trocknung wurden diffusionsoffene Terrakotta-Bodenfliesen im Trasskalkmörtelbett verlegt.

Dachdämmung, Holzbalkendecken, Innenwände

Die neuen Fachwerkinnenwände wurden mit gelochten Massivlehmsteinen ausgemauert, auch um das Raumklima und den Schallschutz zu optimieren. Baustoffrecycling beim Deckenaufbau war das Gebot der Stunde: Tondachziegel vom alten Dach und alte Feldbranntsteine wurden als Schallschutzpackung in die Blindböden eingelegt und mit Hanfleichtlehm abgezogen. Für Trittschall- und Rieselschutz wurde mit vollflächig verlegten Trittschall-Filzmatten aus Hanf gesorgt. Die Hanfmatten wurden zuvor mit Kalk bestreut, damit keine Feuchtigkeit in die sichtbare Deckenschalung laufen kann. Unter den Dielenböden wurden Lagerhölzer auf Trittschallstreifen schwimmend verlegt.

Der Dachaufbau wurde unter dem Aspekt des sommerlichen Wärmeschutzes ausgeführt:

- Auf den Sparren verlegte man regendichte Unterdachplatten aus Holzfasern.
- Die Sparren wurden mit Zellulose im fugenlosen Einblasverfahren wärmegedämmt.

Fachwerk-Aussenwand mit Hanfleichtlehm und Schilf

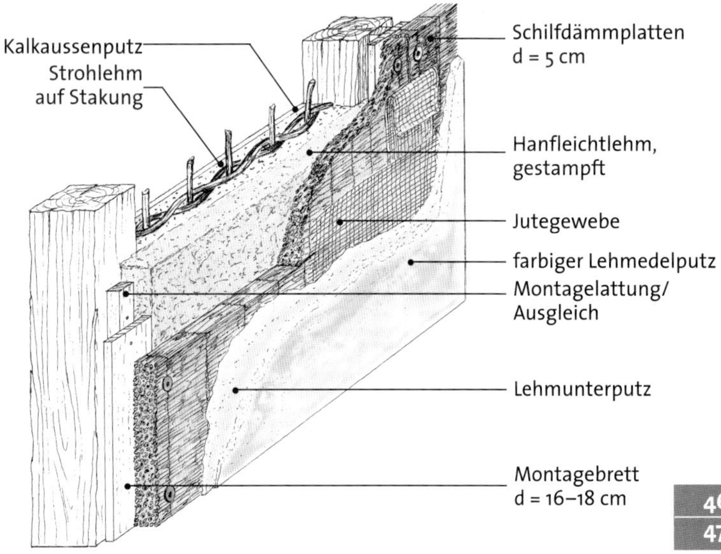

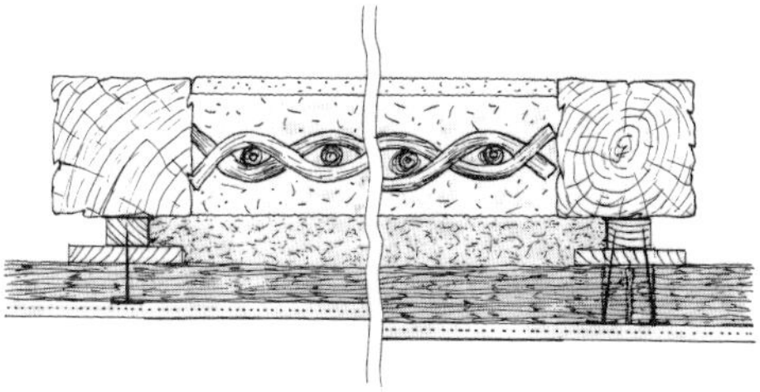

ANSICHT VON NORDOST, HOFSEITE

ANSICHT VON SÜDWEST, GARTENSEITE

– Unter den Sparren wurden 3 Zentimeter dicke Schilfplatten auf Lattenrost fixiert.
– Darauf wurde ein 15 Millimeter starker Lehminnenputz aufgebracht.

Putze, Oberflächenbehandlung mit Naturprodukten

Der Holzdielenboden erhielt eine naturgerechte Oberflächenbehandlung mit gehärteten Naturharzölen. Die Innenwandflächen erhielten zweilagige Lehmputze und wurden mit pigmentierten Kalkkaseinfarben gestrichen. In einigen Räumen wurden farbige Lehmedelputze zur Wandgestaltung in Stärken von 3 Millimetern teils auf Jute-Fasonleinengewebe, teils direkt auf die Lehmunterputze aufgezogen. Die im Innenraum sichtbaren Holzbauteile wurden mit Pflanzenölen lasiert. Auf chemischen Holzschutz wurde – auch an tragenden Holzkonstruktionen – völlig verzichtet.

Die gut aufgerauhten Strohlehmgefache erhielten einen zweilagigen Kalkaussenputz mit anschliessendem, dreifachem Silikatfarbenanstrich. Sämtliche Fenster, die Fachwerkbalken sowie die aussenseitigen Holzverkleidungen wurden mit selbst angemischter, grün pigmentierter Ölfarbe behandelt.

Ökologisch sinnvolles Heizsystem

Als Heizzentrale steht ein ca. drei Tonnen schwerer Lehmgrundofen in der Wohnküche, dessen Wärme mittels Luftklappen auch in die darüber liegenden Räume ziehen kann. Der Grundofen wurde als Bausatz geliefert und vom Bauherrn mit Lehmsteinen ummauert. Anschliessend wurde ein Lehmgrundputz aufgezogen, auf welchem vollflächig ein risssicheres Jute-Fasonleinengewebe mit Lehmgrundierung eingeschlämmt wurde. Die künstlerische Oberflächengestaltung wurde mit farbigen, pigmentfreien Lehmedelputzen (Tex-Bis) vollzogen.

Die Umweltingenieure entschieden sich für eine Fussleisten-Wandstrahlheizung als zusätzliches Heizsystem. Zur Warmwasserbereitung wurde ein Gas-Brennwertkessel im Dachgeschoss installiert. Entlang der Aussenwände in Erdgeschoss und Obergeschoss wurden im Selbstbau Heizregister mittels Montageclips auf das Montagebrett montiert und mit Massivholz verkleidet.

Einer uralten Tradition gemäss wurde ein Dachreiter angebracht: Ein stolzer Ziegenbock grüsst von der hofseitigen Dachgaupe die Besucher.

Adresse: Dorothee Dernbach, Michael Fassbinder,
Borngasse 5, D-63654 Büdingen-Rinderbügen,
Telefon 06049/95 0733
Planung: Bernhard Backes, Hermannshöhle,
D-55585 Oberhausen/Nahe
Bauleitung: Klaus Schillberg, Tex-Bis Naturbaustoffe GmbH, 61130 Nidderau,
Telefon 06187/901820, Fax 06187/21259

Lehmedelputze: Der Farbe die Seele zurückgeben

Zur Zeit, als die japanischen Kaiserpaläste aufs Herrlichste mit Marmorglanz-Lehmputzen ausgestattet wurden, hatten unsere europäischen Lehmbauvorfahren mit künstlerischen Lehmgestaltungen nicht viel am Hut: Eine mit der Hand verriebene Strohlehmputzmischung war jahrtausendelang der einfache Innenausbaustandard. Die römische Besatzungsmacht steuerte später die mit etwas Erdpigment verfeinerte Kalkmalerei, die Fresco-Maltechnik, bei.

Die japanische Marmorglanz-Putztechnik war so zeitaufwendig, dass nur die reichsten Leute sich solch edle Wandgestaltungen leisten konnten. Der Zeitaufwand für einen Quadratmeter Wandgestaltung wird auf rund 6 bis 8 Stunden kalkuliert. Eine Mischung aus Sumpfkalk, Seetang, Feinsand, Erdpigmenten und Lehm wurde in dünnen Schichten von 1 Millimeter durch kräftiges Aufreiben mit speziellen Glättkellen in bis zu sechs Lagen auf die vorbereiteten Lehmuntergründe aufgetragen. Die Oberfläche wurde spiegelglatt, ähnlich wie bei der bekannten Stuccolustro-Glättetechnik.

Sand – die Farbe der Natur

Sand ist der Baustoff Nummer Eins. Er dient als Zuschlagsstoff für Beton und Mörtel und wird als Füllstoff industriell in grossen Mengen eingesetzt. Sand gilt als trist und farblos. Doch wer abseits vom üblichen Sandabbau sich näher damit befasst, entdeckt in hessischen Sandgruben eine gänzlich andere Welt. Nach Jahrmillionen kommt das Sandkorn mit seiner Zauberkraft von Form und Farbe wieder ans Tageslicht. Sande sind wahre Schätze der Natur, die jetzt erst gehoben werden als Bestandteile von farbigen Lehmedelputzen, um Glanz in «unsere Hütten» zu bringen.

Wir haben sie vergessen, die Farben der Natur, haben sie ersetzt durch Laborpigmente. Der Maler und Bildhauer Lothar Keil exprimentiert seit mehr als zwanzig Jahren mit lehmigen Erdfarben und Sanden. Auf der Suche nach farbigen Steinen und Sanden fand der leidenschaftliche Hobbymineraloge in Hessen einzigartige Natursande in kräftigen Farbtönen. Dabei stiess er auf 25 Millionen Jahre alte Sandrosen, die in ihrer Art auf der Welt nur einmal in der mittelhessischen Wetterau vorkommen.

Für den Maler und Bildhauer ist die Farbenvielfalt der Sande ein Abenteuer: Wandputze, nur aus

Rosso nobile – farbiger Lehmedelputz (Tex-Bis), Jute-Fasonleinengewebe.

Farbige Sande in den Wetterauer Sandgruben (Hessen).

Sand und Lehm, ohne jegliche Pigmentzusätze. Die strahlende Leuchtkraft der Natur an heimischen Wänden, das ist seine Vision. Sande werden beim industriellen Abbau nicht in einzelnen Schichten abgebaut. Auf schöne Farbschichten nimmt dabei niemand Rücksicht. Es ist Keil gelungen, einige Grubenbesitzer zu überreden, einzelne Sandschichten separat abzubauen. Im Atelier im Schloss Windecken entwickelt Lothar Keil die farbigen Edelputze, die von Tex-Bis Naturbaustoffe GmbH hergestellt und vertrieben werden. Die Fertigmischung muss stimmen: Auf unzähligen Testtafeln wurden Versuche gemacht mit Putzstärken bis zu 10 Millimeter. Die natürliche Farbgebung durch das einzelne Sandkorn selbst, das ist eines seiner Geheimnisse.

Lothar Keil erklärt die wichtigen Feinheiten folgendermassen: «Farbe besteht aus Farbkörper und Farbton. Die staubigen Pigmente verhindern jede Leuchtkraft. Ihnen fehlt die kristalline Struktur. Bei Pigmenten ist der Farbton vom Farbkörper ge-

Quarzitfindling in kräftigen Naturfarben.

trennt. Sand hat eine Art Prismawirkung, die in sich geschlossen ist und Licht reflektieren kann. Das naturbelassene Sandkorn allein garantiert die Lichtechtheit.»

Lehmedelputze aus hessischen Lehmen und Natursanden

Synthetisch hergestellte Farben haben unser natürliches Farbempfinden sehr negativ beeinflusst. Das Auge erkennt nur noch den Kontrast greller Farbtöne. Mit hochwertigen Lehmen aus dem «hessischen Lehmland» in vielfältigen Farbtönungen entwickelte Lothar Keil eine eindrucksvolle Palette von farbigen Lehmedelputzen ohne Zugabe jeglicher Farbpigmente. Das Farbenspektrum der angebotenen Lehmedelputze erstreckt sich von edlem Weiss über Sonnengelb, Rosé, Lichtblau, Steingrau bis hin zum kräftigen Königsrot. Das feuchte Aufreiben bringt eine Art Aquarellschleier auf die Wandoberfläche und lässt die Kristalle der feinen Sande glitzern. Die sanfte Wirkung kann durch handwerklich erzeugte Putzstrukturen verstärkt werden, während die naturbelassenen Sande das Farbenspektrum erzeugen.

Anwendungsbereiche von farbigen Lehmedelputzen

Lehmedelputze werden im Innenbereich an Wänden und Decken sowie an schlagregensicheren Fassaden als Dekorputze eingesetzt. Sie werden einlagig in Putzstärken von 2 bis 5 Millimeter auf lehmgrundierte Untergründe aufgetragen und haften auf vielfältigen Putzgründen wie:

- Lehmflächen aller Art, Kalkputzen, Zementputzen, rauhen Kunstharzputzen
- geputzten Kalksandsteinen, Bims-, Ziegel-, Blähton- und Porenbetonsteinen
- rauhen Betonflächen, Natursteinen aller Art, mineralischen Bauplatten
- Gipskartonplatten, Fermacell-Innenausbauplatten
- geputzten Schilf- und Korkplatten, Holzwolle-Leichtbauplatten (Heraklith)
- Oberflächen aus feinmaschigem Jute-Fasonleinengewebe

Tex-Bis-Lehmedelputze: Jasminweiss, Sandrose (rechts), Ziegelrot (links).

Natürliche Farbpalette: Sande aus dem Gebiet des Vogelsbergvulkans (Hessen).

Farbige Sande mit Baryt-Sandrosen.

Verarbeitung, Untergrundvorbereitung

Vor jedem Putzauftrag muss der Untergrund gereinigt und nach Kriterien wie Saugfähigkeit, Risssicherheit, Festigkeit geprüft und grundiert werden. Ist der Untergrund beispielsweise stark wassersaugend, muss die Fläche zunächst gewässert werden.

Dann erfolgt die Lehmgrundierung: Eine aus feinstgemahlenen Lehmen in Wasser klumpenfrei gelöste Lehmpaste von joghurtähnlicher Konsistenz (als Fertigprodukt im Eimer erhältlich) wird mit dem breiten Malerquast oder mit der Rolle gleichmässig aufgezogen. Nachdem die Lehmgrundierung komplett durchgetrocknet ist, wird die zu verputzende Fläche mit einem Rosensprüher leicht angefeuchtet. Dann wird der in Wasser angerührte Lehmedelputz als Handputz mit dem Aufziehbrett oder maschinell mit Putzmaschine in Putzdicken von 2 bis 5 Millimeter aufgetragen. Da alle Tex-Bis-Lehmedelputze pigmentfrei und aus mineralischen Rohstoffen wie Lehm und Sand hergestellt sind, können auf Wunsch die einzelnen Farbtöne beliebig miteinander gemischt werden.

Sollen glatte Oberflächenstrukturen erzeugt werden, wird der feuchte Putz mit der Glättkelle bearbeitet. Besonders lebendige, sanft wolkige Oberflächen entstehen, wenn man die Lehmputzfläche nach völliger Trocknung mit dem angefeuchteten Schwammbrett leicht aufreibt und strukturiert. Hierbei verstärkt das natürliche Bindemittel Lehm die Leuchtkraft der Natursande.

Auf Wunsch kann die Oberfläche mit Silikatfixierung (Silifix TX-2) wischfest fixiert werden, was sich in stark beanspruchten Räumen wie Treppenhaus, Bad, Küche und Kinderzimmer empfiehlt. Das farblose Wasserglasprodukt wird mit Wasser verdünnt und ein- bis maximal dreimal auf die getrocknete Fläche aufgesprüht. Im Mittel kosten die Edelputze 8,– DM pro Quadratmeter Wandfläche, aufgezogen in einer Stärke von 2 bis 3 Millimeter.

«Ich wollte der Farbe die Seele zurückgeben, das Auge soll wandern und sich an den nuancenreichen Schattierungen meiner Lehmedelputze erfreuen», so beschreibt Lothar Keil die Wirkung seiner Lehmedelputze.

Klassische Raumgestaltung mit farbigen Lehmedelputzen, Ausstellung und Information bei:
Tex-Bis Naturbaustoffe GmbH, Schloss Windecken,
D-61130 Nidderau, Telefon 06187/901820,
Fax 06187/21259

Farbige Lehm-Streichputze im Amalienschlösschen

Im hessischen Städtchen Niddatal-Assenheim liess Hofkammerrat Geyger 1794 gegenüber dem Assenheimer Schloss ein klassizistisches Wohn- und Wirtschaftsgebäude errichten, den Amalienhof, heute Amalienschlösschen genannt. Im Zuge umfangreicher Sanierungsmassnahmen legte Welf Bücken, Kammerdirektor des Grafen zu Solms und Assenheim, grossen Wert auf den Erhalt historischer Bausubstanz. Die Fachwerkwände waren mit Strohlehmsteinen ausgefacht und mit Strohlehmputz vollflächig überzogen; die Decken waren ebenfalls mit Strohlehm gefüllt. Da damals kein Putzträger auf die Holzbauteile montiert wurde, wies der alte Lehmputz im Laufe der Jahrhunderte durch das Arbeiten des Holzes starke Putzrisse auf.

Bei der Sanierung wurden zunächst lose Putzteile entfernt; auf einigen Holzbalken wurde Schilf als Putzträger montiert. Der eingesammelte Strohlehm wurde recycliert, mit Lehmpulverkonzentrat angereichert und als Lehmunterputz wiederverwendet. Dann wurde auf die getrockneten Lehmputzflächen mit Lehmkleber, einer fertig ange-

Lehmstreichputze (Tex-Bis) auf Jute-Fasonleinengewebe.

rührten Lehmgrundierung, ein hoch reissfestes Jute-Fasonleinengewebe aufgezogen. Ursprünglich war geplant, darauf farbige Lehmedelputze aufzubringen und in einigen Räumen die Jutestruktur quasi als Textiltapete zu belassen und mit Kalkkaseinfarben auszugestalten.

Der Maler und Bildhauer Lothar Keil hatte eine bessere Idee: Aus fein gesiebten farbigen Sanden und Lehmen entwickelte er farbige Lehmputze, die mit einem breitflächigen Malerpinsel direkt auf das Jutefasonleinen aufgestrichen wurden. Nach der Trocknung wurde die Oberfläche mit einem Fixiermittel auf der Basis von reinem Kaliwasserglas besprüht. Die Handwerker waren begeistert von der schnellen und einfachen Verarbeitungstechnik, den Bauherrn beeindruckte die lebendige Oberflächenstruktur, die die farbigen Sande noch besser zur Geltung brachte. Bei Anwendung unterschiedlicher Pinseltechniken können interessante Strukturen erzielt werden. Die in fünf Grundtönen erhältlichen Lehmstreichputze werden ab Frühjahr 2001 von der Firma Tex-Bis Naturbaustoffe angeboten.

Adresse: Schloss Assenheim, Amalienhof,
D-61194 Niddatal-Assenheim. Für Besichtigungen
bitte telefonisch anmelden: Welf Bücken,
Telefon 06034/57 58

Wetterauer Sandrosen – Ausstellung im Schloss Windecken

Dem Maler und Bildhauer Lothar Keil ist es gelungen, eine bislang einzigartige Sammlung der schönsten Sandrosen in all ihren Erscheinungsformen zusammenzustellen. Seit Jahrzehnten treibt ihn seine Passion immer wieder in die umliegenden Sandgruben der Wetterau. Sandrosen sind Kunstwerke der Natur, bizzarre Steingebilde, gefunden an unscheinbaren Orten, die Lothar Keil auf seinen Expeditionen ins Reich der Farben findet.

Professor Strübel vom Institut für Mineralogie und Petrologie der Justus-Liebig-Universität in Giessen erklärt das wunderbare Naturphänomen folgendermassen: Sandrosen, auch Barytrosen (griechisch barys = schwer) genannt, sind leicht von anderen kristallinen Gebilden zu unterscheiden. Schwerspatkonkremente, wie sie die weltberühmten Wetterauer Barytrosen darstellen, finden sich manchmal in Sandsteinen oder in chemischen, organogenen Sedimenten. Ihre Bildung beruht auf der weiten Verbreitung von Sulfat sowie auf dem niedrigen Löslichkeitsprodukt von $BaSO_4$. Die von R. Delkeskamp (1900) beschriebenen Barytrosen der Wetterau zählen als seltene und einzigartige Mineralbildungen zu den mineralogischen Kostbarkeiten, die in dieser Art nirgendwo sonst auf der Erde mehr vorkommen. Obwohl Sandrosen, bei denen Gips oder Kalk als Bindemittel wirksam ist, auf der Erde weit verbreitet sind, zählen Rosen mit $BaSO_4$ als Bindemittel zu den seltenen Ausnahmen. Von den aus anderen Ländern und Kontinenten bekannt gewordenen Fundorten von Barytkonkretionen erreicht keine den Variationsreichtum und die Formschönheit der Wetterauer Sandrosen.

Baryt-Sandrose aus der Wetterau.

Die Entstehung der Wetterauer Sandrosen umfasst einen Zeitraum von rund 25 Millionen Jahren und dauert auch heute noch an. Sie wachsen aus wässrigen Lösungen, welche die tertiären Sedimente durchwandern und bei der Kristallisation des Schwerspats die Quarzkörner des umgebenden Sandes mit einschliessen. Ihre Grösse reicht von 1 Zentimeter bis über 1 Meter. Als mineralogische Seltenheit sind sie in den berühmten erdgeschichtlichen Museen der Welt und in den Sammlungen von Liebhaber-Mineralogen anzutreffen.

In den mit farbigen Lehmedelputzen gestalteten Präsentationsräumen der Firma Tex-Bis Naturbaustoffe GmbH im Schloss Windecken ist dazu eine interessante Ausstellung aufgebaut.

Besichtigungszeiten: werktags von 9 bis 12 Uhr, Sonntag von 14 bis 18 Uhr oder nach Vereinbarung. Um Voranmeldung wird gebeten!

Adresse: Tex-Bis Naturbaustoffe GmbH, Schloss Windecken, D-61130 Nidderau-Windecken, Telefon 06187/901820, Fax 06187/21259

Dreckspatz und Schmuddelkind – Lehm sinnlich erfahren

Lehm ist ein gesunder Baustoff, der sich vielfach bewährt hat. Lehm kann kleben und schmieren; mud, Dreck, Schlamm, wie Lehm im englischen Sprachraum despektierlich genannt wird, macht Hose und Schuhe schmutzig, färbt aber auch Malkreiden, lässt sich formen und gestalten. Und was gibt es Schöneres, als sich in einem Lehmbad zu suhlen und wieder einmal nach Herzenslust Dreckspatz und Schmuddelkind zu spielen – eine Einladung, die auch an Erwachsene geht.

Naturmaterialien drängen sich für bereichernde Plausch- und Spielerlebnisse, für ein fröhlich-verspieltes Bauen und Experimentieren auf und bieten Kindern, Jugendlichen wie Erwachsenen einen Einstieg in ein lustvolles Schaffen – dies ist wohl der erfolgversprechendste Weg, sich anspruchsvollere Erlebniswelten zu erschliessen. Wir möchten durch die Arbeit mit Naturmaterialien dazu beitragen, Freiräume für Spass, Spiel, Wohlbefinden, Entspannung, Erleben und Begegnung mit der Natur zu schaffen.

Murmeln

Bei Wanderungen mit Kindern im Schweizer Jura haben wir es uns zur Gewohnheit gemacht, Lehmkugeln mit der Hand zu formen. Mit der Zeit ist eine

grosse Sammlung entstanden: grosse, kleine, steinige, raue und glatte Kugeln in den unterschiedlichsten Farbtönen. Wir haben grosse Kugeln, auf Hanf- und Sisalschnüre aufgereiht, im Garten und vor dem Haus aufgehängt und bemerkenswerte Aufschlüsse über die Witterungsbeständigkeit erhalten. Einige der Kugeln trockneten an der Luft innerhalb kürzester Zeit und wurden hart wie Schamottestein. Andere zerfielen schon beim Formen, da der sandige Lehm zu wenig Bindekraft aufwies, oder bekamen beim Trocknen Risse, verursacht durch den Schwund des fetten, tonhaltigen Lehms. Die Kinder und Jugendlichen waren immer mit Eifer bei der Sache und haben durch eigene Erfahrung viel mehr gelernt, als durch reine Wissensvermittlung möglich wäre.

Mit den verschiedenfarbigen Lehmsorten lassen sich zwischen den Handflächen und mit den Fingerkuppen schöne farbige Murmeln formen. Sicher wird nicht jede genau gleich gross wie die andere, aber auch die Natur ist fehlerfreundlich.

Medaillons, Steine, Gewölbe

Sehr dekorativ sind einfach herzustellende Medaillons. Wir drücken eine Lehmkugel auf einer glatten Unterlage flach und prägen kräftig die Umrisse und Struktur eines Blattes auf, das wir dann vorsichtig wieder entfernen. Lehmmedaillons mit den unterschiedlichsten Blattmustern können auch ungebrannt zu einem schönen Mobile zusammengestellt werden. In diesem Fall müssen wir noch in feuchtem Zustand ein Loch zum Aufhängen anbringen.

Anspruchsvoller ist es, grössere Steine in verschiedenen Formaten herzustellen. Dazu bedarf es spezieller Holzformen, in denen dann einzelne Lehmziegel oder aber zwei, vier oder acht auf einmal geformt werden. Ein paar Leisten sind schnell zusammengenagelt oder -geschraubt. Der Lehm muss gut durchgeknetet werden, bevor er fest in die Formen gedrückt und die Oberfläche geglättet wird. Mit solchen Steinen lässt sich schon massstabgerecht mit Lehmmörtel bauen, und es lassen sich auch durchaus erste Rückschlüsse für den Hausbau gewinnen.

Lehmmedaillon mit Blattmuster.

Spannend und lehrreich sind Versuche mit trapezförmigen Steinen, mit denen Bögen, Halbkreise, Rundformen als Haus- oder Ofenfundament oder Gewölbe in allen möglichen Formen und Formaten hergestellt werden können. Die Winkelschnitte der Leisten lassen sich ohne weiteres von Hand machen – vielleicht hilft das erste Mal auch der Vater, ein Werklehrer oder Schreiner/Tischler. Wer experimentierfreudig ist, ändert die Winkel der Holzfor-

Trapezförmige Steine für die Herstellung von Gewölben.

Kugeln aus Lehm: gross und klein, hell und dunkel.

men und beobachtet, wie sich mit den unterschiedlich geformten Steinen auch die Gewölbeformen verändern. Auf diese Weise lassen sich gute Kenntnisse sammeln, die dann beim Gewölbebau im Haus oder beim Bau eines Ofens umgesetzt werden können.

Eine Wand wird gewunden

Lehm gehört zusammen mit Stein und Holz zu den ältesten Baustoffen der Menschheit und hat sich über Jahrtausende in vielen Kulturen bewährt. Flurnamen im deutschsprachigen Raum wie Lei, Letten, Leim sind Hinweise auf die früher in Siedlungen üblichen öffentlichen Lehmgruben, in denen der Baulehm abgetragen wurde. Auch das Wort Wand hat einen direkten Bezug zu Lehmbauweisen: Es leitet sich von winden ab. Wände wurden in früheren Zeiten häufig durch Korbmacher zunächst aus Weidenruten gewunden und dann mit Lehm beworfen oder verputzt. Auch im modernen Holzständerbau bildet Lehm wie beim Fachwerk die ideale Ergänzung zum Holz. Er bringt Speichermasse ins Haus und sorgt für eine angenehme Gleichgewichtsfeuchtigkeit. Eine Lehmwand weist viele sinnliche Qualitäten auf. Sie ist formbar, veränderbar, nie hart und unnachgiebig. Lehm lädt zum Gestalten ein und ist für das Aufbringen von Naturfarben sehr gut geeignet.

Mit Pigmenten gefärbte Lehmkugeln.

Lehm und Weidenruten

Alles, was wir gestalten und bauen, ist der Natur nachempfunden. Mit Geflechten, Ruten und Strohlehm schaffen wir Formen und Strukturen. Wir gehen vor wie die Vögel beim Nestbau – spontan und lustbetont. Weidenruten, Hasel und andere biegsame Auenhölzer dienen uns als Konstruktions- und Flechtmaterial, Äste geben Festigkeit auch für die Grundform. Zweige bilden feinere und feinste Gefüge und das Halte- und Aufbaugitter zur Aufnahme des Lehms. Nach unseren Vorstellungen biegen und gestalten wir die Äste oder bei grösseren Bauten auch Rutenbündel zur Grundform. Das Können wächst mit dem Tun. Anfangen sollten wir immer mit einfachen Gestaltungen und uns nicht überfordern. Für jeden Arbeitsgang hält die Natur ihr Material bereit: abgeschälte Rinde wird als gutes Verbindungsmaterial vom Ast gleich mitgeliefert. Mit diesem «Bast» umwickeln wir zu bindende Stellen, speicheln sie an. Durch den Schwund der Baststreifen beim Trocknen verzurrt sich das Gebundene zur schier untrennbaren Einheit. Falls die abgeschälte Rinde sich nicht eignet, können auch Sisal-, Kokos- oder Hanfschnüre verwendet werden. Ist die Grundform mit den Feinausformungen fertig, tragen wir den Strohlehm auf oder werfen ihn nach bewährter Fachwerktechnik an. Dieser Strohlehm ist immer wieder dasselbe sich in vielen Kulturen bewährende Material. Es lässt sich um Äste wickeln, in Öffnungen einbauen und hineinstreichen und umschliesst am Ende alles fest und verbindet es zu einer Einheit – solange es nicht wochenlang dem Regen ausgesetzt wird.

Von der Grobgestaltung zur Feinausformung

Ist die erste grobe Strohlehmschicht fest geworden, folgt die nächste Schicht, verdichtend, schliessend, formgebend. Diese und – je nach Wunsch – weitere Schichten bauen die Form im Detail auf. Zum Schluss folgt eine Feinschicht mit einer Lehmschlämme, die wir mit einem grossen Malerpinsel

Weidenruten-geflechte mit Lehmbewurf.

(Quast) Nass in Nass auftragen. Auf die fein ausgearbeiteten Flächen können wir dann mit den verschiedensten Erd- und mineralischen Farben, mit Ton-Kalk-Gemischen oder mit Kaseinfarben unserem gestalterischen Drang freien Lauf lassen. Nie ist etwas endgültig: Lehm lädt immer wieder zu Prozessen der Wandlung, zum kreativen Gestalten und Umformen ein. Lehm ist der Baustoff für massive, meterdicke Mauern, leichteste Paravents und feinste Ziselierungen, für Häuser, Öfen und Gewölbe – ein häufig verkannter oder gar verachteter Alleskönner, der wie kein anderer Werkstoff Menschen zu gemeinsamem selbstbestimmtem Bauen und Gestalten einlädt.

Pyritzen, ein bewohnbarer Lärmschutzwall aus Stroh, Rundholz und Lehm: lebensfroher Bauspielplatz für lehmiges Gemeinschaftsbauen.

Liebe auf den zweiten Blick

Es gibt Häuser, die beeindrucken kokett durch die äussere Fassade. Andere wieder kommen bescheiden daher, lassen sich nicht im Sturm erobern, sondern überzeugen auf den zweiten Blick durch ihre klare, wohldurchdachte Konzeption, durch Behaglichkeit, Wärme und liebevolle Details. Zu diesen gehört das Haus des Architekten Paul Nijman in Nottwil im Kanton Luzern.

Wer das Haus oberhalb des Sempachersees nach einem ersten äusseren Eindruck betritt, ist vom Raumangebot und der Grosszügigkeit im Innern überrascht. Am Tag der offenen Tür im Herbst 1998 drückten das viele interessierte Besucher aus: «Von aussen sieht Euer Haus winzigklein aus, von innen wirkt es dagegen riesengross.» Tiefstapeln als Teil des baubiologischen Handwerks.

Das klare Konzept überzeugt, vor allem auch die Konsequenz, mit der es umgesetzt worden ist.

Understatement: Von aussen wirkt das Haus kompakt und bescheiden ...

Häufig sind es einfache, der Natur nachempfundene Lösungen, die sich als überaus effektiv erweisen. Das beginnt mit dem Holzfachwerk mit wärmespeichernder Lehmsteinausfachung. Verwendet wurden Lehmsteine mit Chinaschilfzuschlägen, die sich genau bearbeiten und zusägen lassen. Überwiegend wurden die mit Lehmsteinen gemauerten Wände mit optisch ansprechenden Lehmverputzen versehen, aber zum Teil auch bewusst im Rohzustand belassen. Die Grundofenheizung mit Hypokaustenwänden, die vielfältige Nutzung des Regenwassers, die Dachbegrünung, die simple Nutzung der passiven Solarenergie als Heizungsunterstützung und der aktiven Solarenergie mittels Kollektorenanlagen für die Warmwasseraufbereitung sowie die Wiederverwendung alter Baumaterialien wie Türen, Wandverkleidungen, Bodenplatten, Schränke, Lampen usw. runden das gelungene baubiologische und -ökologische Konzept ab. Und schliesslich wurde auch noch der Nachweis erbracht, dass naturnahes Bauen sogar günstiger sein kann als die übliche Bauweise.

Lehm und Holz – die ideale Kombination

Die Bodenplatte und die Kelleraussenwände sind in wasserdichtem Beton erstellt. Da die Anschlussfugen abgedichtet wurden, konnte auf eine Sickerleitung verzichtet werden. Die gesamte innere und äussere Tragkonstruktion ist als Holzriegelbau konzipiert, mit atmungsfähigen Modullehmsteinen als Wärmespeichermasse ausgefacht und innen mit Lehm verputzt. Dabei erwiesen sich die neuen Lehmsteine mit Chinaschilfzuschlägen der Zürcher Ziegeleien als ausgesprochen gut verarbeitbar, da die ungebrannten Steine problemlos zersägt werden können. Jedes Steinstück lässt sich irgendwo wiederverwenden, so dass praktisch kein Abfall zu entsorgen ist. Lehmmörtel kann jederzeit

Sorgt für wohnliche Atmosphäre: Recyclingtür von der Baubörse im Eingang, rechts oben Lüftungsklappe für den Wärmestrom.

... innen licht, klar, weit und offen mit einem wohldurchdachten Konzept.

Wärme strahlt vom Zentrum des Hauses aus: Grundofen mit je einer Hypokaustenwand pro Zimmer.

mit Wasser wieder plastisch formbar und verarbeitbar gemacht werden: keine eingetrockneten Rückstände in Kesseln, Mulden und an Kellen – und keine aufgerissenen Hände!

Aussen wurde das Haus mit 120-Millimeter-Zellulosefaserplatten gedämmt und mit einer rohen, unbehandelten Lärchenholz-Deckleistenschalung ohne Hinterlüftung verkleidet. Diese ist bei dampfdiffusionsoffenen Materialien nicht nötig. Weitere Details: Innenwände im Untergeschoss mit Modullehmsteinen als Speichermasse und Feuchteregulator; Innenwände im Erdgeschoss als offenes Bücherregal gestaltet und im Obergeschoss mit lehmverputzten Gipsfaserplatten verkleidet; Holzbalkenlagen mit Dämm- und Speicherschüttungen und mit geölten Holzriemenböden; Pultdach mit extensiver Dachbegrünung ohne Spenglerarbeiten, um einen Faradayschen Käfig zu vermeiden. Die ganze Konstruktion inklusive Innenausbau wurde sehr eigenbaufreundlich gehalten.

Mit minimalen Installationen von elektrischen Schaltern und Steckdosen konnten die Leitungslängen auf rund die Hälfte des Üblichen reduziert werden. Eine zentrale Steigzone mit sternförmigen Zuleitungen verhindert die grossflächige Verbreitung der elektrischen Felder. Fast überall wurden Wandlampen montiert, so dass fast die gesamten Boden- und Deckenflächen frei von elektrischen Leitungen sind. Mit drei Netzfreischaltergruppen wird zudem der gesamte Wohn- und Schlafbereich frei von elektrischen und elektromagnetischen Feldern gehalten, wenn die letzte Stromquelle abgeschaltet ist.

Heizen wie die alten Römer

Der Grundofen steht im Zentrum des beheizten Gebäudevolumens, das heisst im Erdgeschoss. Mit rund 2500 Kilogramm Speichermasse strahlt der Ofen die Wärme fürs ganze Erdgeschoss direkt ab. Das Obergeschoss wird mit je einer Hypokaustenwand pro Zimmer beheizt. Die Hypokaustenwände bestehen aus hohlen Tonelementen als Strahlungsheizfläche und sind mit dem Luft-Wärme-Tauscher im Ofen verbunden. Das Entscheidende dabei ist, dass die Wärmestrahlen von der Seite kommen und so den menschlichen Körper grossflächig anstrahlen. Dank dem Schwerkraftprinzip zirkuliert die Wärme völlig selbständig. Am Ofen kann mit einer Klappe pro Heizwand die Beheizung jedes Zimmers

Lehminnenwände und Lehmputze.

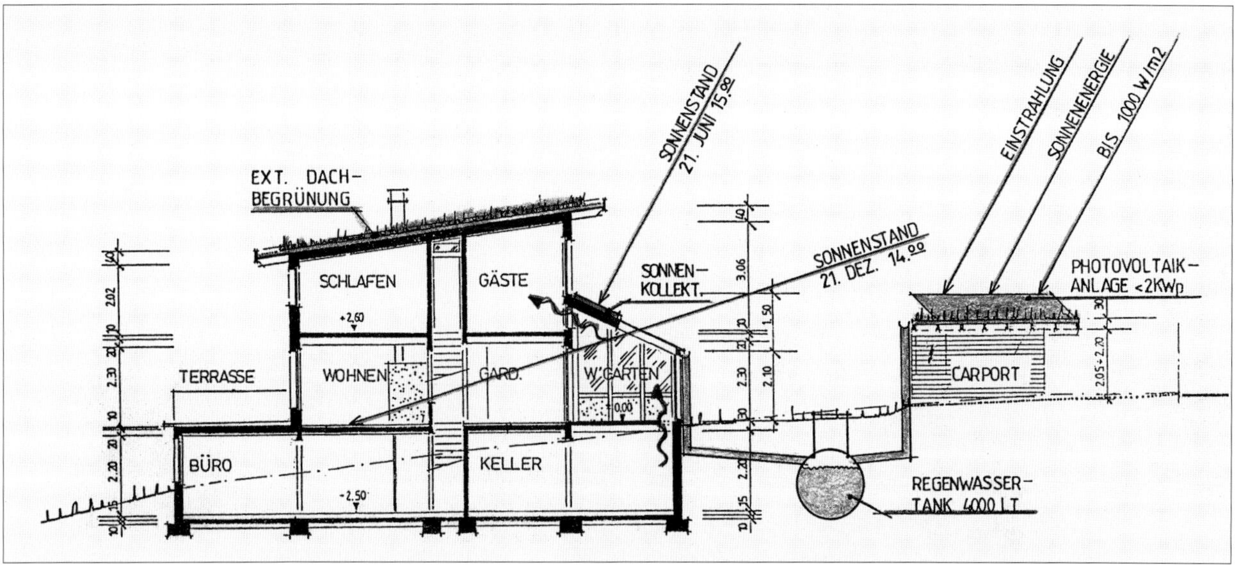

einzeln reguliert werden. Das Büro im Untergeschoss wird analog dem Obergeschoss geheizt. Hier muss die Wärme jedoch mit einem Rücklaufventilator heruntergesogen werden. Mit dieser räumlich bedingten Ausnahme funktioniert das Heizsystem ohne Elektrizität. Der kalte Winter 1998/99 stellte den Ofen gleich auf die Probe. Fazit: Erwartungen mehr als erfüllt! Diese Form der Wandheizung mit Tonelementen wurde von den Römern zur Beheizung ihrer Wohn- und Baderäume entwickelt und Hypokaustum genannt, was auf die Art der Feuerung hinweist und so viel bedeutet wie «von unten brennen». Der Grundofen mit Hypokausten lässt sich auch gut als gemischtes System für Heizung und Warmwasser erstellen und eignet sich für die Kombination Holzheizung/Sonnenenergie, was jedoch einen Wasserspeicher im Keller erfordert.

Die Strahlen der Sonne ...

Der unbeheizte Wintergarten dient zur Nutzung der passiven Sonnenenergie. Eine Lehmspeicherwand und der Tonplattenboden halten vor allem in der Übergangszeit die eingestrahlte Wärme zurück, um sie nachts wieder in den Wintergarten abzustrahlen. Mit einem ausgeklügelten, aber einfachen Warmluftstromsystem wird die Überschusswärme des Wintergartens zur Heizungsunterstützung im Gebäude nutzbar gemacht: Im oberen Wandbereich des Wintergartens sind grosse Lüftungsklappen so platziert, dass die aufsteigende Wärme ins Obergeschoss geleitet wird, sich im Gebäude langsam abkühlt, via Treppenhaus ins Untergeschoss absinkt und durch den unterkellerten Wintergarten via Lüftungsschlitze wieder aufsteigen kann. Gleichzeitig wird so der Holzkeller durchlüftet. Die tiefste Temperatur im ungeheizten Wintergarten lag bei +5° C bei einer Aussentemperatur von –12° C. Das beweist, wie gut ein richtig angelegter Wintergarten als Wärmepuffer dient.

... und die Regentropfen einfangen

Zur Regenwassernutzung wurde ein 4000-Liter-Kugeltank im Erdreich versenkt und mit Recyclingglasgranulat hinterfüllt. Die Suche nach ausgedienten Käsereitanks oder ähnlichem verlief erfolglos. Das Regenwasser wird auf der Terrasse und auf dem Glasdach des Wintergartens gesammelt und vor dem Tankeinlauf gefiltert. Es wird für die Toiletten,

Einbau des Regenwassertanks.

die Waschmaschine und den Garten genutzt und mit einer Druckpumpe zu den Verbrauchern befördert. Eine mechanische Füllstandsanzeige gibt Auskunft über den momentanen Regenwasservorrat. Durch die manuelle Umstellung von Regen- auf Trinkwasser wird verhindert, dass Trinkwasser (Chlor) in den Regenwassertank nachgespeist wird. Dadurch würde das für die Selbstreinigung des Regenwassers benötigte Mikroklima zerstört. Der berechnete Anteil des Regenwassers am Gesamtwasserverbrauch liegt bei 60%.

Altes in neuem Glanz

Für das Haus musste keine einzige Türe neu gekauft werden. Im Brockenhaus, auf Bauteilbörsen, bei Umbauten, per Inserat oder durch direkte Nachfrage konnten wunderschöne, alte, gestemmte Zimmertüren aus Tanne, eine Haustür aus Eiche, alte Bohlenbretter und Gipskartonplatten für Wandverkleidungen, alte Gartenplatten und Ziegelschrot für Bodenaufbauten usw. erstanden und wiederverwendet werden. Damit wurden nicht nur Einsparungen von rund 10 000 Franken erzielt, die alten, zum Teil sorgfältig aufbereiteten Materialien geben dem Haus auch ein besonders wohnliches Klima und ein spezielles Cachet.

Erfahrungen des Architekten mit der Holz-Lehm-Bauweise

Seit dem Besuch eines Lehmbaukurses 1992 bin ich begeistert vom Naturbaustoff Lehm. Seither war auch klar, dass das eigene Haus in Holz-Lehm-Bauweise erstellt würde. 1998 war es dann endlich so weit: Wir machten uns an die Arbeit, um unseren Traum vom eigenen Holz-Lehm-Solar-Grasdach-Haus zu erfüllen.

Die Holz-Lehm-Konstruktion wurde mit der Überlegung gewählt, möglichst viel Eigenleistung zu erbringen und ein an sich leichtes Holzhaus mit der Wärmespeichermasse von Lehm schwerer zu machen. Die unverputzten Kellerinnenwände bestehen ebenfalls aus Lehm und dienen als Wärme- und Feuchtigkeitsregulatoren. Die anderen baubiologischen und bauphysikalischen Eigenschaften von Lehm müssen hier nicht mehr erwähnt werden.

Die verwendeten Lehmsteine sind im Swiss-Modul-Format gefertigt und dank dem Zuschlagsstoff Chinaschilf sehr robust. (Diese Lehmsteine sind inzwischen nicht mehr auf dem Markt erhältlich. Ersatzprodukte: Hanflehmsteine, Holzlehmsteine, Lehmbauplatten. Siehe Händlernachweis Seite 155.)

Vermauert wurden die Lehmsteine, die im übrigen mit 8 Kilogramm rund 1,3 Kilo schwerer als Modulbacksteine sind und eine um 20% grössere Wärmespeichermasse besitzen, mit dem mitgelieferten Lehmmörtel. Das handwerkliche Vermauern blieb dasselbe wie bei Backsteinen – mit der Ausnahme, dass die Maurer keine Handschuhe als Schutz vor den scharfen Backsteinkanten und dem alkalischen Zementmörtel tragen mussten. Für alle Beteiligten war das Arbeiten mit Lehm ein tolles Erlebnis und stellt auch für Maurer, die solche Arbeiten zum ersten Mal ausführen, kein Problem dar. Auch die Lehmgrundputze, Lehmdeckputze und Lehmfertigputze wurden von denselben Maurern ausgeführt.

Mit unserer Holz-Lehm-Konstruktion konnte auch das zerstörerische Schlitzen der Wände vermieden werden, da wir die wenigen Zuleitungen sichtbar auf der Ständerkonstruktion führten.

Bauen mit den Mondphasen

Der Einfluss des Mondes auf die Gezeiten der Meere ist bekannt. Daraus lässt sich ableiten, dass der Mond auch auf das wasserabhängige Baugeschehen Einfluss nimmt. Schon unsere Altvorderen kannten die Zusammenhänge um den zunehmenden und abnehmenden bzw. aufsteigenden («obsigänt») und absteigenden («nidsigänt») Mond. Aufgrund dieses uralten Wissens kann in einem modernen Mondphasenkalender der günstigste Termin für das Schlagen des Holzes im Wald, das Einbauen von Holz im Bau oder die gewünschte Eigenschaft des Holzes abgelesen werden. Der richtige Zeitpunkt für den Aushub, für Fundamente, Wände und Decken, das Erstellen und Verputzen von Mauerwerk usw. ist auch entscheidend für das spätere Feuchtigkeitsverhalten der Bauteile. In unserem Haus wurde zum Beispiel der Aushub bei abnehmendem Mond erstellt, was verhinderte, dass Grundwasser in die Baugrube drang. Mauern beim abnehmenden Mond lässt die Restfeuchtigkeit schneller verschwinden, und wenn ein Dachstuhl bei abnehmendem Mond aufgerichtet wird, verhindert das ein Verreissen oder Verdrehen der Balken. Möglichen Schäden und Folgeschäden kann so wirkungsvoll begegnet werden.

Nach inzwischen gut einem Jahr im Holz-Lehm-Haus und dem Beginn der zweiten Heizperiode lässt sich feststellen, dass sich das Holz praktisch nicht bewegt hat und sich die Satzungen der Lehmausfachungen auf maximal 5 Millimeter im Dachgeschoss beschränken. Auch die von Anbeginn gleich bleibende Raumluftfeuchtigkeit von etwa 60% zeigt, dass der Lehmbau ein gesundes Raumklima schafft.

Architekt/Bauherr: Paul Nijman, Architekturbüro für natürliches, gesundes Bauen, Studenweg 7, CH-6207 Nottwil, Telefon/Fax 041/937 19 18
Ofenplanung: Karl Spring, Postfach 167, Ertenstrasse 32A, CH-3612 Steffisburg, Telefon 033/437 22 50
Ofenbauer: Beat Burri, Gäälimatt 55, CH-6026 Rain, Telefon 041/458 14 52, Fax 041/458 16 52
Lehmbau: ZZ Wancor, Lehmbausysteme, CH-8575 Bürglen, Telefon 071/634 88 44, Fax 071/634 88 98
Ausführliche Adressliste von Bauteilbörsen über Bauteilnetz Schweiz: http://www.bauteilnetz.ch/netz/sites/head.htm

Wärmedämmung mit Naturbaustoffen

Die zur Erhaltung des gewünschten Wohnklimas benötigte Menge Heizenergie richtet sich danach, wieviel Wärme durch Aussenwände und Lüftung verloren geht. Der Heizenergieverbrauch ist daher ganz wesentlich eine Frage des Wärmedurchgangswertes der Bauteile, ihres k-Wertes. Dieser Isolierungswert eines Bauelements oder Hauses drückt als wärmetechnischer Grundkoeffizient aus, wie viel Wärme (W) pro Quadratmeter (m^2) verloren geht. Die heute übliche Kurzformel lautet W/m^2K, wobei K für Kelvin (Temperaturdifferenz) steht. Ein kleiner k-Wert weist also auf gute Isolierwirkung hin.

Nun sind die quantifizierbaren Kriterien durchaus nicht alles: Um behaglich zu wirken, braucht das Haus zum Ausgleich von Temperaturschwankungen und zum Speichern von Solar- und Heizwärme schwere, massive Bauteile. Für ein angenehmes Wohnklima und eine nicht zu hohe Heizrechnung sind also sowohl eine gute Wärmespeicherung als auch eine gute Wärmeisolierung erforderlich. Baustoffe können in der Regel jedoch nur das eine oder das andere. Weisen sie eine hohe Rohdichte auf, sind sie also schwer wie Beton, Klinker, Ziegel oder Massivlehm, lassen sie sich gut aufheizen, speichern die Wärme und geben sie langsam wieder ab. Gute Wärmespeicher sind aber auch gute Wärmeleiter, das heisst, je dichter und schwerer ein Baustoff ist, desto schlechter ist seine Isolierwirkung. Baustoffe, die leicht sind und viele Lufteinschlüsse aufweisen (Schilfrohrmatten, Zellulosewolle, Holzfaserplatten, Kokos, Kork, Stroh, Holz), haben eine geringe Wärmeleitfähigkeit und sind damit gute Isolierstoffe. Was ihnen fehlt, ist die Masse, um Wärme zu speichern.

Lehm ist auch in dem Sinne ein universeller Baustoff, als sich grosse Mengen Faser- oder Zuschlagsstoffe (Stroh, Holz, Blähton, Hanf, Tierhaare, Kork usw.) einarbeiten lassen, was die Isolierwirkung erheblich erhöht, ohne dass zu viel von der erwünschten Speicherfähigkeit verloren geht. Hinzu kommt noch eine andere Qualität des Baustoffs Lehm, die vor allem in Verbindung mit Holz zum Tragen kommt, nämlich die geringe Gleichgewichtsfeuchte. Feuchtigkeit, die sich auf dem Holz niederschlägt, kann der Lehm aufnehmen und zur Wandoberfläche transportieren. Dort, wo zwei Baustoffe aufeinander treffen, nimmt immer der trockenere, also der mit der geringeren Gleichgewichtsfeuchte, das anfallende Wasser auf und führt es nach aussen ab. Das macht Lehm gerade zusammen mit Holz zum idealen Baustoff, nicht nur in historischen Fachwerkhäusern, sondern auch im modernen Wohnungsbau.

Über blosses Energiesparen hinausdenken

Nach allgemeinem Verständnis wird heute ökologisches Bauen gleichgesetzt mit energiesparender Bauweise, welche einseitig am Dämmstandard gemessen wird. Es kann nicht bestritten werden: Gut gedämmte Häuser verbrauchen selbstverständlich weniger Energie als schlecht gedämmte Bauten. Doch setzen die Normen einseitig auf den k-Wert, ohne dabei beispielsweise einen Unterschied zwischen der Nord- und Südseite eines Hauses zu machen. Wer sich rundum in Styropor einpackt, verabschiedet sich vom Tages- und Jahreszeitenwechsel, entfernt sich von den natürlichen Lebensgrundlagen, von allen sinnlichen Reizen und Impulsen.

«Die Schlusskette k-Wert = Wärmeverlust = Heizenergieverbrauch = Gradmesser für ökologisches Bauen ist nicht nur ausgesprochen falsch, sondern eine bewusste – oder unbewusste – Täuschung. Die heutige Dämmungseuphorie beruht auf simplen Denkfehlern und Irrtümern und auf irreführenden Schlussfolgerungen.» (Claus Meier: Umweltschutz in der Superdämmung, in: Klima, Kälte, Heizung Nr. 6, 1990.)

Wir müssen lernen, uns dem Energiesparen mehrdimensional zu nähern. Energiebilanzen werden nicht nur durch Wärmeverluste, sondern auch durch die Wahl der Baustoffe, das Heizkonzept, den Warmwasser- und Elektrizitätsverbrauch sowie architektonische Vorgaben bestimmt.

Dämmstoffe aus der Natur

Wer konsequent nach baubiologischen Gesichtspunkten bauen oder sanieren möchte, wird sich auch in der Wahl des Dämmstoffes danach richten. Bauherren können heute aus einem vielfältigen Produkte- und Herstellerangebot auswählen: Zellulose, Kork, Kokosfaser, Holzweichfaserplatten, Hanf und Flachs, Schafwolle, Baumwolle, Blähton, Perlite, Blähschiefer, Bims, Holzwolleleichtbauplatten oder auch Schilfrohr stehen zur Verfügung. Wärmetechnisch unterscheiden sich die einzelnen Dämmmaterialien in ihrer unterschiedlichen Isolierwirkung, die durch die Einstufung in entsprechende Wärmeleitfähigkeitsgruppen (abgekürzt WLG) unterschieden werden.

Ausserdem ist bei der Beurteilung von Baustoffen die Frage ihrer Entflammbarkeit wichtig. Dazu werden sie in fünf Baustoffklassen eingeteilt:
Baustoffklassen A1 und A2: nicht brennbar
Baustoffklasse B1: schwer entflammbar
Baustoffklasse B2: normal entflammbar
Baustoffklasse B3: leicht entflammbar

Jeder Baustoff, der in die Klassen A1 und A2, B1 oder B2 eingestuft wurde, besitzt entsprechende Prüfzeugnisse. Die jeweilige Brandschutzklasse ist auf der Verpackung angegeben. Fehlt diese Angabe, gilt der Baustoff automatisch als leicht entflammbar (B3) und darf nur begrenzt beim Hausbau eingesetzt werden.

Holzfaserdämmplatten

Bei der Herstellung von Holzfaserdämmplatten werden entrindete Restholzteile (wie z. B. Holzhackschnitzel) zu feinen Holzfasern zermahlen, kurz erhitzt und im eigenen Zellulosesaft zu Dämmplatten gepresst. Holzweichfaserplatten, wie diese Dämmplatten auch genannt werden, haben sowohl gute Wärmedämm- als auch gute Schallschutzeigenschaften (Wärmeleitfähigkeit 0,045 bis 0,065 W/mK). Sie finden ihre Anwendung als Dach- oder Fassadendämmplatten und als Fussbodendämmplatten. Im Innenausbau werden naturbelassene Wandplatten als Decken- und Wandverkleidungen sowie als Akustikplatten verwendet. Naturbelassene Holzweichfaserplatten sind stark feuchtigkeitsempfindlich und müssen auf dem Lagerplatz auf der Baustelle gut abgedeckt werden. Für die Verwendung als winddichte, wasserabweisende Unterdachplatte wird ihre Oberfläche entweder paraffiniert , komplett bituminiert oder mit wasserabweisenden Naturharzen behandelt (z.B. EMFA-Klick). Dabei behalten sie ihre hohe Diffusionsfähigkeit bei. Beim Kauf ist unbedingt darauf zu achten, dass beim Pressvorgang keine zusätzlichen Kunstharze verwendet wurden.

Kork

Kork ist ein gewachsenes Produkt, nämlich die Rinde der Korkeiche, die sich aus einer Vielzahl von feinen Zellen aufbaut. Kork besitzt ein ausserordentlich geringes Gewicht und eine hohe Elastizität. Diese Eigenschaften machen ihn zu einem ausgezeichneten Dämmstoff gegen Wärme, Kälte und Schall. Angeboten wird Kork in Form von Dämmplatten oder Schrot als Schüttmaterial. Seit 1991 ist Recyclingkorkschrot auf dem Markt, dessen Rohstoffe aus bundesweit gesammelten Flaschenkorken stammen (RecyKork®). Handelsübliche Korkplatten entstehen aus einem Granulat, das möglichst von Kork der ersten Schälung stammen sollte, dem harzreichen «Jungfernkork». Es wird in einem so genannten Autoklaven – ein Gerät zur Druckerhitzung – ohne fremde Bindemittel unter Ausnutzung seines natürlichen Harzgehalts zu Blöcken gebacken. Aus diesen Backkorkblöcken werden dann die Dämmplatten herausgeschnitten. Korkdämmplatten erfüllen die Voraussetzungen für die Brandschutzklasse B2. Die Wärmeleitfähigkeit liegt bei 0,045 W/mK, die von Schrot bei 0,055. Kork ist ein nachwachsendes, trotzdem aber nur begrenzt verfügbares Produkt. Die erste Schälung erfolgt nach 25 Jahren, die zweite nach weiteren 7 bis 10 Jahren.

Kokosfaser

Die Kokosfaser stammt von der äusseren Umhüllung der Kokosnuss. Sie ist innen hohl und kann Luft speichern. Darauf beruht ihre hohe Wärme- und Schalldämmfähigkeit. Dämmmaterialien aus Kokosfasern gehören (durch Behandlung mit Boraxsalzen) der Brandschutzklasse B2 an. Die Wärmeleitfähigkeit beträgt 0,045 W/mK. Aus der atmungsaktiven, leichten und sehr elastischen Kokosfaser werden maschinell Matten, Filze und Vliese in zahlreichen Formaten und Stärken hergestellt. Für die Dämmung von feuchtigkeitsempfindlichen Bauteilen wie Isolierung unter Estrichen, Keller-Aussenwandisolierungen, Trittschalldämmungen in Nasszellen wie Bad/Dusche, Kerndämmung zwischen zweischaligem Mauerwerk sind Kokosfaserprodukte deshalb hervorragend geeignet, weil sie nicht schimmeln und unverrottbar sind. Die Verfügbarkeit von Kokosfasern ist gesichert, in den Herkunftsländern (z.B. Indien und Sri Lanka) werden sie sonst als unbrauchbares Gut verbrannt oder zur Bodenauflockerung verwendet.

Hanf

Hanf ist – ähnlich wie Flachs – eine uralte Kulturpflanze und wird seit langem bei uns angebaut, in Frankreich beispielweise zurückgehend auf napoleonische Zeiten, als Hanfseile in grossen Mengen für die Seefahrt benötigt wurden. Seit einigen Jahren ist der Hanfanbau von «rauscharmen Sorten» in Deutschland, Österreich und in der Schweiz endlich wieder erlaubt. Die Faserstruktur des Hanfs ist mit jener von Schilf vergleichbar. Augrund des hohen Kieselsäuregehalts sind die kurz gehäckselten Hanfgrossschäben sehr robust und kaum verrottbar, wenn sie diffusionsoffen eingebaut werden. Unter dem französischen Produktnamen Isochanvre werden Baumaterialien aus Hanf seit Anfang der Neunzigerjahre in Frankreich als Schütt- und Einblasdämmstoffe vertrieben. Die Isoliereigenschaften sind mit einer Wärmeleitfähigkeit von 0,055 W/mK jener von Schilfdämmplatten vergleichbar. Die Anwendungsbereiche von Hanfgrossschäben waren bisher wärmedämmende kalkgebundene Fussbodenfüllungen und Putze mit Zuschlagsstoffen aus Hanffasern. Die Preise für Hanfbaustoffe sind durch die Legalisierung des Hanfanbaus in Deutschland, Österreich und der Schweiz stark gefallen: In Deutschland wird der Kubikmeter Hanf-Schüttdämmstoff mit 85,– DM ab Werk gehandelt.

Hanffilze in Stärken von 3 bis 15 Millimeter werden als reine Hanfprodukte ohne Zusatzstoffe mit feinen Hanffasern vernadelt. Sie erreichen sehr gute Schalldämpfungswerte und eignen sich gut als Unterlagsfilze für diffusionsoffene Holzfussböden. Sie wirken feuchtigkeitsregulierend und sind in hohem Mass reissfest.

Faserdämmmatten aus Hanf werden seit 1998 mit grossem Erfolg unter dem Produktnamen Thermo-Hanf in Stärken von 4 bis 16 Zentimeter zu Preisen von 210,– bis 240,– DM pro Kubikmeter vertrieben. Leider enthält der Thermo-Hanf immer noch einen 15%igen Anteil an textilen PE-Stützfasern. An Naturstoffalternativen wird seit zwei Jahren gearbeitet, hoffentlich mit baldigem Erfolg. Übrigens: Hanfprodukte sind völlig frei von tierischem Eiweiss und zeigen deshalb eine hohe Resistenz gegenüber Insektenbefall.

Schilfrohrdämmplatten

Leichtbauplatten aus Schilfrohr dämmen nicht nur ausgezeichnet gegen Kälte und Wärme (Wärmeleitfähigkeit 0,055 W/mK), sondern auch gegen Tritt- und Luftschall. Sie bestehen aus natürlichem Schilfrohr mit hohem Silikatgehalt (Kieselsäureverbindung). Die Platten werden ohne chemische Zusätze, Bindemittel und Imprägnierung drahtgebunden gefertigt. Die konstant hohe Wärmedämmung ist ihrer Hygroskopizität zuzuschreiben: Schilfrohrprodukte nehmen keine Feuchtigkeit auf. Sie sind absolut fest und stabil und aufgrund ihrer griffigen Oberflächenstruktur ein ausgezeichneter Putzgrund. Schilfrohrdämmplatten sind in Stärken von 20, 30, 50, 80 Millimeter und als 10 Millimeter starke Putzträger-Rollenware in vielen Formaten erhältlich. Grosse Formate – z.B. 2 x 2 Meter – gewährleisten eine rationelle Verarbeitung. Als «Styroporersatz» können sie als Estrichdämmunterlage bei diffusionsoffenen Konstruktionen angewendet werden. Im Fassadenbereich werden Schilfmatten als ältestes Wärmedämm-Verbundsystem (WDVS) mit Kalkverputz eingesetzt. Im Lehmbau werden Schilfmatten als Putzträger oder als verlorene Schalung angewendet. Dachdämmungen mit Schilf eignen sich besonders bei Dämmung über den Sparren und gewährleisten dabei hohe Schallschutzeigenschaften. Weitere Anwendungsbereiche sind der Bau von Schallschutzwänden sowie als Sichtschutzmatten im Garten- und Baustellenbereich. Mit 250,– bis 300,– DM/Fr. pro Kubikmeter liegen Schilfdämmstoffe gut in der mittleren bis unteren Preiskategorie. Als wärmedämmende Putzträger sind Schilfrohrdämmplatten finanziell konkurrenzlos preiswert. Die normal entflammbaren Platten (B2) gelten als völlig bruchsicher und lassen sich beispielsweise freitragend spannen.

Schilf oder Reet wird teilweise in Österreich und vor allem in Osteuropa (Ungarn, Polen) zu kommerziellen Zwecken geerntet. Das Naturprodukt wächst im Jahresrhythmus nach und wird im Winter auf gefrorener Seenplatte abgemäht. Regelmässige Schilfernten sind wichtig, damit die Niedrigwasser führenden Feuchtbiotope nicht wegen Stickstoffüberschüssen umkippen. Den Belangen des Naturschutzes wird durch die Pflege von unberührten Vogelreservaten Rechnung getragen.

Baumwolle

Baumwolle ist uns allen als sympathischer Rohstoff für Kleidung und andere Textilien wohl bekannt. Durch vielfältige Presseberichte wissen wir auch, wie Baumwolle angebaut wird: Jährlich werden weltweit etwa 800 000 Tonnen an Insektiziden (meist sind dies toxische Produkte, die in Deutschland und der Schweiz nicht mehr zugelassen sind) auf Baumwollplantagen versprüht. In einigen Ländern wie z.B. in Tadschikistan herrscht wegen der immer durstigen Monokulturpflanze akuter Wassernotstand. Das Versprühen von Pestiziden ist durch die Weltgesundheitsbehörde WHO seit Mitte der Achtzigerjahre weltweit verboten. Die Kontrolle der über siebzig baumwollproduzierenden Länder gestaltet sich jedoch recht schwierig. Für die baubiologische Kundenzielgruppe werden seit 1993 Baumwolldämmstoffe unter dem Produktnamen Isocotton hergestellt. «Von Anfang an gibt es bei der Baumwolle keine Schadstoffe: in der geschlossenen Baumwollkapsel ist sie vor belastenden Chemikalien, Insekten, Pilzen gut geschützt», so die Werbebotschaft des bayrischen Isocotton-Vertriebs. Die Belastung der ausgelaugten Böden wird jedoch verschwiegen. Baumwolldämmstoffe machen meines Erachtens erst dann richtig Sinn, wenn eines Tages Baumwolle grossflächig in umweltschonendem biologischem Anbau produziert wird.

Die bauphysikalischen Eigenschaften sind gut vergleichbar mit Kokos- und Flachsdämmstoffen:

- Wärmeleitfähigkeitsgruppe 040
- Brandklasse B2 (erreicht durch Borsalzbeigaben)
- keine Mottenfrassgefahr, da in der Baumwolle nur pflanzliches Eiweiss enthalten ist
- gute Schallschutzeigenschaften, hoher Feuchtigkeitsausgleich, gutes Raumklima
- einfache Verarbeitung , hohe Selbstbaueignung
- voll wiederverwertbar (kostenfreie Rücknahmegarantie durch den Hersteller)

Es sind verschiedene Rollenformate in Stärken von 50 bis 180 Millimeter und Breiten von 50 Zentimeter bis 1,20 Meter im Angebot. Baumwolldämmfilze als Trittschallmatten gibt es in Dicken von

4 bis 10 Millimeter. Zum Ausstopfen von Fugen und Schlitzen beim Fenstereinbau sind Baumwoll-Dämmzöpfe und Stopfwolle erhältlich. Baumwolldämmstoffe liegen mit ca. 350,– bis 400,– DM pro Kubikmeter in der oberen Preisklasse.

Schafwolle

Teppiche und Pullover aus reiner Schafwolle mit ihren angenehmen, wohligen Eigenschaften sind uns gut bekannt. Das lästige Mottenproblem bei Naturkleidung aus chemisch unbehandelter Schafwolle ist ebenso bekannt. Als Ende der Achtzigerjahre in der Folge des Mauerfalls und der Marktöffnung nach Osten die Preise für Schafschurwolle in den Keller fielen, begann ein bayrischer Dämmstofferfinder mit der Entwicklung von Schafwolldämmstoffen. Mit der amtlichen Zulassung des Dämmstoffs Isowoll Ende 1992 hielt die Schafwolle erfolgreich Ihren Einzug im Biobaumarkt. Heute können Bauherren unter weiteren Produkten (doschawolle, herawoll, Thermolana u.a.) Schafwolldämmstoffe auswählen. Erstaunlich ist immer wieder, wie unkritisch manche Biobauherren Probleme wie Mottenbefall an Schafwolle betrachten. Einen Pullover oder Schafwollteppich kann man problemlos mehrmals im Jahr reinigen oder mit Mottenmitteln behandeln. Ist der diffusionsoffene Dach/Decken- oder Wandaufbau mit integrierter Schafwolldämmung einmal abgeschlossen, gibt es keine Reinigungs- oder Zugangsmöglichkeiten mehr. Viele Bauherren mussten nach wenigen Jahren ihre Schafwolle wegen Mottenfrass ausbauen und nach haltbaren Alternativprodukten suchen. So hat z.B. eine Schäfereigenossenschaft am Bodensee für ihr Haus ihre Schafwolle nach allen Regeln umweltfreundlicher Behandlung mit Seife und Soda entfettet, mit Borsalzen versetzt und im Dach vorschriftsmässig und diffusionsoffen eingebaut. Bei Umbauarbeiten einige Jahre später fand man Heere von Motten im Dach, an vielen Stellen war der schöne Dämmstoff völlig weggefressen.

Nichtsdestotrotz sind die baubiologischen und bauphysikalischen Eigenschaften von Schafwolle unbestritten gut:

- angenehmes Raumklima durch hohen Feuchtigkeitsausgleich
- gute Wärmedämmung (WLG 040)
- gute Schallabsorption, hohe Diffusionsfähigkeit
- Brandklasse B2 (erreicht durch Borsalzzusätze)
- einfach zu verarbeiten
- hohe Recyclingfähigkeit

Mit 330,– bis 400,– DM/Fr. pro Kubikmeter sind Schafwolldämmstoffe in der oberen Preisklasse angesiedelt. Ähnlich wie Flachs und Baumwolle sind sie auf Rollen in Stärken von 40 bis 80 Millimeter erhältlich, Trittschallfilze in einer Dicke von 4 bis 7 Millimeter; ausserdem sind Dichtungszöpfe aus Schafwolle zum Ausstopfen z.B. von Fensterfugen erhältlich. Mit den oben angeführten baupraktischen Erfahrungen soll das herrliche Naturprodukt Schafwolle keinesfalls verteufelt, die entsprechende Problematik jedoch klar aufgezeigt werden.

Flachs

Flachs oder Lein, wie die Pflanze auch genannt wird, ist eine alte Kulturpflanze und war in Europa einmal der wichtigste Faserlieferant. Man unterscheidet zwischen Faserlein und Öllein, der das bekannte Leinöl liefert. Öllein braucht ein warmes Klima und wird deshalb in Asien, Südamerika und Südeuropa angebaut. Faserlein ist weniger anspruchsvoll und gedeiht gut im raueren, feuchten mitteleuropäischen Klima. Die besten Flachsqualitäten kommen zur Zeit aus Nordfrankreich, Österreich, den Ostblockstaaten und den Beneluxländern. In Deutschland wurde bis Anfang des 19. Jahrhunderts Flachs angebaut. Dann wurde er mehr und mehr durch Baumwollimporte verdrängt. Während der beiden Weltkriege lebte der Flachsanbau wieder auf, wurde jedoch 1957 eingestellt. Dies soll sich jetzt mit Hilfe von EG-Subventionen ändern. Der genügsame Flachs soll auf stillgelegten Flächen wieder angebaut werden, wie dies heute schon auf kleinen Flächen in Bayern geschieht.

Flachs liefert Langfasern, ein hochwertiger Rohstoff für die Textilindustrie. Weitere Erzeugnisse sind Leinsamen, Flachswachs, Schäben (Holzbestandteile des Flachsstängels) und Kurzfasern. Bis vor kurzem gab es für das Nebenprodukt Kurzfasern keine Verwendung. Seit 1993 werden vom bayrischen Hersteller Isoflachs aus hauptsächlich aus Belgien stammendem Kurzfaserflachs Dämmstoffmatten in Stärken von 40, 60 und 80 Millimeter sowie Trittschallfilze hergestellt. Ein brandenburgischer Hersteller, die Firma Flachshaus, produziert überwiegend mit einheimischen Rohstoffen. Die Flachsfasern der Firma Steiner stammen zur Zeit grösstenteils aus Frankreich, Belgien und Ländern des Ostblocks, geringe Rohstoffmengen steuern bayrische Landwirte bei.

Flachsdämmstoffe enthalten im Gegensatz zur Schafwolle kein tierisches Eiweiss, sondern lediglich etwa 3% pflanzliches Eiweiss, daher haben beim Flachs Schädlinge wie beispielsweise Motten keine Lebensgrundlage. Aufgrund der Zugabe von Borsalzen und Wasserglas wird Isoflachs in die Brandklasse B2 eingestuft. Mit der Einstufung in die Wärmeleitfähigkeitsgruppe 040 ist Isoflachs ein vollwertiges Isoliermaterial. Wie alle Naturdämmstoffe muss es «atmen» können und braucht eine diffusionsoffene Baukonstruktion. Die 10 Meter langen Dämmmatten aus Flachs werden wie Schafwoll- oder Baumwollmatten verarbeitet. Isoflachs liegt mit 340,– bis 380,– DM/Fr. pro Kubikmeter in der oberen Preisklasse der Naturdämmstoffe. Die Hersteller von Flachsdämmstoffen garantieren die kostenfreie Rücknahme.

Seit kurzem werden Flachsfasern im Automobilbau für Polsterungen und Verkleidungsfüllungen angewendet. In Österreich führt die Waldviertler Flachsanbaugenossenschaft von Rastenfeld seit 1996 Flachsfaserdämmungen mit Rohstoffen aus eigenem, genossenschaftlich organisiertem Flachsanbau im fugenlosen Einblasverfahren aus.

Holzwolle-Leichtbauplatten

Diese seit Jahrzehnten bewährten Leichtbauplatten bestehen aus zement- oder magnesitgebundener Holzwolle. Die Platten sind weitgehend biege-, stoss- und bruchfest und sind frei von Chloriden, greifen also Metall nicht an. Da sie – falls magnesitgebunden – feuchtigkeitsausgleichend und pilzresistent sind, können sie sogar ohne Dampfsperre eingebaut werden. Ausserdem sind sie standfest und können auch als Innenwand gesetzt und verputzt werden. Allerdings haben Holzwolle-Leichtbauplatten im Vergleich zu anderen Dämmstoffen schlechtere Wärmedämmeigenschaften. Der Isolierwert liegt bei 0,093 W/mK, so dass man grössere Dämmstärken wählen muss, um auf einen guten Dämmwert zu kommen. In Bezug auf den Brandschutz sind die Platten positiv zu bewerten. Sie werden der Baustoffklasse B1 zugeordnet.

Blähton

Blähton besteht – wie der Name schon sagt – aus aufgeblähtem Ton, einer speziellen Tonart, die sich im Lias (einer Schicht des Juras) vor rund 5000 Jahren gebildet hat. Unter den Produktnamen Liapor und FiboExclay werden seit Jahrzehnten im Drehofen bei über 1200° C mineralische, nichtbrennbare Bau- und Dämmstoffe in Form hart gebrannter Kügelchen hergestellt. Beim Brennprozess entweichen die im Liaston enthaltenen organischen Bestandteile. Dabei entstehen feinporige, feste und leichte Tonkügelchen mit luftdurchsetztem Kern. Die bauphysikalischen Eigenschaften sind verblüffend:

- Rohdichten (Schüttdichte) von 300 kg/m^3 bis 800 kg/m^3
- Wärmeleitfähigkeit ab 0,10 W/mK bei Schüttdichte von 300 kg/m^3
- Brandklasse A1, temperaturbeständig auch bei mehr als 1100° C
- Druckfestigkeiten, je nach Schüttdichte, von 1,5 bis 6,5 N/mm^2

Durch Verfestigung mit hydraulischen Bindemitteln wie z.B. Trasskalk (so entsteht etwa auch kalkgebundener Leichtbeton) wird die Druckfestigkeit wesentlich gesteigert. Geschüttetes Liapor verdichtet sich von selbst zu gleichmässig dicken Schichten. Die formstabilen, frostsicheren Liapor-Kugeln lassen sich nachträglich nicht zusammenstauchen und verändern auch bei Durchfeuchtung ihr Volumen nicht. Da nasses Liapor Feuchtigkeit sehr lange halten kann, wird es auch als Dachbegrünungssubstrat verwendet.

In der Altbausanierung wird Liapor überwiegend bei Fussbodenschüttungen, Kalkbetonbodenplatten, Gewölbedämmungen und als wärmedämmender Zuschlagsstoff bei Mineralleichtlehm angewendet. Wenn Liapor beim Einsatz in der Altbausanierung mit diffusionsoffenen, hygroskopischen Bindemitteln gut gemischt wird und nur absolut trockene Tonkügelchen verarbeitet werden, können später auftretende Trocknungs- und Feuchtigkeitsprobleme vermieden werden. Aufgrund eigener baupraktischer Erfahrungen empfehle ich, Liapor nicht als lose, ungebundene Schüttung anzuwenden, da einmal nass gewordene Tonkügelchen ihre Feuchtigkeit lange halten können (in der allseits bekannten «Hydrokultur» werden wegen ihres hervorragenden Wasserhaltevermögens ebenfalls Blähtonkügelchen verwendet). Ein hygroskopisches Bindemittel wie z.B. Lehm oder Kalk übernimmt immer den Feuchtigkeitstransport zur Oberfläche. Liapor ist ein preiswerter Dämmstoff (ca. 130,– DM/Fr. pro m^3) und wird in handlichen Säcken bis 100 Liter, in Big bags mit 1000 bis 2000 Liter und im Silozug bis 25 Kubikmeter geliefert. Im Silozug können grössere Mengen Liapor auch rationell im Einblasverfahren eingebaut werden.

Agroverm – ein nicht brennbarer Baustoff

Agroverm ist ein Eisen-Aluminium-Magnesium-Silikat-Produkt, das zur Gruppe der Glimmerminerale gehört. Es handelt sich um einen in der Natur vorkommenden Glimmerschiefer, der eine wunderbare gold-beige-dunkelbraune Farbe hat. Dieses Gestein hat im Laufe der Jahrmillionen zwischen den einzelnen Gesteinsschichten kristallines Wasser angereichert und gebunden. Unter schockartiger Erhitzung bei Temperaturen über 1000° C wird das kristalline Wasser aus den einzelnen Schichten getrieben. Ähnlich wie bei Perlite entsteht durch dieses Hitzeverfahren eine Aufblähung um das 15- bis 20fache des ursprünglichen Volumens. Durch den Erhitzungsprozess wird Agroverm steril und ist bakterien- und keimfrei. Wie alle Gesteinsdämmstoffe wird auch Agroverm in die Brandklasse A1 (nicht brennbar) eingestuft und in die Wärmeleitfähigkeitsgruppe 070. Das Produkt ist in Körnungen von 2 bis 8 Millimeter erhältlich, das Material ist mit 70 bis 90 Kilogramm pro Kubikmeter als leichtgewichtig zu bezeichnen.

In der Altbausanierung wird überwiegend im Bereich der Decken- und Gewölbedämmung mit Agroverm gearbeitet und überall da, wo die Bauvorschriften den Einbau von nichtbrennbaren Dämmstoffen der Brandschutzklasse A1 vorschreiben. Die Gesteinsrohstoffe stammen aus unseren Breiten und müssen nicht wie Perlite mit dem Schiff von Griechenland erst angefahren werden. Im Schornsteinbau sowie als Zuschlagsstoff für kalk-, gips-, lehm- und harzgebundene Wärmedämmputze wird dieses Material seit Jahrzehnten erfolgreich eingesetzt. Mit Preisen von 190,– bis 360,– DM/Fr. pro Kubikmeter liegt dieses Material in der mittleren Preisklasse.

Perlite

Aus der Lava unterseeisch aktiver Vulkane entstand vor Jahrmillionen das mineralische Gestein Perlit. Auf der griechischen Kykladeninsel Milos entdeckte man besonders reines Perlit, welches heute als Rohstoff für die Herstellung des mineralischen, nichtbrennbaren Dämmstoffprodukts mit dem Handelsnamen Perlite verwendet wird. Glücklicherweise wird der Transport von Griechenland zum deutschen Verarbeitungswerk per Schiff bewältigt. In so genannten Expandieranlagen wird das Mineralgestein kurzzeitig auf über 1000° C erhitzt, wodurch das eingeschlossene Wasser schlagartig entweicht. Dabei wird das Rohmaterial auf das 15- bis 20fache seines Volumens aufgebläht, wobei kleine Granulatkiesel mit hohen Lufteinschlüssen entstehen. Weitere chemische Zuschlagsstoffe sind dabei nicht notwendig. Perlite wird sogar in der Brau- und Kellerindustrie als Filtermaterial verwendet. Wie alle Gesteinsbaustoffe ist Perlite unverrottbar und fault nicht. Nagetiere haben diesen Naturdämmstoff nicht auf ihrem Speiseplan. Mit der Einstufung in die Brandschutzklasse A1 und die Wärmeleitfähigkeitsgruppen 045 und 050 ist dieser Naturdämmstoff bezüglich Anwendungsvielfalt ebenso wie Preis-Leistungs-Verhältnis voll konkurrenzfähig zu den bekannten Standarddämmstoffen. Mit Materialpreisen von ca. 190,– bis 390,– DM/Fr. pro Kubikmeter liegt Perlite in der mittleren Preisklasse. Selbstbauern ist dieses Material auch unter dem Produktnamen Isoself bekannt und wird sehr oft als Dämmschüttung im Deckenbereich verwendet.

Die grosse Vielfalt von Produkten auf Perlit-Rohstoffbasis verwirrt den Anwender. So sind zum Beispiel spezielle Produkte im Handel, die bei richtiger Anwendung als voll belastbare Untergründe für schwimmende Trockenestriche (Böden) verwendet werden können. Hierbei muss jedoch auf eine sorgsame Verdichtung auf der Baustelle geachtet werden. Für den Einsatz in feuchtigkeitsempfindlichen Baukonstruktionen ist auch bituminiertes Material erhältlich, z.B. für Fussbodenschüttungen in extrem feuchtigkeitsgefährdeten Nasszellenbereichen sowie bei zweischaligem Mauerwerk als Kerndämmung (Hyperlite KD). Eine wirtschaftliche Verarbeitungsmethode ist das Einblasverfahren. Hierbei muss darauf geachtet werden, dass die Konstuktion mit nichtverformbaren Abgrenzungen – z.B. Holzweichfaserplatten, Holzschalungen, Gipskartonplatten – bearbeitet wird.

Wenn selbst ein Fachmann nicht mehr weiss, welches Produkt für welchen Aufgabe gewählt werden muss, sollte einer der über 400 Fachberater hinzugezogen werden. Im einfachen Baustoffhandel wird man oft schlecht beraten. Bei einem Lehmbauprojekt habe ich einmal selbst erlebt, dass ein Baustoffhändler zu einem falschen Material geraten und dieses auch angeliefert hat, weil der Mitarbeiter im Baumarkt nicht exakt Bescheid wusste und schlecht ausgebildet war.

Die unter dem Produktnamen Perlcon-Board vertriebene nichtbrennbare Bauplatte eignet sich besonders für Fassadenbekleidungen bei hinterlüfteten Konstruktionen, sowie im Bereich von Nasszellen als Wandbekleidung für späteres Verfliesen. Als Leichtzuschlag für Wärmedämmputze sowie als Zuschlag für Mauermörtel wird Perlite schon seit vielen Jahrzehnten angewendet.

Jeder Bauherr und Architekt sollte sich dabei bewusst sein, dass er ein loses Schüttgut einbaut und dass deshalb absolut dichte Unterkonstruktionen errichtet werden müssen. Mir selbst ist einmal passiert, dass bei Elektro- und Heizungsinstallationsarbeiten während der Nacht ein Drittel der alten Perlitefüllung durch das kurz vor Feierabend gebohrte Loch in der Decke hindurchgerieselt ist.

Zellulosedämmstoffe

Zellulosedämmstoffe sind gegenüber Isoliermaterialien wie Mineralwolle oder Schaumdämmstoffen wirtschaftlich voll konkurrenzfähig (ca. 170,– bis 250,– DM/Fr. pro m^3 fixfertig vom Fachbetrieb verarbeitet; lose Zellulose als Sackware zum Selbsteinbau ca. 85,– bis 110,– DM/Fr. pro m^3). Bauphysikalisch und baubiologisch sind sie vielen «Standarddämmstoffen» weit überlegen. Zellulose ist ein echtes Recyclingprodukt: Zeitungspapier wird zerkleinert und mit Boraxsalzen oder Aluminiumhydroxid behandelt, das vor Ungeziefer und Verrottung schützt und guten Brandschutz gewährleistet. Alle mitteleuropäischen Zellulosedämmstoffe sind in die Brandklasse B2 eingestuft. Das Produkt Isofloc S sogar in die Brandklasse B1. Das wollig-filzige Material hat mit Wärmeleitfähigkeiten von 0,040 bis 0,045 W/mK eine sehr gute Isolierwirkung und bietet beste Schallschutzeigenschaften. Es enthält keine ausdünstenden Chemikalien, ist dampfdiffusionsfähig und verfügt über einen natürlichen Feuchteausgleich.

Zellulosewolle wird in der Regel maschinell von ausgebildeten Zellulose-Facharbeitern fugenlos und setzungssicher wie folgt verarbeitet:

- im trockenen Einblasverfahren in vorbereitete, gut abgedichtete, verformungsbeständige Hohlräume von Decke, Dach oder Wand
- im trockenen Aufblasverfahren in von oben offene Deckenkonstruktionen
- im Nasssprühverfahren z. B. auf vorbereitete Wandkonstruktionen
- im trockenen Eindüsverfahren, bei dem mit hohem Druck unzugängliche Hohlräume (z.B. Deckenhohlräume von unten, wobei der vorhandene Bodenbelag nicht geöffnet werden muss) vollgeblasen werden.

Die genannten Verfahren haben sich seit über sechzig Jahren tausendfach und gut bewährt, sind bedienungsfreundlich und erlauben dem Fachmann eine rasche, rationelle und damit preisgünstige Ausführung. Durch die fugenlosen Einbauvarianten entstehen äusserst homogene Dämmschichten mit verblüffend hoher Luftdichtigkeit.

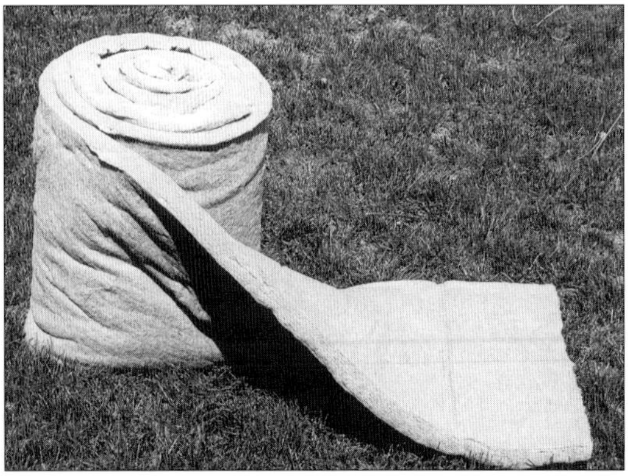

Dämmmatten aus Flachsfasern sind in variablen Rollenbreiten erhältlich.

Thermo-Hanf-Dämmung

Schilfrohrdämmplatten und Schilfputzträgermatten eignen sich für gewölbte Deckenkonstruktionen.

Lehmbau mit transparenter Wärmedämmung

Ausgangspunkt des Energiekonzeptes eines speziellen Hauses im luzernischen Hochdorf war die Absicht, mit transparenter Wärmedämmung und grossen Südfenstern die Sonnenenergie in hohem Masse zu nutzen.

Das in den Jahren 1996/1997 in Hochdorf erbaute Einfamilienhaus wurde nach baubiologischen und ökologischen Kriterien erstellt. Die Architektengemeinschaft Edgar Überschlag/Reto Conciatori setzte jedoch nicht nur bekanntes Wissen um, sondern ging neue Wege: Mit einer transparenten Wärmedämmung, die als Speichermasse eine Lehmwand nutzt, verbanden sie ein traditionelles Baumaterial mit modernster Technik. Das Gebäude wurde als Pilot- und Demonstrationsprojekt vom Bundesamt für Energie (BFE) und von der Fachstelle für Energiefragen des Kantons Luzern finanziell unterstützt; vom Bundesamt für Energie wurde das Resultat genau untersucht. Walter Frei von der Forschungsstelle Solararchitektur der ETH Höng-

Mit transparenter Wärmedämmung und Lehmsteinen die Sonnenenergie nutzen.

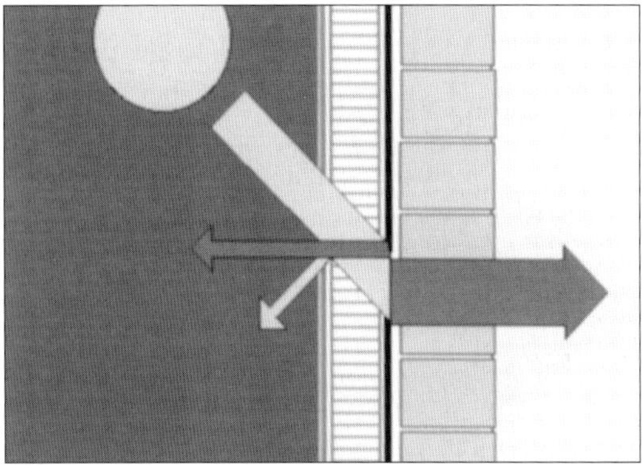

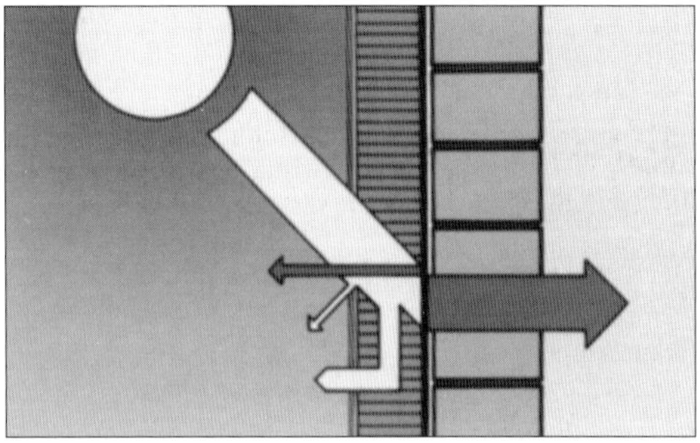

gerberg nutzte diesen innovativen Bau für ein Messprojekt. An drei Stellen in der Lehmwand und in einem Zimmer wurden Wetterdaten, Temperatur und Feuchtigkeit gemessen. Die Messstellen im Lehm wurden in der Mitte der Speicherwand gewählt, um den Einfluss von Randeffekten möglichst gering zu halten. Gegenstand der Untersuchung war allein die Lehmmauer. Von Interesse waren:

- Wärmeaufnahme, -abgabe und -ertrag
- Verlauf des Trocknungsprozesses
- Einfluss der Feuchtigkeit auf den Wärmeertrag
- Rissbildung, besonders in der Absorberfläche, die hohen Temperaturschwankungen ausgesetzt ist
- Holzverbrauch für Heizzwecke als ergänzende Information

Messung bestätigt Berechnung

Während eines Jahres wurden an dieser Wand Messungen durchgeführt. Der Wärmeertrag von 8640 MJ (= 200 l Heizöl) über die Heizperiode von Oktober bis April entsprach den vorhergesagten Werten. Nach zwei sonnigen Tagen vermag die Wand während etwa drei folgenden Tagen mit wenig Einstrahlung noch Wärme abzugeben.

Obwohl an der Absorberfläche Temperaturen bis zu 78° C gemessen wurden, konnten keine hitzebedingten Risse beobachtet werden. Risse bildeten sich am oberen Rand, die aber eindeutig auf die (erwartete) Senkung des Materials zurückzuführen sind.

Minergie-Standard

Dieses Haus entspricht mit seinen Wärmedaten dem Minergie-Standard. Eine Auszeichnung mit dem Minergie-Label wurde jedoch nicht vergeben, da keine kontrollierte Lüftung eingebaut ist. Dieses Beispiel zeigt einmal mehr, dass das heute stark geförderte Label eine Überarbeitung benötigt, denn für den Schutz unserer Umwelt ist nur die Reduktion des Energieverbrauchs wichtig und nicht die Art und Weise, wie sie erreicht wird.

Zusatzheizung

Als Zusatzheizung dient ein Holzspeicherofen mit Satellit im ersten Stockwerk. Verwendet wurde gut getrocknetes Laubholz. Die Holzmenge wurde von den Bewohnern gewogen und protokolliert. Für die gemessene Heizperiode von Oktober bis April wurden insgesamt 2470 Kilogramm Holz (zirka 5 Ster) benötigt. Der Holzverbrauch ist rund 1 Ster (7600 MJ, 2100 kWh) grösser als berechnet. Die Erhebung wurde im ersten Betriebswinter durchgeführt. Messungen im ersten Jahr ergeben erfahrungsgemäss zu hohe Werte. Mittlerweile haben die Erfahrungen gezeigt, dass die berechneten Werte unterschritten werden können.

Die Architektengemeinschaft Edgar Ueberschlag und Roberto Conciatori aus Beromünster wurde mit dem Förderpreis der Albert Koechlin Stif-

Harmonischer Innenbereich.

Nordansicht des Hauses.

tung «für die Verwendung modernster Technik in Kombination mit traditionellen Bauweisen» geehrt. Diese Arbeit stelle eine Pionierleistung dar, begründete die Jury ihren Entscheid.

Symbiose von Technik und Erde

Architektur. Kompakter südorientierter Grundriss, wenig interne Verkehrsflächen und fächerartige Ausrichtung der Schlaf- und Wohnräume (Südost bis Südwest). Nordfassade gut gedämmt mit wenig Fenstern, dadurch geringe Energieverluste. Bezug der Räume zueinander, aber doch gute Rückzugsmöglichkeiten.

Innenraum/Aussenraum. Südorientierter Bau, Einbezug des Lichts und der Sonne. Ausgänge im Parterre direkt zum Aussenraum; von den Schlafräumen auf die begrünten Annexbauten.

Konstruktion/Materialwahl. Wände im Untergeschoss und Bodenplatten in Ortsbetonbauweise. Kalkunterlagsböden, Holz-, Lehm- und Backsteinkonstruktion. Dämmung mit Zelluloseflocken, Kork und Holzfaserplatten. Lehm- und Kalkputze, 3-Schicht-Holzplatten, Holzböden gewachst und geölt, Naturfarben.

Rückbaubarkeit. Unbehandelte Materialien, naturbehandelte Oberflächen, einfache Konstruktion, keine Verbunde; daher gute Rückbaubarkeit.

Energiekonzept. Chiquet-Holzspeicherofen mit optimaler, fortschrittlicher Verbrennungstechnologie als einfaches Energiekonzept. Optimierte und stark gedämmte Aussenhaut mit niedrigen k-Werten.

Aktive Solarenergienutzung. 9 m^2 Sonnenkollektoren decken 60% des Warmwasserbedarfs.

Passive Solarenergienutzung Transparente Wärmedämmung mit Lehmspeicherwand von 30 m^2 (Südwest + 32° C) bringt über 5 Wohnräume Wärmeenergie ins Haus. Die Lehmspeicherwand erreicht eine Aussenoberflächentemperatur von etwa 85° C. Im Innenraum erreicht die zeitlich verzögerte Oberflächentemperatur etwa 20 bis 28° C. Beschattung und Vordach schützen vor Überhitzung. (Inzwischen hat sich gezeigt, dass auf die Storen zur Beschattung hätte verzichtet werden können, da

Lehmsteine – ein hervorragendes Material, das sich auch als Speicherwand der transparenten Wärmedämmung (TWD) bestens bewährt.

die konstruktiven Vorgaben ausreichend sind.) Temperatur, Feuchtigkeitshaushalt und Speicherverhalten der Lehmwand wurden über eineinhalb Jahre von der ETH Hönggerberg gemessen. Tonboden zur Speicherung passiver Sonnenenergie.

Elektrobiologie. Sternförmig verlegte Leitungen, abgeschirmte Kabel und Netzfreischalter.

Berechnung des Energiebedarfs
Heizenergiebedarf: 159 MJ/m^2
Ertrag TWD: 46 MJ/m^2
Netto-Heizenergiebedarf: 113 MJ/m^2

Zurück zur Natur – Eindrücke der Bewohner

Nach knapp zwei Jahren in unserem Lehmhaus mit transparenter Wärmedämmung können wir eine erste Bilanz ziehen. Wie hat sich die Wohnqualität – und wie haben wir uns mit ihr verändert? Hier einige bewusst erlebte Aspekte:

Die Umwelt bewusst erleben. Die massive Lehmwand und die Regenwassernutzung haben zu einem viel bewussteren Erleben der uns umgebenden Welt und der Wettereinflüsse geführt. Anders als früher, haben wir plötzlich Freude an beidem, Regen und Sonnenschein. Beide Wetterlagen bescheren uns Segen – entweder als Wasser für unsere Wäsche und Toilettenspülungen oder als Wärme, die wir während der kühleren Jahreszeiten nutzen können.

Transparente Wärmedämmung (TWD) – eine Heizung für Geniesser und Faulenzer. Die nach Süden ausgerichtete 30 Zentimeter dicke und 17 Tonnen schwere Lehmwand speichert das durch die TWD-Elemente aufgenommene Licht in Form von Wärme. Während der ETH-Messungen stiegen wir häufig in den Keller hinunter, um die neuen Wärmehöchstwerte an der Aussenseite der Lehmwand festzustellen. Die nach etwa 8 Stunden eintreffende Wärme auf der Innenseite aller nach Süden ausgerichteten Räume ist angenehm-diskret. Sehr fein legt sie sich über die gesamte Fläche der Wand. Erstaunlicherweise fühlen wir sie auch noch aus einem Meter Entfernung wie die Beinahe-Berührung einer Hand.

Chiquet-Holzofenfeuerung. Die Kombination von TWD-Wand und Holzofenfeuerung wird zur täglichen Herausforderung bezüglich der Wettervoraussage. Zusammen mit den sensibler gewordenen wetterfühligen Sensoren im eigenen Bauch erahnten wir die Witterungsverhältnisse des nächsten Tages mit einer erstaunlich hohen Trefferquote. Mit weniger als 4 Ster Holz erreichten wir während der gesamten Heizperiode eine angenehme Zimmertemperatur. Neben diesen wärmetechnischen Aspekten gibt es natürlich auch noch die Optik des Höhlenmenschen. Im Zentrum unseres Hauses steht der Ofen, Quelle von Wärme und Licht. So ist es selbstverständlich, dass im Winter die Ofenbank zum Begegnungszentrum der Hausbewohner für den Austausch von Neuigkeiten des Tages wird.

Regenwassernutzung. Zur Spülung der Toiletten und zur Reinigung unserer Wäsche verwenden wir Regenwasser aus einem 9000-Liter-Chromstahltank. Das kalkarme Wasser schont nicht nur die Leitungen, sondern auch unsere Wäsche. Erstaunlich sind auch die Mengen. Von unserem gesamten Wasserbedarf (6-köpfige Familie) werden 40% durch Regenwasser und 60% durch Trinkwasser abgedeckt. Der grosse Umweltnutzen ist klar ersichtlich.

Solar-Warmwasseraufbereitung. Die Warmwasseraufbereitung funktioniert das ganze Jahr – natürlich mit einer jahreszeitabhängigen Effizienz. Speziell spannend ist es im Frühling oder Herbst, wenn wir uns abends entscheiden müssen, ob wir noch den elektrischen Boiler über Nacht zuschalten wollen oder ob morgens genügend Sonnenschein das Wasser erwärmen wird. Hier haben wir gelernt, dass man ruhig etwas mutig und optimistisch sein kann, denn auch 40-grädiges Wasser ist noch warm genug für eine angenehme Dusche. Und so schalten wir den elektischen Boiler von April bis Oktober mit wenigen Ausnahmen nicht ein.

Elektrobiologie. Sternförmig gelegte, abgeschirmte, bio-geswitchte Kupferkabel schlängeln sich durch Isofloc, Holz, Ziegelschrot und Lehm. Fühlen wir uns darum besser? Wir glauben schon! Seit wir hier wohnen, schlafen nicht nur die Kinder, sondern auch wir ruhiger und entspannter. Ob es eine psychische oder physische Wahrnehmung ist, sich in einem stromfreien Raum wohler zu fühlen, spielt letztendlich keine Rolle – Hauptsache, wir schlafen tief und gut.

Lehmwände. Sich wohl fühlen ist etwas sehr Subjektives, und darum ist es schwierig, darüber Aussagen zu machen. Es gibt zumindest eine objektive Messgrösse, die Luftfeuchtigkeit. Die in den verschiedenen Räumen gemessene Luftfeuchtigkeit lag unabhängig von den externen Wetterbedingungen immer um die 42 bis 45% relative Luftfeuchtigkeit, was idealen Wohnbedingungen entspricht.

Bauherrschaft: Dr. Peter und Simone Böhni-Straumann, Ligschwilstrasse 3, CH-6280 Hochdorf
Architekten: Edgar Ueberschlag, Roberto Conciatori, Büro für Baukultur GmbH, Architektur, Bauökologie, Fluhmattstrasse 2, CH-6004 Luzern, Telefon 041/412 02 90
Beratung Lehmbau: trio Architekten Zürich GmbH, Roger Fischer, Eglistrasse 8, 8004 Zürich
Energietechnik: Chiquet-Energietechnik AG, Hombergstrasse 4, 4466 Ormalingen, Telefon 061/985 96 60, Fax 061/985 96 63

Die Sinnlichkeit des Feuers

Behagliche Wärme und die Strahlen der Sonne sind für unsere Gesundheit besonders wichtig. Ein gut geplanter Grundofen als Zentrum des Hauses verwöhnt uns mit Strahlungswärme und bietet darüber hinaus noch die sinnlichen Qualitäten des Feuers.

Es gibt zwei grundsätzlich verschiedene Wege, sich Wärme ins Haus zu holen, um eine angenehme Wohnatmosphäre zu schaffen. Einmal bietet sich der standardisierte Komfort gleichmässig beheizter Räume an, der in seiner Eintönigkeit ohne Wärmehierarchien ermüdend wirkt. Diese Art Heizung wird ausschliesslich durch Werte wie Leistung, Bedienungskomfort und Wirkungsgrad bestimmt. Andere möchten die Wärmequalitäten sinnlich wahrnehmen. In der freien Natur haben wir alle schon die wohltuende Wirkung der Strahlungswärme gespürt. An einem klaren Wintertag in den Bergen lässt sich die Luft leicht atmen. Die Strahlen der Sonne schenken uns ein angenehmes Gefühl der Behaglichkeit auch bei niedrigen Umgebungstemperaturen. Was liegt also näher, als die Bedingungen in der Natur möglichst weitgehend auch auf unser Wohnklima, unsere häusliche Umgebung zu übertragen.

Die Planung eines Grundofens, der ein Haus oder auch einzelne Bereiche davon mit Wärme versorgt, gehört in die Hände einer fachkundigen Person, denn nichts ist frustrierender als schlecht funktionierende und an den Bedürfnissen der Bewohner vorbeigeplante Öfen. Ein wichtiger Aspekt ist die Materialfrage. Peter Frei, ein Ofenbauer aus Rodersdorf, präsentiert ein Ofenkonzept als Alternative zu den bereits bestehenden Möglichkeiten. Über mehrere Jahre hinweg entwickelte er ein Lehmstein-Baukasten-System, das den hohen Anforderungen des Ofenbaus genügt. Es zeichnet sich aus durch gute Wärmespeicherung und einfache, effiziente Montage. Grosse Sorgfalt hat der Hafner auf die Entwicklung der ungebrannten Lehmkacheln verwendet. Sie sind mit ihrer feinen hautfreundlichen Oberflächenstruktur nicht nur taktil-sinnlich erfahrbar, sondern bilden auch einen Feuchtigkeitspuffer. Die Lehmsteine, die in unterschiedlichen

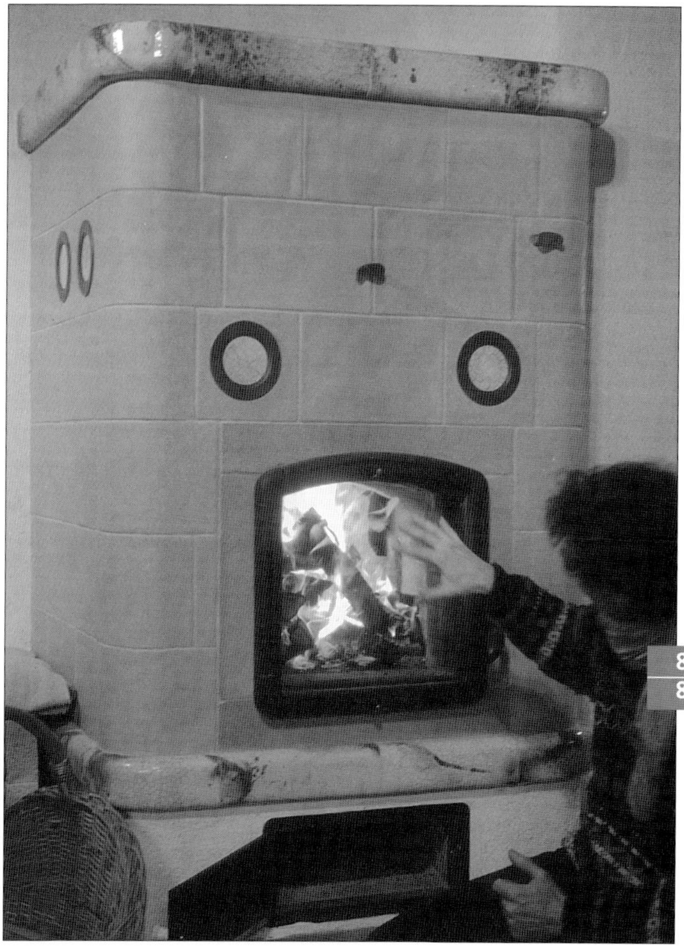

Der Hafner und sein Werk: Grundofen mit ungebrannten Lehmkacheln und Rakuabschluss.

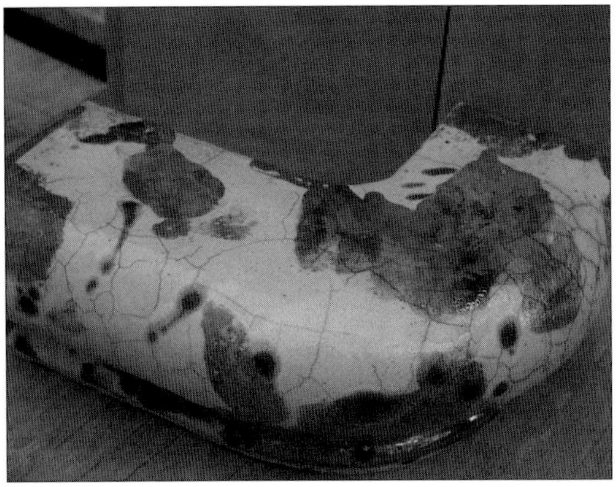

Harmonische Kombination: Schlichte Lehmkacheln zusammen mit den schönen Farbeffekten der Rakukeramik.

Farbtönen angeboten werden, sorgen für eine angenehme Strahlungswärme und wirken klimaausgleichend. Falls gewünscht, können sie auch gebrannt oder glasiert werden. Zusätzlich werden in japanischer Raku-Keramiktechnik gebrannte Abschlussprofile oder Dekorstücke angeboten, die farbige Kontraste zu den warmen Naturtönen der Lehmsteine setzen.

Der Blick ins Feuer

Durch die besonders grosse Keramikglas-Sichtscheibe der Gussfeuertüre kann das Innenleben im Feuerraum bis in alle Details erfasst werden. Das Betrachten der Flammen wirkt meditativ-entspannend, und durch die spezielle Brennraumgeometrie treten immer wieder fantastische und bizarre Feuerbilder auf. Das sinnliche Erleben des Feuers verbindet uns auch mit der Natur. Dank der hohen Abbrandtemperaturen wird der Schadstoffausstoss entscheidend reduziert. Nach der Anheizphase, wenn die Betriebstemperatur erreicht ist, wird auf Luftzuführung durch spezielle Zugsteine umgeschaltet. Wie gut ein Ofen verbrennt, hängt neben der Bedienungsqualität entscheidend von der Luft-Gas-Regulierung ab. Die vorgewärmte Luft von oben und von der Seite optimiert die Holzvergasung, so dass kaum Rauchgase entstehen. Der Beweis: Scheibe und Feuerraum bleiben sauber und setzen keinen Russ an. Auch Messungen haben das bestätigt. Der Ofen bildet ein reines Schwerkraftsystem ohne Ventilatoren und andere technische Details. Es darf also mit gutem Gewissen Holz verbrannt werden. Trotz der optimierten Verbrennung bleiben alle Qualitäten eines echten Grundofens erhalten. Er eignet sich gut zum Backen, was bei vielen Systemen mit Nachverbrennung der Rauchgase nicht der Fall ist, und überzeugt durch einfache Bedienbarkeit. Das grosse, leicht gewölbte Sichtfenster sorgt zudem für einen grossen Direktwärmegewinn. Der umgebende Raum wird schnell geheizt, ohne dass die Speicherqualität verloren geht.

Auf 24-Stunden-Betrieb ausgerichtet

Die Wärmespeicherung des Ofens ist auf einen 24-Stunden-Betrieb ausgerichtet, so dass nur einmal täglich geheizt werden muss. Er eignet sich mit dem geringen Bedienungsaufwand also auch für Berufstätige. Wir können abends entspannt vor dem Feuer sitzen – und trotzdem ist für den nächsten Tag schon geheizt. In der Übergangszeit ist sogar ein 2-Tages-Rhythmus möglich. Der Lehmstein-Speicherofen zeichnet sich durch einen hohen Wirkungsgrad aus und kann in der Grösse den speziellen Bedürfnissen und Wünschen angepasst werden. Weitere überzeugende Argumente: Dank schnellem Aufbau bieten die Öfen ein gutes Preis-Leistungs-Verhältnis, durch das Baukastensystem kann er in allen Grössen gebaut und an die jeweilige Situation angepasst werden, die ungebrannten Lehmkacheln liefern einen hohen Strahlungswärmeanteil. Die schlichten Öfen in unterschiedlichen Lehmtönungen erhalten besondere Akzente durch die Möglichkeit, Abdeckungen, Simse oder Ofenbänke mit Sandstein oder Raku zu gestalten. Die Rakukeramik wurde von den Japanern im 16. Jahrhundert entwickelt. Durch die spezielle Brenntechnik entstehen schöne Lüsterglasuren und Farbeffekte, die nicht reproduzierbar sind, also immer einmaligen Charakter haben.

Die meisten Lehmöfen, wie wir sie üblicherweise kennen, sind eigentlich nur lehmverputzt. Auf eine gemauerte Unterlage wird Lehm in verschiedenen Schichten aufgebracht. Solche Öfen können bei sorgfältiger Planung und Ausführung ein Haus mit gesunder Wärme versorgen. Bei der monolithischen Struktur des verputzten Lehmofens ist allerdings mit Spannungsrissen zu rechnen, die sich wegen der Wärmedehnung ergeben. Wird ein Ofen dagegen mit ungebrannten Lehmkacheln aufgebaut, entspannt er sich über die Fugen. Es ist auch nach Jahren nicht mit Rissen zu rechnen. Die Wärmespeicherfähigkeit von Lehm ist allerdings etwas geringer als die von Speckstein oder gebrannten Kacheln. Er sollte daher eine etwa 15% grössere Oberfläche aufweisen. Dafür beschenkt uns ein Lehmstein-Grundofen mit seinem positiven Einfluss auf das Raumklima.

Im Idealfall sollte die Ofenplanung in den ganzen Hausbau einbezogen werden. Ein Grundofen kann in Kombination mit Speicherelementen, Hypokausten, Wärmetauschern sowie passiver und aktiver Solarenergie bei hohem Bedienungskomfort das ganze Haus mit Wärme versorgen – er bildet so etwas wie das Herz des Hauses.

Lehm selbst aufbereiten, einfärben, brennen: kreativ-spielerische Erfahrungen

Schon als Kinder haben wir in einer Baugrube einen Lehmofen gebaut, in dem wir ein Feuer entfachten und Brotstücke rösteten. In Indien experimentierte ich mit Lehm und Ziegelresten, wobei immerhin einige Pizzas mit frischen Meeresfrüchten entstanden.

Fasziniert von alten Kachelfunden, fragte ich mich, wie die Menschen der damaligen Zeit solche Kunstwerke aus dem Boden zaubern konnten. Ich beschloss, diesen Geheimnissen auf die Spur zu kommen und organisierte als erstes mehrere Tonnen Ortslehm aus verschiedenen Gruben der näheren Umgebung. Die Aufbereitung zu einer brauchbaren Masse erwies sich allerdings als schwierig: trocknen, wägen (Versatz), wieder aufschlämmen und durch sehr feine Siebe (1500 Maschen pro cm^2) sieben, um Kalkreste zu entfernen, dann stehen lassen und dekantieren. Anschliessend wird der Lehm/Ton auf Gipsplatten aufgebracht, um ihm überschüssige Flüssigkeit zu entziehen. Danach wird er geknetet und in Säcken einige Wochen gemaukt. Bei diesem Vorgang verbinden sich die Tonteilchen innig miteinander. Es entsteht eine bessere Plastizität. Aus dieser Masse formten wir Kacheln, die wir im Holzofen brannten. Mit Blei-Kupfer-Glasuren nach Originalrezept erreichten wir schöne Oberflächenstrukturen, die den von uns bewunderten alten Vorbildern sehr nahe kamen. Auf der Basis derselben Lehme stellten wir unter Beimischung eines lokalen Jura-Weissands einen sehr schönen Lehmputz und Isolationslehmsteine her. Ein erster Schritt war getan.

Auch die ungebrannten Lehmkacheln für unseren Baukasten stellten wir zunächst auf diese Art her. Doch wurde der Aufwand mit der Zeit zu gross, so dass wir jetzt gemahlenen Lehm in Säcken aus Deutschland beziehen. Die farbliche Vielfalt und die Nuancen erreichen wir durch das Mischen verschiedener Lehme. Speziell die rostroten eisenoxidhaltigen Lehme färben sehr stark. Bei Lehmputzen kann mit farbigen Sanden ebenfalls eine natürliche

Farbvariation erreicht werden, so dass auf künstlich aufbereitete Oxide zur Pigmentierung verzichtet werden kann. Durch das Kolloidalverhalten ist die natürliche Feinstverteilung der farbgebenden Metalloxide ohnehin mit technischen Mitteln nicht nachvollziehbar. Kolloidale Lösungen überwinden die Gesetze der Schwerkraft. Kolloide, winzige unlösbare Mineral- und Elektrolytpartikel, sinken nicht gemäss den Gesetzen der Schwerkraft nach unten, sondern halten sich in der Schwebe – ein lebensnotwendiges Phänomen für alle Zellfunktionen und den Blutkreislauf, das jedoch auch Auswirkungen auf Lehm-/Ton-Mischungen und Farben hat.

Der kreativ-spielerische Umgang mit Lehm weckt die Freude am Formen und Gestalten – eine Freude, die ansteckend wirkt. Doch sollte sich niemand täuschen lassen: Das professionelle Verarbeiten von Lehm erfordert handwerkliches Geschick, Geduld und Liebe zum Detail und stellt hohe Perfektionsansprüche. Doch darf der Wert des Lehms nicht allein in den schönen Oberflächenstrukturen und seinen Qualitäten als Baumaterial gesehen werden. Feuer und Erde vereinigen sich in unzähligen Werdegängen als für uns lebenswichtige Elemente.

Selbermachen im Ofenbau: Möglichkeiten und Grenzen

Eine Reihe von Arbeiten können nach Absprache mit dem Ofenbauer/Hafner problemlos selbst ausgeführt werden: Zunächst sämtliche Vorbereitungsarbeiten wie Abkleben und Schutz anderer Bauteile, Materialien transportieren, nach dem Ofenbau putzen, abräumen. Auch das Mauern oder Betonieren des Ofensockels, das Abstützen im Untergeschoss und Spritzarbeiten können selbst ausgeführt werden. Der Ofenputz, das Aufschlämmen von Sumpfkalk und der eigentliche Finish mit Farbanstrichen sind weitere mögliche Eigenleistungen.

Während des Ofenbaus kann nicht viel geholfen werden, da die Ofenbaustelle normalerweise zu klein ist und man sich schnell auf die Füsse tritt. Allzu viele Fragen an den Hafner können auch kontraproduktiv sein, denn Ofenbau verlangt viel Konzentration und Geduld.

Für ganz Versessene bilden Selbstbauelemente im Baukastensystem eine Möglichkeit. Normalerweise handelt es sich dabei um frei stehende Konstruktionen mit Rauchrohranschluss. Der Kaminanschluss sollte von einem Fachmann vorgenommen werden. Zuerst ist der ortszuständige Feuerschauer anzufragen und mit ihm die Situation zu besprechen. Selbstbau-Kits liegt eine leicht verständliche und bis ins Detail korrekte Aufbauanleitung bei. Für den Fall von Unklarheiten sollte immer ein kompetenter Ansprechpartner vorhanden sein, der auch eine letzte Kontrolle vornimmt.

Eingebaute Öfen mit komplizierten Zugverhältnissen sollten dem Hafner überlassen werden, da dieser auch die Verantwortung übernimmt. Fehler beim Ofenbau sind teuer und können dazu führen, dass der Ofen teilweise oder ganz wieder abgebaut werden muss.

Adresse: Kreativ Ofenbau Peter Frei, Postfach 105,
Biederthalstrasse 2, CH-4118 Rodersdorf,
Telefon/Fax 061/731 11 38

Holz-Lehm-Häuser – Altbewährtes neu entdeckt

Wer will noch behaupten, ein konsequentes Umsetzen baubiologischer und ökologischer Anliegen sei teurer als konventionelles Bauen? Die Siedlung Haselweid in Rossau/Mettmenstetten in der Nähe von Zürich beweist das Gegenteil.

Mit einem durchdachten Architektur- und Energiekonzept, Holzelementbauweise kombiniert mit selbstbaufreundlicher Lehmsteinvermauerung und weiteren klug und realistisch eingeplanten Eigenleistungen wurde eine familienfreundliche Siedlung mit hoher Bau- und Wohnqualität geschaffen. Dass die Kosten eher unter denjenigen konventioneller Bauweisen lagen und viel Spielraum für Kreativität und individuelle Wünsche vorhanden war, macht zusätzlich neugierig auf die gelungene Holz-Lehm-Konstruktion.

Holzelementbauweise mit Lehmsteinvermauerung.

Gerade bei Bauvorhaben, die baubiologischen und ökologischen Ansprüchen genügen und zudem noch selbstbaufreundlich sein sollen, ist eine sorgfältige Planung unabdingbar. Und noch etwas anderes sollte bedacht werden: Auch wenn wir Naturbaustoffe verwenden, bedeutet das in der Regel nicht, dass wir wie unsere Vorfahren im Rhythmus der Natur bauen können. Bauzinsen und Baukredite drücken. Der Faktor Zeit spielt leider eine wesentlich grössere Rolle, als ihm eigentlich zukommen sollte. Daraus ergeben sich Konsequenzen, die nach einer klaren Gliederung der Verantwortlichkeit rufen.

Über die Südfassade wird die Sonne eingefangen.

Beim Projekt Haselweid galt als Vorgabe, dass die Siedlung in baubiologisch-ökologischer Bauweise mit gemeinschaftlichen Anlagen erstellt werden sollte. Die Wahl der grundlegenden Konstruktionsweise und das Umsetzen eines wohl abgewogenen Energiekonzeptes wurde den Architekten überlassen, die mit der Gesamtprojektierung beauftragt waren. Auch hier gilt: Je sorgfältiger in der Planungsphase gearbeitet wird, um so geringer ist der Leerlauf während des Bauens. Baufrauen/-herren übernahmen gemeinsam mit den Planern die Verantwortung für das Einhalten des vereinbarten Kostendaches. Die Devise: Sparen ja, aber nicht am falschen Ort, nicht bei der Primärkonstruktion, also der eigentlichen Statur des Hauses, nicht bei gesunden Baumaterialien, energiesparenden Aufwendungen und bei baubiologischen Massnahmen wie z. B. abgeschirmten Elektrokabeln. Dafür waren die zukünftigen Bewohner bereit, auf den allgemein als Standard geltenden Überperfektionismus zu verzichten: Gewisse Arbeiten wie Verputze wurden auf später verschoben, Abdeckleisten, Bodenbeläge, Installationen zunächst zurückgestellt. Gewisse Zimmer wurden zudem erst ausgebaut, wenn Bedarf da war.

Die Architekten berücksichtigten bereits in der Planungsphase, dass möglichst viel wertvermehrende Eigenleistung ermöglicht wurde. Die übrigen Arbeiten wurden nach Möglichkeit von regionalen Handwerkern ausgeführt. Um die finanziellen Vor-

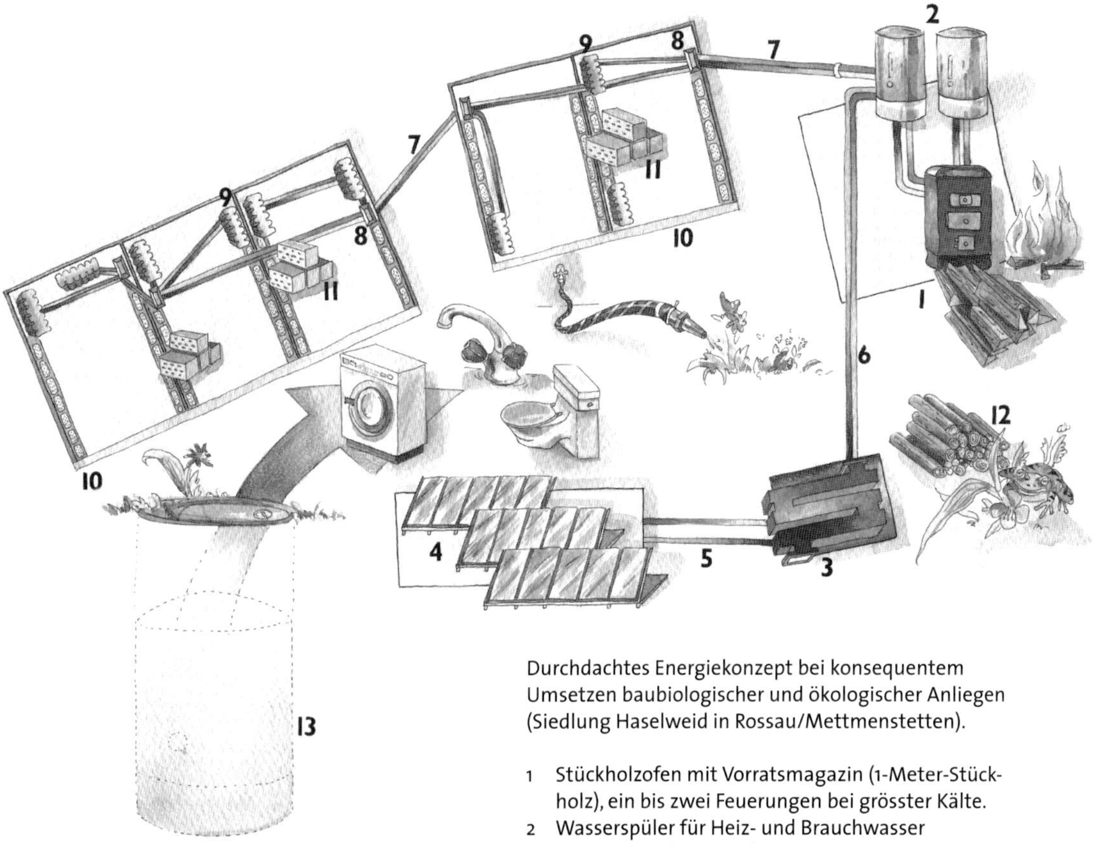

Durchdachtes Energiekonzept bei konsequentem Umsetzen baubiologischer und ökologischer Anliegen (Siedlung Haselweid in Rossau/Mettmenstetten).

1 Stückholzofen mit Vorratsmagazin (1-Meter-Stückholz), ein bis zwei Feuerungen bei grösster Kälte.
2 Wasserspüler für Heiz- und Brauchwasser
3 Wärmetauscher/Regelung
4 Sonnenkollektor (35 m2)
5 Vor- und Rücklauf des Solarwassers
6 Fernwärmerohr Twinflex mit Vor- und Rücklauf in sehr stark gedämmtem Rohr
7 Fernwärmerohr Twinflex
8 Hausverteilung, individuell steuerbar- mit Wärmezähler
9 Niedertemperatur-Radiator
10 Verglaste Südfassade als Wärmefalle
11 Massivlehmwände als Speichermasse der Sonnenwärme
12 Stückholzlager für zwei- bis dreijährige Lagerung: auch Biotop, Sicht- und Lärmschutz
13 Unterirdischer Wassertank für Spülung, WC, Hahnen, Gartenbewässerung

gaben und weitere Abmachungen einhalten zu können, entschieden sich die Architekten für einen Holzbau in Elementbauweise mit Lehm. Die gesamte Konstruktion wurde in Raster aufgeteilt, um Fertigung, Transport und Aufbau zu erleichtern. Die Teilelemente waren innen mit Gips- und aussen mit Weichfaserplatten beplankt und auf einer Dicke von 18 Zentimeter mit Papierzellulose ausgeblasen. Die einzelnen Elemente wurden in Grössen von 10 x 3 Meter auf die Baustelle geliefert. Nach der Montage wurden die Gipsplatten innen mit Lehm verputzt.

Die Sonne einfangen

Auf der Nordseite der Häuser wurden wenig Fensterläden eingeplant, während die Fassade im Süden weitgehend verglast ist. Die über die Südfassade eingefangene Sonnenenergie deckt etwa einen Drittel des gesamten Heizenergiebedarfs ab. Also: im Norden möglichst wenig Wärmeverluste, im Süden Wärmegewinn durch die Sonne – frei Haus und gratis. Um diese Wärme im Haus speichern zu können, wurden massive Lehmmauern in den Brandschutzwänden und in einigen Raumtrennwänden eingebaut. Lehm überzeugt nicht nur als guter Wärmespeicher; er hat auch sehr gute Eigenschaften für die Raumklimatisierung und ist der ideale Baustoff für die Eigenbauleistung.

Die Wohneinheiten, die fertig ausgebaut acht grosse Zimmer umfassen, sind auch in zwei kleinere Wohnungen unterteilbar. Das bestehende alte Bauernhaus wurde in die Gesamtplanung integriert. Den Häusern vorgelagert ist der gedeckte Parkplatz und ein Gemeinschaftshäuschen, unter welchem sich der noch immer obligatorische Schutzraum befindet. Auch gedeckte Autoabstellplätze sind (unsinnigerweise) noch immer in der Bauordnung vorgeschrieben. In der praktizierten offenen Bauweise lassen sie sich allerdings relativ günstig erstellen und sind auch anderweitig sinnvoll nutzbar.

Im Keller des ehemaligen Bauernhauses befindet sich die zentrale Heizstation für die ganze Siedlung. Sie wird mit 1-Meter-Spälten, so genanntem Stückholz, beheizt. Eine Sonnenkollektoranlage auf dem Carport liefert zusätzlich warmes Wasser. Damit wird die ganze Siedlung über ein durchdachtes Leitungssystem mit warmem Wasser für die Heizung und Brauchwasser versorgt. Im Sommerbetrieb reicht die Solaranlage für das Brauchwasser; im Winter wird sie durch die Holzfeuerung unterstützt. Etwa die Hälfte der Holzheizenergie wird für die Brauchwassererwärmung benötigt, die andere Hälfte geht ins Heizsystem. Dieser geringe Heizbedarf ist in der Niedrigenergiebauweise mit dem Wärmegewinn über die Südfassadenverglasung begründet. Die Stückholzlager dienen in der Siedlung auch als Gestaltungselemente und Biotope. Im Zentrum der Siedlung, tief im Boden eingelassen, befindet sich ein 16 Kubikmeter fassender Regenwassertank. Er speist die Gartenbewässerung, die WC-Spülungen und die Waschmaschinen mit Wasser. Das übrige Regenwasser versickert.

Farben der Natur

Neben der Vermauerung der Lehmsteine mit einem Mörtelgemisch aus Lehm und Sand, das auf Händen und Haut nicht aggressiv wirkt, wurden auch die Malerarbeiten weitgehend in Eigenleistung erledigt. Verwendet wurden Farben zum Selbermachen, also Naturpigmente und natürliche Bindemittel wie Quark, Bier oder Öl. Die Holzbalkendecken beispielsweise wurden mit einer Mischung aus Weisspigmenten und Bier lasiert, die Holzküchen erhielten Öllasuren, während die gemauerten Lehmwände unbehandelt blieben oder einen Kreide-Kasein-Anstrich in verschiedensten Tönungen bekamen.

Kontaktadresse: trio Architekten, Roger Fischer, Eglistrasse 8, 8004 Zürich, Telefon 01/401 01 58

Strohballenbau – das Spiel mit den gigantischen Bauklötzen

Ein Haus aus Strohballen zu bauen erscheint auf den ersten Blick als eine verrückte Idee. Bei genauerer Betrachtung erkennt man jedoch, dass Strohballen alle Eigenschaften eines guten Baumaterials vereinen: Sie sind billig, dauerhaft, leicht zu handhaben, umweltfreundlich und weisen gute Wärmedämmeigenschaften auf.

Die Mehrheit der Menschen auf unserem Planeten baut sich auch heute noch ihr eigenes Haus, ihre Hütte oder ihren Unterschlupf. In den Industrieländern dagegen traut sich kaum noch jemand zu, das eigene Haus selber zu bauen. Zu hoch sind die Hürden, zu komplex ist die Bautechnik – die Arbeit wird an Fachleute delegiert. Ganz anders ist das beim Bauen mit Strohballen: Die Handhabung ist einfach, und mit Hilfe von Fachbüchern oder nach dem Besuch eines Workshops sind viele davon überzeugt, dass sie sich selber ein qualitativ hochstehendes Heim errichten können. Dieses Gefühl ist ein Erlebnis. Dazu ein Zitat von Bill Steen aus dem Buch «The Straw Bale House»: «Menschen scheinen sich fundamental zu verändern, sobald sie die zusätzliche Sicherheit gewinnen, dass sie sich ihre eigene Unterkunft selber bauen können. Wenn eine Gemeinschaft von Menschen dieses Vertrauen hat und zusammenkommt, um sich gegenseitig beim Gestalten der eigenen Häuser zu helfen, verändert sich die Welt in einen besseren Platz zum Leben.»

Individuell und verspielt

Strohballen sind sehr dauerhaft, solange sie vor eindringender und aufsteigender Nässe geschützt werden. Ihr Isolierwert ist wesentlich höher als der von Holz und von Backsteinwänden. Ein Strohballen mit der üblichen Dicke von 45 Zentimeter weist sehr gute Wärmedämmeigenschaften auf, die durch natürliche Lehmverputze noch erhöht werden. Die sehr dicken Wände mit ihren strukturierten Oberflächen haben ihre eigene Schönheit. Die lebendigen und atmenden Strukturen schaffen ein wunderbares Raumklima, strahlen ein Gefühl von Sicherheit und Geborgenheit aus.

Scharfe rechtwinklige Kanten und glatte Wände

sind auch mit Strohballen möglich, erfordern allerdings mehr Können und Arbeitsaufwand. Zudem entsprechen sie dem Charakter dieses Naturmaterials nicht. Im Gegenteil, Strohballhäuser wollen verspielt und lebendig sein – eine Freude für die Augen, die den sanften Linien entlangtanzen. Runde Formen sind möglich, indem die Ballen vor dem Aufschichten zurechtgebogen werden. Nischen oder runde Tür- und Fensterbogen lassen sich mit Hilfe von Handsägen oder elektrischen Motorsägen einfach aus dem Stroh herausarbeiten. Sitzbänke, die aus der Wand herauswachsen, entstehen, indem man eine Reihe Ballen an die Wand legt und alles zusammen verputzt. Aussensitzplätze, Windschutz- und Gartenmauern lassen sich ebenfalls aus Strohballen arbeiten und überstehen, geschützt durch einen guten Verputz oder Dachüberstände, Regen und Kälte.

Das Fundament

Beim Bauen mit Strohballen ist es eine Herausforderung, nicht einfach konventionelle Bauweisen und Techniken zu übernehmen. Vielmehr sollte den spezifischen Eigenschaften von Stroh mit allen Möglichkeiten zum Spielen und Experimentieren Raum gegeben werden – das letzte Wort ist im Strohballenbau noch lange nicht gesprochen! Für das Fundament zum Beispiel kann Zement benutzt werden, aber wie wäre es mit einem Bett aus Kieselsteinen, auf denen drei Lagen ausrangierte Autoreifen, gefüllt mit Sand, zu liegen kommen? Ebenso der Boden: Statt Gussbeton bedeckt mit Spannteppich kann ein gestampfter Erdboden Wärme und Behaglichkeit verbreiten. Fliesen, Holzklötze oder selbst gemachte Lehmziegel ergeben ebenfalls einen interessanten, lebendigen Bodenbelag.

Die Wände

Zwischen dem Fundament und der ersten Strohballenschicht muss eine wasserundurchlässige Membran zu liegen kommen. Danach können die Ballen fugenversetzt aufgeschichtet werden. Das bedingt in jeder zweiten Reihe halbe Ballen. Diese

Die Ballen werden verfestigt und mit Lehm verputzt.

werden mit Draht oder Schnur neu gebunden, bevor die alte Schnur entfernt wird, sonst verliert der Ballen seine Spannung. Zusammengehalten wird die Wand entweder von Stangen, die von oben durch die Ballen gestossen werden, oder durch eine Boden- und Deckenplatte, welche mit Hilfe von Drähten zusammengezogen werden. Zusätzliche Stabilität wird erreicht, indem man je zwei nebeneinander liegende Ballen mit Draht zusammennäht. Für die Fenster setzt man Holzrahmen in der Breite der Wände ein.

Das Dach

Für Strohballenhäuser gibt es grundsätzlich zwei verschiedene Bauweisen: Bei der einen liegt das Gewicht des Daches auf den Aussenwänden (Loadbearing), bei der anderen trägt ein Holzständerwerk das Dach und die Strohballen sind zwischen Fundament und Dach eingefügt (Infill). Für die Dachkonstruktion wurde bis jetzt leider noch kein so einfacher Weg gefunden wie für die Wände. Konventionell gebaute Dächer benötigen viel Holz und handwerkliches Können. Eine interessante Alternative könnten «lebendige Dächer» sein. Dafür wird die mit einer wasserdichten Membran abgedichtete Dachstruktur mit Stroh belegt. Dieses lässt man verrotten, und mit etwas zusätzlichem Kompost wachsen schon bald Erdbeeren auf dem Dach.

Vor allem das silikathaltige Roggenstroh und Reetgräser eignen sich hervorragend zum Isolieren des Daches, nur ist die praktische Umsetzung etwas aufwendig. Ideal wären dicke Strohmatten, die auf der Unterseite des Daches befestigt werden. Auch hier gilt es, innovativ zu sein und neue Wege zu entdecken.

Speichermasse ins Haus bringen

Auch die Innenwände können aus Strohballen gebaut werden. Wenn diese auf der schmalen Seite aufliegen, verlieren sie etwas an Breite. Wem das immer noch zu voluminös ist, kann auf Strohpannels zurückgreifen. Im Innenbereich drängt sich jedoch eine Kombination mit traditionellen Lehmbauweisen geradezu auf, weil damit die fehlende Speichermasse als notwendige Ergänzung zu den guten Dämmeigenschaften des Strohs ins Haus gebracht werden kann. So können die Innenwände mit selbst hergestellten Lehmziegeln (Adobes) errichtet werden. Denkbar ist auch die Anwendung von Pisétechniken, indem möglichst nahe der Heizquelle eine massive Stampflehmwand erstellt wird.

Strohballenhäuser sind erstaunlich feuerfest, da das Stroh stark gepresst ist und somit wenig Sauerstoff als Nahrung für die Flammen enthält. Das gepresste Stroh brennt nicht, sondern mottet langsam. Atmende Wände garantieren ein gesundes, angenehmes Raumklima, und es wäre schade, das Stroh mit einem nicht atmenden Verputz abzudichten. Innenwände brauchen nicht vor Feuchtigkeit geschützt zu werden, daher haben sich Lehmputze bewährt. Diese können einen Kalkanstrich erhalten, oder die lokal vorhandenen Erden und Sande erzeugen selbst bereits einen lebendigen Farbton. Bei allen Verputzen gilt es, die örtlichen Gegebenheiten zu berücksichtigen (welche Zutaten sind in der unmittelbaren Umgebung zu finden, wie ist die Erde zusammengesetzt, wie wurden alte Bauten verputzt usw.). Ein vorgängiger Test ist unerlässlich. Der Verputz kann direkt auf das Stroh aufgetragen werden. Dabei ist eine Druckpumpe hilfreich, damit die Masse tief ins Stroh eindringt und so gut haftet. Falls nötig, kann aber auch eine natürliche Armierung mit Jute, Schilfrohr oder allenfalls Maschendraht angebracht werden.

Ein Strohballenhaus zu bauen ist ein Abenteuer, an dem alle teilhaben können, sogar Kinder. Während dem Bauen dienen Strohballen als Gerüst, als Werkbank und als Sitzgelegenheit bei den wohl verdienten Pausen. Es fallen keine problematischen Bauabfälle an, sondern nur Stroh, das gleich den neu angelegten Gemüsegarten mulchen kann. Der grösste Teil eines Strohballenhauses kann – mit der Hilfe von einigen Freunden – von den Hausbesitzern selbst innerhalb von relativ kurzer Zeit erstellt werden. Entsprechend niedrig sind auch die Kosten. Für das Verlegen der Leitungen und für die Erstellung des Dachstocks ist es wohl angebracht, Fachleute beizuziehen. Im Verlauf der Jahre anfallende Reparatur- oder Renovationsarbeiten lassen sich selber ausführen, da die Bewohner ihr Haus kennen und wissen, wie sie mit ihm umgehen müssen. Das Haus wird am Ende nach unserem westlichen Standard zwar nicht perfekt sein, aber die Bewohner haben eine besondere Beziehung zu ihrem Lebensraum – sie haben sich einen Teil ihrer Mitwelt aktiv erarbeitet. Das Haus ist ein Teil von ihnen, sie sind ein Teil des Hauses.

Hundertjährige Strohballenhäuser in Amerika

Die Entwicklung von modernen Ballenpressmaschinen gegen Ende des letzten Jahrhunderts ermöglichte es, Getreidehalme in kompakte Ballen zu pressen. Die ersten Siedler in der holzarmen Prärie Nordamerikas benutzten von da an Heuballen, um Scheunen, Häuser, ja sogar Kirchen zu errichten. Die Aussenwände wurden meist mit einer Lehmmischung und einem Kalkputz überzogen, um das Heu vor Nässe und hungrigen Kühen zu schützen. Einige der damals erstellten Bauten stehen heute noch. Das Stroh ist in einem so gesunden Zustand, dass es, wenn es Kühen vorgesetzt wird, von ihnen immer noch gefressen wird.

Ein Blick in die Ordner des amerikanischen Patentamtes zeigt, dass ein gewisser Josiah M. Leeds von Indiana 1880 das Patent für Ballenwände angemeldet hat (siehe Illustration). Strohballenhäuser sind keine neue Erfindung, auch in Europa und Asien fanden Strohbündel oder Stroh als Zuschlag zu Lehm während Jahrhunderten Verwendung im Hausbau.

Wir bauen uns ein Haus – ein Erfahrungsbericht

«Ich träumte von einem kleinen Häuschen mit grosser Veranda und Garten. Seit ich ein Jahr lang zusammen mit meinem Mann durch Australien gereist war, träumten wir beide sogar davon, dieses Häuschen selber zu entwerfen und mit den eigenen Händen zu bauen. Was uns Schweizern als ziemliches Abenteuer erscheint, ist in Australien weit verbreitet. Da gibt es zum Beispiel das Magazin ‹The Owner Builder›, welches konkrete Tipps für den Hausbau liefert und Menschen porträtiert, die sich ihren Traum vom selber gebauten Haus erfüllt haben. Oder es gibt ganze Siedlungen, in denen jeder sein individuelles Haus baut und sich die Nachbarn gegenseitig dabei helfen. So verschieden diese Häuser in ihrer Form und Gestaltung auch sind, haben sie doch eines gemeinsam: Sie bestehen zum grössten Teil aus natürlichen Bausubstanzen wie Lehm, Stroh, Holz oder Stein und sind oft sehr kreative, lebendige Lebensräume.

Die Australienreise entwickelte sich für mich und meinen Mann immer mehr zu einer Studienreise in Sachen Hausbau: Wir besichtigten Strohballenhäuser, Häuser aus Lehmziegelsteinen und Stampflehm und unterhielten uns mit den Besitzern und Erbauern. Das Ganze gipfelte in einem gut zweiwöchigen Workshop auf einer Baustelle. Durch einen deutschen Zimmermann hatten wir Kenntnis von einer Firma namens ‹Huff'n'Puff›, die sich auf den Bau von Strohballenhäusern spezialisiert hat. Ein Anruf genügte und wir konnten bei ihrem nächsten Projekt mithelfen, dem Bau eines einfachen Wohnhauses.

Als wir auf dem Bauplatz ankamen, standen bereits das Betonfundament und die Stahlpfosten, die das Dach trugen, sowie eine der vier Aussenwände aus Strohballen. Zusammen mit der zukünftigen Hausbesitzerin, die beim Bauen selbst Hand anlegte, war ich die einzige Frau auf der Baustelle. In der Schweiz hätte ich mir nie denken können, auf dem Bau zu arbeiten. Ich hatte die Vorstellung von einer körperlich sehr strengen Arbeit, verbunden mit viel Staub, Schmutz und irritierenden Materialien wie Glaswolle und Zement. Zudem hätte ich mir die Arbeit ganz einfach nicht zugetraut.

Mit Strohballen war das anders: Bei einigen Arbeiten war die grössere körperliche Kraft der Männer ein Vorteil, aber es gab kaum eine Arbeit, die nicht auch von uns Frauen bewältigt werden konnte. An einem Nachmittag kamen sogar einige Pfadfinder zu uns: Sie hatten mit Plakaten in der Stadt nach Arbeit gefragt, und ‹Huff'n'Puff› hatte die zwölf- bis vierzehnjährigen Jugendlichen gleich engagiert. Aus Draht formten sie Pins, mit denen sie das Drahtgeflecht an der Strohwand befestigten. Für mich war es ein Erlebnis zu sehen, dass sogar Teenager an einem Haus mitbauen können. Die Strohballen empfand ich als ein sympathisches und angenehmes Baumaterial: Die Baustelle war praktisch ohne Gefahrenquellen und Giftstoffe, so dass es durchaus zu verantworten war, Jugendliche mithelfen zu lassen.

In etwa drei Wochen erstellte unser Team von sieben Leuten die Aussenwände. Zuerst stapelten wir die Ballen für die erste Wand auf und befestigten sie. Da diese ohne Fenster war, stand sie in einem Tag. Für die zweite Wand mussten wir erst die Fensterrahmen vorbereiten. Die Fenster stammten vom Secondhand-Baumarkt und waren alle unterschiedlich gross. Durch sie wurde die Sonnenseite des sonst strengen Hauses aufgelockert und belebt.

Wer nicht mit der Fensterwand beschäftigt war, hämmerte mit grossen Holzhämmern die bereits aufgestapelten Strohballen in die richtige Lage, stopfte die Zwischenräume zwischen den einzelnen Ballen mit losem Stroh oder befestigte den Maschendraht an den Wänden. Das für mich Anstrengendste am Bau des Strohballenhauses war das Verputzen mit Lehm. Dies war zugleich aber auch die lustvollste und handwerklich anspruchsvollste Tätigkeit. Hier war ich froh, dass ich zuerst einen Tag lang die Maurerkelle eines Profis mit Putz füllen und ihn beim Pflastern beobachten konnte. Langsam und bestimmt nicht elegant machte ich mich dann selber ans Verputzen, und bei der vierten Wand ging es schon ganz ordentlich – Muskelkater in den Armen gab's aber trotzdem.

Das Hausbauen war für mich ein grosses Erlebnis. Es zeigte mir, wozu Menschen fähig sind, wenn sie sich gemeinsam an innovative Ideen wagen. Es zeigte mir auch, was möglich wird, wenn ich mich nicht selber einschränke durch übernommene Meinungen und fixe Vorstellungen.»

Noch ist Amerika führend im Strohballenbau, aber auch in Europa haben sich bereits einige Leute mit Strohballenhäusern befasst. Hier einige hilfreiche Adressen:

Biotique Habitat, John L. F. Daglish, 122 Av. Saint-Exupéry, F-92160 Antony, France (eine Gruppe für die Förderung von pflanzlichen Baustoffen, insbesondere Strohballenkonstruktionen)

British Strawbale Building Association (BSBA), c/o Peter Butterfield, 5 Chataway Road, Crumpsall, Manchester M8 5UU

The Canelo Project, HCI Box 324, Canelo/Elgin, Arizona 85611, Telefon (520) 455 5538,
Fax (520) 455 9360.
Internet: http:/www.canelproject.com
(Nonprofit Organisation, die sich mit Strohballendesign, Erdhäusern und natürlichen Verputzen befasst und auch Informationsmaterial anbietet)

The Last Straw, The Journal of Straw Bale Construction, P.O. Box 42000, Tucson, AZ 85733-2000, USA. Sehr informative vierteljährlich erscheinende Zeitschrift.

Ein warmes Nest aus Stroh und Spreu

Haben Sie schon einmal das Nest eines Vogels, den Bau einer Schwalbe oder einer Lehmwespe aus der Nähe betrachtet? Es sind perfekt an die Umgebung, die Witterung, den Lebensrhythmus und die Naturkreisläufe angepasste Behausungen, die in enger Verbindung mit Natur und Kosmos stehen. Doch lässt sich das, was für Vogel und Wespe gilt, auch auf menschliche Wohnbedürfnisse übertragen?

Schon seit vielen Jahren hatte sich der Zofinger Architekt und Baubiologe Ruedi Kunz mit der Idee getragen, ein Strohballenhaus zu bauen. In Rheinau, zwischen Zürich und Schaffhausen, konnte er seinen Traum verwirklichen: ein Haus wie ein warmes Nest für eine Familie, sorgfältig geplant und professionell realisiert. Mehr als 90% der verwendeten Materialien sind kompostierbar und fügen sich problemlos in Naturkreisläufe ein – Wohnen in Stroh, Holz, Dinkelspreu, Schilf, Kokosfasermatten, Kork und Lehm.

Strohballenhäuser sind in den Vereinigten Staaten und Australien keine Seltenheit, und die ältesten noch bestehenden Bauten reichen bis ins 19. Jahrhundert zurück. Doch ein professionell geplantes und gebautes Strohballenhaus für eine grosse Familie sucht man bisher zumindest im deutschsprachigen Europa vergeblich. Das liegt weniger am Material selbst, denn vieles spricht für diese Naturbauweise. Strohballen als Baumaterial sind günstig, umweltschonend, zeitsparend, einfach, nachhaltig, energiesparend, sinnlich, natürlich, kompostierbar, selbstbaufreundlich und überall verfügbar. Es ist vielmehr das mangelnde Vertrauen in die Baustoffe der Natur, häufig auch mangelnde Kompetenz bei Planung und Realisierung, vor allem

Strohballen werden auf das Streifenfundament gestellt.

aber das meist äusserst harzige Baubewilligungsprozedere, das solche Vorhaben verhindert und Bauwillige resignieren lässt. Erfreulicherweise gelang es Ruedi Kunz, das Strohballenhaus in der ursprünglich geplanten Form mit einem Tonnendach zu realisieren, was auch der Innovationsfreude und Risikobereitschaft der Schweizer Behörden ein gutes Zeugnis ausstellt. Ein ähnliches Vorhaben der Architektin Margrit Kennedy an der Universität Hannover, mit dem ein Forschungsprojekt zum Thema Strohballenhaus in die Praxis umgesetzt werden sollte, scheiterte an Zwängereien und Fantasielosigkeit der deutschen Bürokratie.

Alle Herausforderungen gemeistert

Das Feld mit dem für den Hausbau vorgesehenen biodynamischen Dinkelstroh – insgesamt 6 Hektaren – war bereits gemäht, als der Architekt endlich eine Strohballenpresse fand, mit der die über 600 hoch verdichteten, mit einer reissfesten Schnur verschnürten Strohballen hergestellt werden konnten. In vielen Bereichen musste Pionierarbeit geleistet werden, da die vorhandene Literatur kaum konkrete Hinweise liefert und vor allem auch von einem anderen Umfeld und anderen klimatischen Bedingungen ausgeht.

Als erstes wurde ein Streifenfundament aus Beton erstellt, das mit expandiertem Schaumglas von 30 Zentimeter Stärke aufgefüllt wurde. In diese Streifenfundamente wurden 20 Abspannverankerungen eingelegt. Um das Deformationsverhalten der Strohballen zu testen, wurde zunächst eine Probewand errichtet und mit 10 Tonnen pro Laufmeter gepresst. Daraus ergab sich eine Deformationskurve, anhand derer die Raumhöhe nach der Fertigstellung bestimmt werden konnte. Die Raumhöhen reduzierten sich durch den ausgeübten Druck um etwa 12 Zentimeter. Als nächsten Schritt montierte der Zimmermann auf die Streifenfundamente die Tür- und Fensterlaibungen als seitliche Begrenzungen der Strohballen. Die Ecken wurden eingeschalt – und das Strohballenstapeln konnte beginnen. Nach drei Tagen waren die Wände im Erdgeschoss

Einbau der runden Fenster.

hochgezogen. Am vierten Tag wurden die Abspannschwellen vom Zimmermann darüber gesetzt und die Wände mittels Spannstahl gepresst, wobei der Druck etwa dem 1,7-fachen der Normal- und Schneelasten entsprach.

Die Zwischendeckenelemente, die auf das statisch tragende Ständerwerk aufgesetzt wurden, waren vorfabriziert. Das Obergeschoss wurde analog dem Erdgeschoss aufgebaut. Ein Tonnendach von 10 Meter Durchmesser bildete den seitlichen und oberen Abschluss als Himmelsbegrenzung. Darüber kamen zwei Lagen Dachpappe mit 25-Millimeter-Kokosfasermatten als Feuchtespeicher. Eine vorkultivierte Dachbegrünung mit einem in Vlies verankerten Substrat bildete die äussere Hülle.

Das Tonnendach gibt dem Haus eine charakteristische Prägung.

Da kaum auf Erfahrungen im Bau von Strohballenhäusern zurückgegriffen werden konnte, zeigte sich bald einmal, dass die Tücken in den Details stecken. Um den lebenden Strukturen der Aussenwände gerecht zu werden, musste die Treppe ins Obergeschoss anpassungsfähig gestaltet werden. Die Lösung: eine Holzwendeltreppe mit höhenverstellbaren Tritten. Es galt auch, die haustechnischen Installationen so zu planen, dass die Elastizität und Stabilität der Aussenwände erhalten blieb.

Häufig taucht auch die Frage zum Brandverhalten von Strohballen auf. Bei Versuchen mit Isofloc, Kork und gepressten Strohballen hat sich gezeigt, wie schwer es ist, diese zu entzünden. Die Naturmaterialien widerstanden einem Gasbrenner mehr als 2 Stunden, da sich eine verkohlende Schicht bildete, die isolierend wirkt.

Lehm und Dinkelspreu

Die Dachelemente wurden mit Dinkelspreu vom gleichen Feld wie die Strohballen ausgeblasen. Die Fenster sind als Besonderheit aussen angeschlagen, und das untere Flügelfries ist in Eiche erstellt. Die haustechnischen Installationen konnten mit Holzkeilen, die in die inzwischen sehr dichten Strohballen getrieben wurden, montiert werden.

Die Strohballen wurden innen mit einer 4 Zentimeter dicken Lehmschicht verputzt. Es entstehen so lebendige Wände in harmonischen Erdfarben mit einem guten Wärmespeichervermögen.

Überzeugendes Wärmekonzept, kurze Bauzeit

Der tiefe Heizenergiebedarf bei einem Verzicht auf eine kontrollierte Lüftung wird durch einen Sandsteingrundofen gedeckt, der wie ein Felsblock das Zentrum der Wohnung bildet. Der Stein wurde von einer Steinmetzin nachgearbeitet, um die Oberfläche lebendig und taktil angenehmer zu machen. Es überrascht, dass ein Haus mit mehr als 200 Quadratmeter Grundfläche mit 3 Ster Buchenholz im Jahr geheizt werden kann. Der Architekt hat bereits bei mehreren Hausbauten den Beweis erbracht, dass die Werte realistisch sind. Das Warmwasser lie-

Innenansicht vor dem Verputz.

Ein schmaler Schlitz im Innenbereich
bleibt unverputzt.

Harmonische Raumwirkung im Obergeschoss mit gewölbter Decke ...

… und im Erdgeschoss mit dem zentralen Holzofen aus Sandstein.

fern Sonnenkollektoren auf dem Dach des geräumigen Vorbaus.

Energiewerte	
k-Wert Boden unbeheizt	0,23 W/m²K
k-Wert Strohballenwand	0,14 W/m²K
k-Wert Dach mit Dinkelspreu	0,19 W/m²K
Heizenergiebedarf	100 MJ/m²A

Vom Aushub bis zum Einzugstermin wurden lediglich 14 Wochen benötigt. Die Lehmputze aussen wurden im Frühjahr aufgebracht, da diese nicht bei Frost ausgeführt werden können.

Planung: Ruedi Kunz, Baubiologe
und Architekt, Schwandenhütte, 6383 Wiesenberg,
Telefon 041/629 09 32

Via Felsenau: Eine Vision wird Realität

Im Anschluss an die Jugendunruhen 1980 wurde es als Idee geboren, 1993 wurde es vollendet: das von Berner Jugendlichen unter Berücksichtigung ökologischer Erkenntnisse geplante Wohnhaus in der Felsenau in Bern. Via Felsenau ist als dreigeschossiges Lehmhaus in Ständerbauweise konzipiert, eine Form, die es seit Jahrzehnten im deutschsprachigen Raum nicht mehr gegeben hat. Das Gemeinschaftshaus der Via Felsenau besteht aus zwei Wohnflügeln, die durch einen keilförmigen Erschliessungstrakt verbunden sind. Jeder Flügel enthält drei Wohnungen mit je fünf Schlafzimmern und einem grossen Gemeinschaftsraum mit Küche, Wohn- und Nebenräumen. Den eigentlichen Gemeinschaftstreffpunkt bildet die der Cheopspyramide nachempfundene Glaspyramide, die zugleich der passiven Sonnenenergienutzung dient. Sie ist von jeder Wohnung aus erreichbar und ermöglicht den Zugang zu Bühne und Saal.

Neben der eigenwilligen Form besticht das Haus durch eine konsequente Ausrichtung auf ökologische Erfordernisse. Das Regenwasser wird gesammelt und für die Spülung der Toiletten verwendet. Geheizt wird mit der Warmluft des Wintergartens und der Ofenalagen, die mittels Wärmetauscher auch der Warmwassererzeugung dienen. Nur in Extremsituationen muss die Niedertemperaturheizung der Fernheizanlage zugeschaltet werden.

Ein Selbstbaumodell: Arbeit ist willkommen

Die Voraussetzungen für Lehmbauweisen waren im Ökohaus Via Felsenau ideal. Zum einen hatten viele der zukünftigen Bewohner beruflich mit Bauen zu tun, zum anderen sahen die Statuten vor,

Südwest-Holzfassade mit Glaspyramide und Sonnensegel.

dass ein Zimmer mit achtmonatigem Einsatz bei geringer Entlöhnung erarbeitet werden muss. Ein Architekt und zwei Handwerker der Gruppe entschieden sich nach Beratung durch Klaus Schillberg und dem Besuch bereits bestehender Häuser für Holzleichtlehm, eine Technik, die auch von Laien gut ausgeführt werden kann. Ein leicht feuchtes Gemisch aus Lehm, Holzschnitzeln und Sägemehl wird in die Gleitschalung des Ständerbaus eingebracht und nur wenig gestampft. Die Lehmwand ist nach kurzer Zeit so stabil, dass die Gleitschalung für die nächste Holzleichtlehmfüllung vorbereitet werden kann. In der Via Felsenau wurden allein für die Aussenwände über 100 Kubikmeter Holzleichtlehm verarbeitet, ein gesunder Baustoff mit guten Dämmwerten, der fast gratis anfällt. Kosten von 30 Franken pro Kubikmeter verursachen lediglich die Holzschnitzel, ein Material, das üblicherweise in der Papierherstellung verwendet wird. Der Rest ist Baugrubenaushub und Wasser.

Konstruktionsbeschreibung

Holzständerbau mit Holzleichtlehm für die Aussenmauern in drei Geschossen, Dachdämmung mit Zellulosedämmwolle. Rohdichte der Lehm-Holzschnitzel-Mischung ca. 500 kg/m³ für Aussenwände, Trocknungszeit etwa 8 Wochen. (Zum Vergleich: Strohleichtlehm 1000 kg/m³ hat eine Trocknungszeit von mindestens 16 Wochen.) K-Wert des Holzleichtlehms ca. 0,4 bei einer Wandstärke von 35 Zentimeter mit zwei horizontal verlaufenden Schilfrohrmatten von 5 und 2 Zentimeter. Schilfrohr ist ein wertvolles Naturbaumaterial, das jährlich nachwächst, gute Dämmwerte aufweist und ein ausgezeichneter Putzträger ist.

Zur Bereitung des Holzleichtlehms wird mit 7 Schaufeln Lehm und 7 Liter Wasser im Zwangsmischer eine gut sämige, pastöse Lehmschlämme hergestellt. Der in Bern verwendete, zuvor nicht eingesumpfte Lehm von der Baustelle hat einen Tongehalt von etwa 6%, was sich als ausreichend herausgestellt hat. In die fertige Lehmschlämme werden 7 Eimer à 10 Liter Holzmaterial eingearbei-

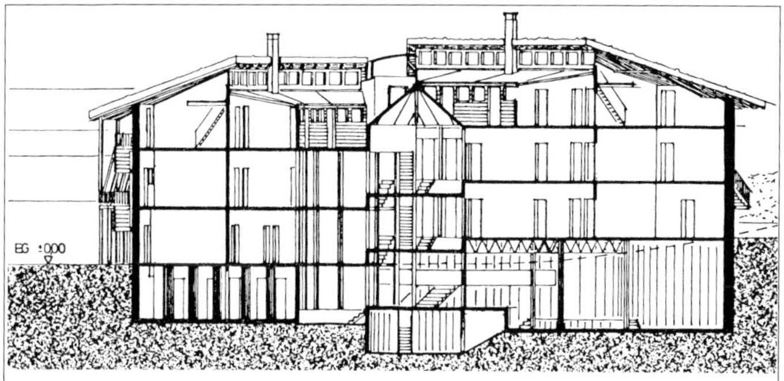

Schnitt, M 1:250

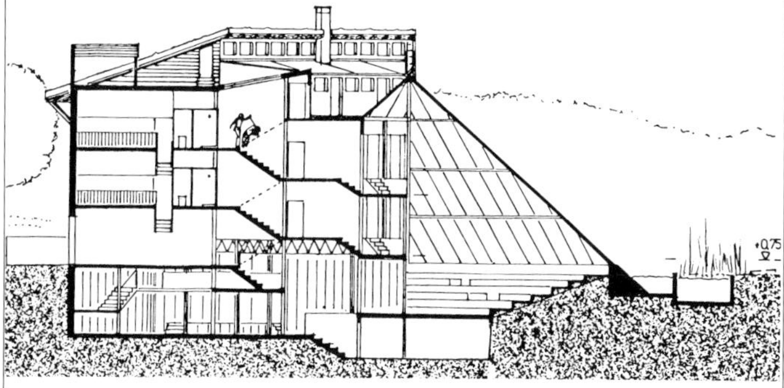

Schnitt, M 1:250

Oben: Längsschnitt, darunter: Querschnitt.

Sicht auf die verputzte Ostfassade und die unbehandelte Holzverschalung der Südwestfassade.

Nordwest-Kalkputzfassade mit Laubengangerschliessung.

tet. Davon sind 5 Eimer grobe Hackschnitzel und je 1 Eimer Hobelspäne und Sägemehl. Da das Sägemehl, selbst wenn es abgedeckt ist, Feuchtigkeit bindet, wird der Wasseranteil bei nassem Wetter gesenkt, bei trockenem erhöht. Der eigentliche Regulationsprozess der Mischung läuft also über das Sägemehl ab. Dem einmal angemischten Holzleichtlehm sollte – das haben die Baustellenerfahrungen gezeigt – kein Wasser mehr zugegeben werden, da es sonst zu einer Entmischung kommt. Der Arbeitsablauf erfolgt also von feucht zu trocken: Es wird Sägemehl zugesetzt, bis die für den Wandaufbau geeignete Lehm-Holzschnitzel-Mischung zufriedenstellend ist.

Der k-Wert des Holzleichtlehms erfüllt im Übrigen bei weitem die Auflagen des Berner Energiegesetzes, das als strengstes der Schweiz gilt.

Die Mitgründer mit dem Modell der Via Felsenau in der Baugrube.

Für Utopien braucht es in der Schweiz Starrköpfe. «Wir sind starrköpfig, sonst hätten wir schon längst aufgehört. Ob diese Beharrlichkeit genügt, um die Utopie Wirklichkeit werden zu lassen, wissen wir nicht. So viel wissen wir: Ohne Utopie würden wir in der reichen Schweiz ein sehr armes Leben führen. Für uns Grund genug, weiterzumachen.»
Christian Bernhart, Stefan Hirschi

Der Holzständerbau wird aufgerichtet.

Konstruktionsdetails

In der Felsenau wurde mit gesunden, lokal verfügbaren Materialien, viel Kreativität und Experimentierlust Raum von hoher Wohn- und Lebensqualität zu tragbaren Baukosten geschaffen. Konsequent wurden die baustelleneigenen Materialien genutzt: Lehm und Steine vom Aushub und Holzschnitzel aus der Schreinerei wurden gleich weiterverarbeitet. Überschüssiges Regenwasser fliesst in ein grosses Biotop, das für Pflanzen und Tiere einen natürlichen Lebensraum bietet.

Zweiflügeliges Holzständer-Gebäudeskelett, ausgefacht mit Holzhäcksellehm, Aussenisolation Ost- und Nordseite mit Schilfrohrmatten (0,32 W/m²K). Ergänzende Wärmedämmung mit Papierschnitzein, Kork, Kokosmatten und Holzspänen. Kellerwände und Kellerdecken aus schwach armiertem Beton.

Die Grundierung für den Aussenputz ist flüssiger Lehm, grob mit dem Besen aufgetragen. Zwei Schichten Lehmverputz (Lehm-Sand-Gemisch) folgen. Der Aussenanstrich – ein Gemisch aus Kasein und Sumpfkalk – wurde nass-in-nass aufgetragen. Der Holzbau ist am massiven Erschliessungskeil fixiert. Erdgeschoss und Böden sind massiv. Die Zwischenböden sind mit Aushublehm gefüllt. Die Türen sind mit Sand gefüllte massive Fichtenplatten und wirken schalldämmend.

Die Dachbegrünung erfolgte extensiv mit Kräutern auf einem Substrat aus Aushublehm, Kies und Lavaerde. Sie wirkt regulierend: Im Somrner kühlt sie einerseits die unten liegenden Räume und reguliert andererseits den Wasserabfluss bei starken Regenfällen. Kühlend wirkt darüber hinaus auch der Wintergarten: Die Aussenluft wird über Rohre angesaugt, durch den Geröllspeicher unter dem Biotop geleitet und dabei auf Erdreichtemperatur abgekühlt. Die an den grossen Wintergarten angrenzenden Lehmspeicherwände sowie Holzkachelöfen wärmen je nach Bedarf. Südseitig massive Speicherböden nutzen die Solarenergie passiv. Zusätzlicher Energiebedarf wird durch den Anschluss an die städtische Gas-Blockheizung gedeckt. Die WC-Spülung erfolgt mit Regenwasser: Dieses wird von der Glaspyramide in ein Sammelbecken im Innern geleitet und bei Bedarf in die Nasszellen geführt.

Günstige Kosten und positive Bilanz

Die Baukosten ohne Land betrugen rund 3 Millionen Franken, durchschnittlich 416 Franken pro m². Sie wurden durch die mässig entlöhnten Eigenleistungen, Spenden, Unternehmerrabatte und Beschränkung auf das Notwendige niedrig gehalten. Das Wohnrecht konnte mit 2 Wochen Gratisarbeit sowie 8 Monaten Mitarbeit bei mässiger Entlöhnung erworben werden.

Die zentralistisch strukturierte Gebäudeform ermöglicht einen sanften Übergang von Privatsphäre zu Gemeinschaft. Das Haus ist Wohn- und Kultur-

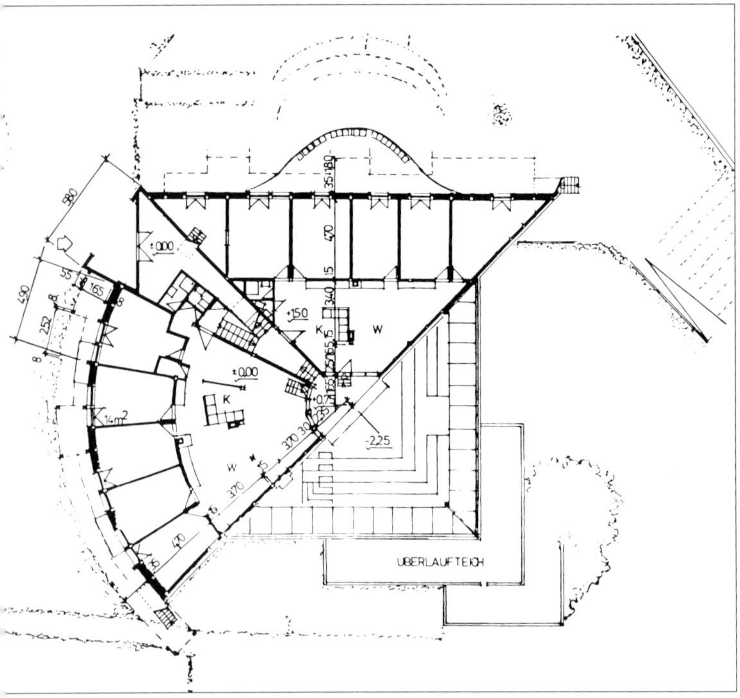

Grundriss des Erdgeschosses mit zwei Wohntrakten, Erschliessung und Glaspyramide.

haus mit Raum für Ateliers und Veranstaltungen verschiedenster Art in einem. Nach sieben Jahren Wohnen im neuen Lehmhaus sind Beurteilungen über die Behaglichkeit und über das Zusammenleben in der Hausgemeinschaft möglich: Auch wenn einige Details verbesserungsbedürftig erscheinen, wird allgemein das spürbar gute Raumklima und die sichtbare Wohnqualität zu erschwinglichen Preisen gelobt.

Die Via wächst weiter

Der Lehmsiedlungsbau in der Berner Felsenau ist in vielerlei Hinsicht beispielgebend. In drei Etappen soll eine Drei-Generationen-Siedlung entstehen. Nach dem Gemeinschaftshaus für junge Leute folgt die Familiensiedlung, deren Projektphase abgeschlossen ist. Sie steht unter dem Motto «wohnsinnig, stadtgrün, kinderläbig». Der Bau gliedert sich in zwei Grundmodule, die flexible Grundrisse ermöglichen und beliebig erweiterbar sind. Dies soll eine gute soziale Durchmischung (Kinder, Eltern, Grosseltern, Alleinerziehende) fördern, die den persönlichen Bedürfnissen entgegenkommt. Vorgesehen ist ein Elemente-Holzständerbau mit grossem Selbstbauanteil, bei dem Lehm und andere Naturmaterialien wiederum eine grosse Rolle spielen. Als dritte Etappe folgt später die Alterswohngemeinschaft, mit der das soziale Netz noch weiter gespannt werden soll.

Zwei der Gründungsmitglieder der Via Felsenau haben es auf den Punkt gebracht: Utopien brauche die Schweiz – und Starrköpfe. Mit der nötigen Starrköpfigkeit sind in Bern Utopien zu Realität geworden. Beispiele, die Mut machen!

Lehmbauberatung: Klaus Schillberg
Adresse: AAB – Atelier für Architektur, Ökologie und Baubiologie, Spinnereiweg 17, CH-3004 Bern,
Telefon 031/302 81 60, Fax 031/302 22 34,
E-Mail: aab.architekten@freesurf.ch

Aus Bundesgärtnerei wird Wohnraum für Familien

Das langgezogene Gebäude am Münzrain 14/16, die ehemalige Bundesgärtnerei, befindet sich in Bern an markanter Lage direkt unterhalb des Parlamentsgebäudes. Der Bau erwies sich als wesentlich älter und geschichtsträchtiger als zunächst angenommen und geht – zumindest in Teilen – bis ins 17. Jahrhundert zurück. Und die lange Geschichte wird mit dem Umbau, durch den gesunder Wohnraum für Familien geschaffen wurde, um eine neue Episode bereichert.

Die Liegenschaft, die sich bis Ende 1997 im Besitz der Schweizerischen Eidgenossenschaft befand, sollte ursprünglich für 2,6 Millionen Franken saniert werden. Luxusappartements statt Wohnraum für Familien waren angesagt. Von diesem Vorhaben ist der Bund dann allerdings abgekommen und hat die sanierungsbedürftigen Gebäude zum Verkauf ausgeschrieben. Die vier Familien, die seinerzeit den Zuschlag erhielten, bewohnen heute das Haus.

Ansicht von Südwesten mit dem Bundesparlamentsgebäude im Hintergrund.

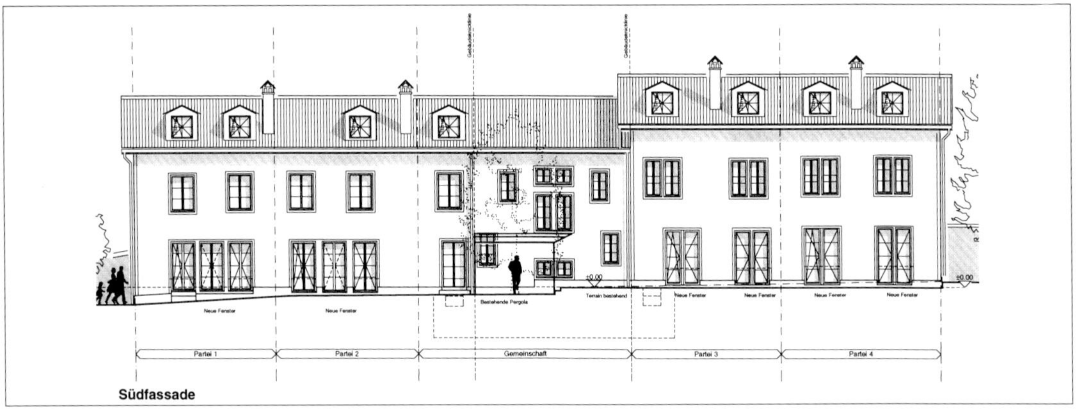

Ansicht von Süden mit den neuen grossen Fenstertürelementen.

Herausforderung gemeistert

Für die Planung (zusammen mit Oliver Hönig), Koordination und Ausführung der Umbauarbeiten wurde mit Arwed Meier-Junginger vom Atelier für Architektur und Bauökologie ein erfahrener Partner gefunden. Er stellte sich der Herausforderung, ein Projekt mit grossem Selbstbauanteil zu erarbeiten, das auch baubiologischen und ökologischen Kriterien gerecht wird, das Lebensraum für Familien ohne den üblichen Schnickschnack schafft. Und siehe da: Der ursprüngliche Voranschlag von 2,6 Millionen schrumpfte auf 700 000 Franken zusammen – ein Kostenrahmen, der zur Zufriedenheit aller Beteiligten auch eingehalten wurde.

Bauen kann man/frau mit viel Geld nach vorgegebenen Standards und Normen oder mit eher schmalem Budget und dafür mit Fantasie, eigener Initiative, kreativen Ideen, mit richtig eingesetzten natürlichen Materialien und solchen, die unsere Wegwerfgesellschaft als wertlosen Abfall betrachtet. AAB-Architekt Arwed Meier-Junginger nahm Anregungen und individuelle Vorstellungen auf und setzte sie in ein architektonisches Konzept um, das den Charakter der alten Häuser bewahrte, aber auch die Wünsche der Bewohner berücksichtigte. Gerade die natürlichen Materialien und die Lehmbaustoffe erwiesen sich als ausgesprochen eigenbaufreundlich. Das Gerüst wurde nach bewährter Zimmermannsart aus Rundhölzern errichtet, und die schöne Holzschindelung der Aussenfassade wurde ausgebessert und blieb so erhalten. Fast alle Fussböden – darunter auch ein Olivenholzparkett – sowie alle Kacheln und sanitären Apparaturen stammen aus zweiter Hand. Der für die Innentreppen verwendete Stahl ist nicht verzinkt, sondern mit Leinöl als Korrosionsschutz behandelt.

Die verwendeten Materialien sind möglichst unbehandelt, damit sie sich nachhaltig wieder in den Stroffkreislauf integrieren lassen. Dafür werden Naturfarben bewusst als gestalterisches Element eingesetzt. Die «sinnliche Erlebnisarchitektur», wie es Architekt Arwed Meier-Junginger nennt, ermöglicht auch bei schmalem Budget individuelle, auf den Lebensrhythmus und die Bedürfnisse der Bewohner abgestimmte Lösungen. Für alle Beteiligten ist die Vision einer Stadtvilla verwirklicht worden, die den Komfort eines Einfamilienhauses in einer grosszügigen Wohnung inmitten der Stadt bietet. Ein Wohntyp, der einer Zersiedlung der Städte entgegensteuert, aber leider viel zu wenig realisiert wird.

Kontaktadresse: Arwed Meier-Junginger, AAB,
Spinnereiweg 17, CH-3004 Bern,
Telefon 031/302 81 60,
E-Mail: aab.architekten@freesurf.ch

Lehmsauna – schwitzen in der Natur

Der Lehm-Weidenruten-Bau dieser Sauna lässt sich nicht nur mit geringen Materialkosten erstellen, da uns die Natur alles dafür zur Verfügung stellt, er passt sich auch sehr harmonisch in die Landschaft ein und wird ein Teil von ihr. Was die Gestaltungsmöglichkeiten betrifft, sind dabei der Fantasie keine Grenzen gesetzt. Im «eco terra»-Lager, das alljährlich im Sommer am Greyerzersee durchgeführt wird, wurden ähnliche Projekte unter Anleitung vor allem mit Kindern realisiert.

Die hier vorgestellte holzbeheizte Lehmsauna wurde als Kuppelbau über einem kreisrunden Grundriss erstellt. Es sind jedoch auch Gestaltungen mit einem ovalen Grundriss oder mit einem Tonnengewölbe möglich.

In einer Sauna, die unter freiem Himmel zu stehen kommt, herrscht durch den Erdkontakt eine höhere Luftfeuchtigkeit als in der bekannten finnischen Sauna. Diese angenehme Luftfeuchtigkeit in Verbindung mit einer tieferen Betriebstemperatur lässt sich vergleichen mit den Bedingungen eines Tepidariums, des Wärmeraums der alten, römischen Hypokaustenanlagen. Die Aufenthaltszeit in der Sauna lässt sich auf diese Weise angenehm verlängern. Bei höherer Temperatur erlaubt die Lehmsauna das typisch finnische Schwitzerlebnis.

Einfache Konstruktion

Die Konstruktion besteht aus einem formgebenden Rutengeflecht, das mit einer Strohlehmschicht verkleidet und innen ganz oder teilweise mit einem Lehmputz geglättet wird. Der Lehmmantel ruht auf Backsteinen, die dank dem, dass sie in Kies gebettet sind, keine Bodenfeuchte ziehen. Diese Art Fundament gewährt ausserdem eine stetige Frischluftzufuhr in die Sauna. Die tragfähige Lehmschale wurde mit einem darüber hinausragenden Dach versehen, um sie vor allem auf der Wetterseite vor Regen und

Lehmsauna im Bau: Ruten und Lehm stehen auf zwei Lagen Backsteinen, in Kies gebettet, um aufsteigender Feuchtigkeit entgegenzuwirken.

Die fertige Sauna, überdacht mit Schilfrohrmatten und mit einem Tauchbecken von einem Meter Tiefe.

dauernder Feuchtigkeit zu schützen. Als Naturmaterialien für das Dach kommen Schilf oder geölte Holzschindeln in Frage.

Ein zentral angelegter Holzofen aus hitzebeständigem Chromstahl bildet eine effiziente, sparsame und wartungsfreie Heizquelle. Der Speichermantel aus Gesteinsschotter vergrössert die Strahlungsfläche und verdampft das Wasser für den Aufguss. Um den Holzofen herum lehnen sich die Holzbänke bzw. Liegeflächen an die Lehminnenwand.

Für den Bau der Sauna wurden – soweit möglich und sinnvoll – nur natürliche, unbelastete Baumaterialien aus der Region verwendet.

Adresse: René Rütsche, Lehm- und Oekobau,
Neuenburgstrasse 20, 3282 Bargen,
Tel. 032/392 36 23

Der Charme des Alters: Ein inzwischen sanierter, modernisierter und seiner besonderen Ausstrahlung beraubter Torbogen in Solothurn.

LEHMPRÜFVERFAHREN

Die Lehmprüfung liefert Entscheidungsgrundlagen dafür, welche Lehmbautechnik mit dem Baulehm direkt aus der Baugrube vor Ort möglich ist. Dazu entnimmt man in unterschiedlichen Tiefen (40, 60, 80 cm) ca. 15 Lehmproben, schüttet sie zusammen und vermischt sie gut. Anschliessend werden 200 g davon gut durchgesiebt, wobei die maximale Körnung des Siebes 1 mm beträgt. Notfalls müssen etwas gröbere Teile mit dem Hammer zerkleinert werden.

Kugelfallprobe – ein einfaches Prüfverfahren für Selbstbauer

Man nehme 200 g gesiebten Lehm, forme diesen zu einer kleinen Kugel, wobei die Lehmmischung erdfeucht sein muss. Dann lässt man aus einer Höhe von 2 m die handgeformte Lehmkugel auf eine glatte Unterlage fallen. Wenn auf der Lehmkugel eine maximale Abplattung von 5 cm Durchmesser entsteht, ist der Lehm geeignet. Sollte die Abplattung nicht gleichmässig rund erscheinen, darf die Differenz maximal 2 mm betragen.

- Zerfällt die Kugel, ist der Lehm völlig unbrauchbar.
- Zeigen sich bei der Abplattung keine oder nur wenige Risse, ist der Lehm fett.
- Zerfällt die Kugel nicht, obwohl sich starke Risse bilden, ist der Lehm mager.

Im Lehmbau werden magere Lehme z. B. für Lehmputze und fette Lehme z. B. für Holzleichtlehmmischungen, Strohlehmmischungen oder mineralischen Leichtlehm verwendet.

Einfache Druckfestigkeitsprüfung von Lehmziegeln.

Prüfung der Bindekraft nach der Achterlingsprobe (Vornorm DIN 18952)

Eine sehr alte, bewährte Prüfmethode, die früher insbesondere für die Prüfung von Lehm angewandt wurde, mit welchem man tragende, massive Mauerwerke stampfte, ist die sogenannte Achterlingsprobe. Hierbei werden 200 g gesiebter Lehm in drei Lagen unter Druck mit der Hand in die sogenannte Achterlingsform eingeschlagen. Danach wird die Achterlingsform sofort in den Zerreissapparat eingespannt, um die Zugfestigkeitsprüfung durchzuführen. Reisst die Probe innerhalb einer Stunde ab, ist der Lehm sehr leicht schlämmbar, das heisst, er hat, eine geringe Bindekraft. Bleibt die Probe länger als eine Stunde im Zerreissapparat hängen, hat er eine hohe Bindekraft. Alle Lehmproben, die vor 45 Minuten abfallen, sind für die Baupraxis unbrauchbar (das heisst z. B. nur als Deckenfüllung verwendbar, nicht für Putze oder als Wandbaustoff).

Prüfung des Trockenschwundmasses

Eine wichtige Lehmprüfung, insbesondere bei Anwendung in Massivlehm-Stampftechnik oder z. B. bei der Herstellung von Massivlehmziegeln, ist die Prüfung des Trockenschwundmasses.

Hierfür werden 200 g gesiebter Lehm in drei Lagen unter Druck in eine längliche Holzform eingeschlagen. Die dabei verwendete Lehmmischung soll erdfeucht sein, damit das so genannte Längsschwundmass gemessen werden kann.

Nach Trocknung der Lehmprobe in der Holzform kann man anhand des entstandenen Schwunds ablesen, ob es sich um mageren, fetten oder sehr fetten Lehm handelt:

- magerer Lehm schwindet um 2 bis 5 mm,
- fast fetter Lehm schwindet um 4 bis 7 mm,
- fetter Lehm schwindet um 6 bis 10 mm,
- sehr fetter Lehm schwindet um 8 bis 20 mm.

Für die Lehmbaupraxis bedeutet dies: Wird z. B. sehr fetter Lehm einer Holzleichtlehm- oder einer mineralischen Leichtlehmmischung beigegeben, muss mit Sand abgemagert werden. Dies gilt ebenso für die Herstellung von Massivlehmziegeln, wobei hierfür in der Regel magerer Lehm verwendet wird.

Prüfung des Absetzverhaltens von Lehm

Lehm ist ein Gemisch aus Ton, Schluff, Sand und Kies. Ton ist hierbei das Bindemittel, Schluff, Sand und Kies bezeichnet man als Zuschlagsstoffe. Ton besteht aus Kristallplättchen von weniger als einem Tausendstelmillimeter Grösse. Diese Kristallplättchen sind schichtenweise aufgebaut. Fügt man den dicht aufeinanderliegenden Kristallplättchen Wasser hinzu, bilden sich zwischen den Plättchen leitfähige Wasserfilme, die eine feuchte und flüssige Verarbeitung des Lehms ermöglichen.

Um für die Baustellenpraxis in einfacher Form die jeweilige Zusammensetzung prüfen zu können, gibt man eine bestimmte Menge Lehm, z. B. 100 g, in ein Glas mit Wasser. Das Wasser muss dabei einige Zentimeter über dem Lehm stehen. Dann wird das Gefäss im Laufe eines Tages mehrmals durchgeschüttelt, am nächsten Tag kann man sehen, wie sich die verschiedenen Teile abgesetzt haben: Grobkies ist ganz unten, Sand darüber, Ton liegt obenauf.

Wenn sich nach einem Tag die Teile nicht abgesetzt haben, ist der Lehm sehr fett und lässt sich nicht gut aufbereiten.

Prüfung des Kalkgehalts im Lehm

Der Kalkgehalt im Lehm liefert einen wichtigen Hinweis auf Frostempfindlichkeit und Quellsicherheit. Ist der Kalkgehalt zu hoch, verwittert die Oberfläche der Lehmwand sehr schnell, Lehmputze bröckeln ab, Lehmwände zeigen sehr grosse Schäden bis hin zu statisch nicht mehr tragenden Wänden. Als Grundregel gilt: Für sämtliche Lehmarbeiten sollte der Kalkgehalt nicht höher als 4% sein.

Eine einfache Kalkprüfung funktioniert folgendermassen: Etwas Lehm wird in Art einer kleinen «Lehmpizza» von 4 bis 5 cm Durchmesser geformt und im Ofen getrocknet. Ist der Lehm vollständig durchgetrocknet, werden einige Tropfen der Salzsäure aufgeträufelt. Wenn bei der Berührung der Salzsäure mit dem Lehmkuchen die Salzsäuretropfen sofort zu schäumen beginnen, so liegt der Kalkgehalt mit Sicherheit über 5%. Schäumt es nicht oder nur ganz wenig, ist der Lehm als Baulehm brauchbar.

Nahaufnahme einer Massivlehmwand.

Tonkristalle unter dem Elektronenmikroskop.

Rechenwerte für die Wärmeleitfähigkeit von Lehmbaustoffen

Aufgrund der Untersuchungen von Beidatsch, Pollack und Richter, Caspereit und Volhard gelten folgende Wärmeleitzahlen λ (W/mK) in Abhängigkeit vom Raumgewicht (kg/m³):

	Raumgewicht kg/m³	Wärmeleitzahl λ W/mK
Leichtlehm	300	0,1
	400	0,12
	600	0,17
	800	0,25
	1000	0,35
	1200	0,47
Strohlehm	1400	0,59
	1600	0,73
Massivlehm	1800	0,91
	2000	1,13
Zum Vergleich:		
Schwerbeton	2400	2,1
Vollziegel	1800	0,81
Leichtziegel	800	0,33
Gasbeton	600	0,19
Nadelholz	600	0,13
Holzwolle-Leichtbauplatte	400	0,09

* Beidatsch, Alfred: Wohnhäuser aus Lehm, Berlin/Buxtehude 1946, S. 14. Pollack, E. und Richter, E.: Technik des Lehmbaus, Ost-Berlin 1952, S. 19. Caspereit, H.: Leichtlehm im Wohnungsbau, Der Bauhelfer, H. 20, 1947, S. 19. Volhard, F.: Leichtlehmbau, Karlsruhe 1983, S. 418.

Schweizer Lehmbauforschung

Die Forschungsgruppe Lehmbau der ETH Zürich stellte zum Abschluss des langjährigen Forschungsprojektes «Bauen mit Lehm in der Schweiz» die Forschungsergebnisse der Öffentlichkeit vor. Neben vielen Praxisberichten über Lehmbaustoffe und Hausbauprojekte wurden neue bauphysikalische Daten zum Baustoff Lehm veröffentlicht. Für den Fachplaner dürften Angaben zu Wärmeleitfähigkeit und Dampfdiffusion die wichtigsten sein:

Wärmeleitfähigkeit von Lehmbaustoffen

Lehmart	Rohdichte kg/m³	Wärmeleitfähigkeit W/mK (λ)
Leichtlehme:		
mit Holzhäcksel	600	0,16
mit Holzhäcksel	440	0,12
mit Stroh	660	0,13
mit Stroh	300	0,08
mit Bims	760	0,20
mit Blähton	940	0,26
Schwerlehme:		
gestampfter Lehm	1930	0,66
industrieller Lehmstein	1990	0,64

Strohlehme, Blähton-Leichtlehm und vor allem alle Schwerlehme schneiden im Vergleich zu bisherigen Messungen und den Literaturangaben viel besser ab. Die Messungen wurden mit einem Wärmefluss-Messgerät ermittelt und bei einem Mittelwert von 20 °C und 60% relativer Luftfeuchte gemessen.

Dampfdiffusionswiderstand μ und Dampfleitfähigkeit λ von Lehmbaustoffen

Lehmart	Rohdichte kg/m³	Dampfdiffusionswiderstand μ	Dampfleitfähigkeit λ
Leichtlehme:			
mit Holzhäcksel	600	5,7	0,126
mit Holzhäcksel	440	4,8	0,150
mit Stroh	660	5,0	0,143
mit Stroh	300	4,6	0,158
mit Bims	760	6,3	0,114
mit Blähton	940	8,9	0,081
Schwerlehme:			
gestampfter Lehm	1930	10,2	0,070
industrieller Lehmstein	1990	10,5	0,069

Die untersuchten Lehmproben trockneten erstaunlich schnell, Messungen wurden wie folgt durchgeführt: Die Prüfkörper wurden auf Blechschalen gelegt und an den Rändern abgedichtet. In den Schalen befand sich eine Salzlösung, deren Gewichtszunahme/-abnahme durch periodisches Wiegen gemessen wurde; anschliessend wurde der Wasserdampfdurchgang errechnet.

Es wurde bei einem Mittelwert von 20 °C und 60% relativer Luftfeuchte gemessen.

Leichtlehmsteine und Trockenlehmpulver.

Feuerbeständigkeit von Lehmbauteilen

	Rohdichte kg/m³	Schichtdicke d (cm)	Brand-Kennziffer Brennbarkeit/Qualm	Bauteil Feuerwiderstandsklasse
Massivlehm (1)	2000	15		F 180
		15		F 120
		12		F 90
Leichtlehm mit mineralischem Zuschlag (2)	900	25		F 180
		12		F 120
		10		F 90
Leichtlehm mit organischem Zuschlag (3)	600		6 q .3	F 30
(4)	300		5 .3	
Lehmputz auf Leichtlehm (5)	1700	2		F 30

Brennbarkeitsgrad:	5	schwer entzündbar, schwer brennbar bei Raumtemperatur
	6 q	nicht entzündbar, quasi nicht brennbar
	6	nicht entzündbar, nicht brennbar
Qualmgrad:	.3	keine bis geringe Qualmbildung
Feuerwiderstand:	F ...	Die Zahl gibt die Feuerwiderstrandsdauer in Minuten an.

Die hier aufgeführten Werte sind Annahmen aufgrund der Beurteilungskriterien der Vereinigung kantonaler Feuerversicherungen VKF (Brandschutzregister 1993). Die Werte folgender Baustoffe wurden den Annahmen zugrunde gelegt:

(1) Backsteine
(2) Leichtbeton
(3) Holzwollplatten, mineralisch gebunden
(4) Zellulosedämmung
(5) Kalkputz

Die Klassierung von Lehmbaustoffen muss durch Prüfzeugnisse und Anerkennung durch die VKF festgelegt werden.

Dass Lehm hervorragende Schalleigenschaften hat, kann man eindrucksvoll der folgenden Tabelle entnehmen:

Luftschalldämmung von Lehmbaustoffen

	Rohdichte (kg/m³)	Schichtdicke d in m für beschwertes Luft-Schalldämmmass von 30 dB	40 dB	50 dB	55 dB
Massivlehm	2000	0,03	0,07	0,20	0,40
	1200	0,04	0,12	0,33	0,73
Leichtlehm	800	0,04	0,08		
	400	0,08			

(Die Abschätzung der Luftschalldämmung erfolgt aufgrund der Kurven für einschalige Bauteile nach SIA-Norm 181 im Hochbau. Die Werte für grosse Rohdichten sind der Kurve für Beton, Mauerwerk oder Gips entnommen. Die Kurven für Leichtlehme sind der Kurve für Holz und Holzwerkstoffe entnommen.)

Nun haben wir's «wissenschaftlich»: Die Ergebnisse beweisen eindeutig die guten Dampfdiffusionseigenschaften und die guten Wärmedämm- und Schallschutzeigenschaften aller Lehmbaustoffe und sind der Grund für das längst bekannte angenehme Raumklima in Lehmhäusern.

Literatur: Dokumentation «Bauen mit Lehm – Forschungsergebnisse und aktuelle Beispiele aus der Praxis», zu beziehen bei ENET, Postfach 143, CH-3000 Bern 6.

Deckenkonstruktionen (Fussbodenaufbau) mit Trockenlehmbautechniken

Bei den im Folgenden dargestellten Deckenkonstruktionen handelt es sich um Standardaufbauten, wie sie sowohl in der Altbausanierung als auch beim Lehmhausneubau angewendet werden. Die vorgestellten Deckenkonstruktionen sind so einfach aufgebaut, dass sie problemlos auch von Laien im Selbstbau ausgeführt werden können.

Deckenfüllungen mit Lehm haben sehr gute Schallschutzeigenschaften. Hierbei ist zu beachten, dass die reine Lehmfüllung lediglich gegen Raum- und Körperschall schützt. Der Trittschallschutz ist durch zusätzliche, weitere Massnahmen zu gewährleisten. Im ökologischen Bauen eignen sich hierzu z. B. Trittschalldämmmatten aus Jutefilz mit eingenähtem Rieselpapier, die in unterschiedlichen Stärken erhältlich sind. Wichtig für die Gewährleistung eines guten Trittschallschutzes ist, dass die beiden Böden (Rohboden und Fertigboden) z. B. durch Jutefilz-Trittschallmatten völlig getrennt aufgebaut werden. Bei der Verlegung von Holzdielenböden darf die Befestigung (Nagel oder Schraube) nur in das Lagerbrett geführt werden; ein Kontakt mit dem Deckenbalken ist unbedingt zu vermeiden.

Damit die Schallwellen nicht vom Fussboden in die angrenzenden Wände übertragen werden, müssen an den Fussbodenrändern 10 bis 15 mm starke Schallrandstreifen aus Jutefilz angebracht werden.

Raum- und Körperschallschutz mit Lehmziegeln

Bei den vorgestellten Detailkonstruktionen werden sowohl zwischen die Deckenbalken als auch über die tragende vollflächige Holzverschalung Massivlehmziegel aufgelegt. Massivlehmziegel werden im Deckenbereich angewendet, wenn ausschliesslich wärmespeichernde und gute Schallschutzeigenschaften erwünscht sind (z. B. Deckenaufbau, Decke über Erdgeschoss bei vollflächig bewohntem Erd- und Obergeschoss). Die Verwendung von Leichtlehmziegeln dagegen ist sinnvoll, wenn die darunter liegenden Räume nicht beheizt sind (z. B. Decke über Kellergeschoss). Hier wirken die eingebauten Leichtlehmziegel sowohl wärmedämmend als auch wärmespeichernd und gewährleisten einen ausreichenden Raum- und Körperschallschutz.

Im Deckenbereich, wo keine direkte statische Beanspruchung vorliegt, kann auch der am Ort anfallende erdfeuchte Lehm eingebaut werden (siehe Projekt Via Felsenau).

Massivlehmziegel (Grünlinge): Formate und Flächengewichte

In der Lehmbaupraxis werden je nach Höhe des Deckenaufbaus Massivlehmziegel in unterschiedlichen Formaten und Flächengewichten verwendet. Sie sind 4 bis 12 cm dick und weisen je nach Höhe und Herstellungsprozess unterschiedliche Quadratmeter-Flächengewichte auf:

Die genannten Massivlehmziegel werden auf Paletten auf die Baustelle geliefert und sind in der Regel mit einer Transportfolie verschweisst. Sie sind gut zu bearbeiten (mit Alligator-Steinsäge, Gasbeton-Bandsäge oder durch einfaches Schlagen mit dem Maurerhammer) und haben eine hohe Druckfestigkeit, im Durchschnitt 2,5 N/mm². Das bedeutet für die Baupraxis: Massivlehmziegel im Deckenbereich können vollflächig verlegt und mit den üblichen Lastannahmen im Wohnbereich vollflächig belastet werden. (Zum Vergleich: Ein gebrannter Backstein weist eine Druckfestigkeit von ca. 3,2 N/mm² auf.) Massivlehmziegel werden, je

Format		Höhe des Massivlehmziegels	Flächengewicht je m²
Sonderformat	24 x 11,5 cm	40 mm	ca. 55 kp
DF-Format	24 x 11,5 cm	52 mm	ca. 95 kp
MF-Format	24 x 11,5 cm	72 mm	ca. 120 kp
2-DF-Format mit Lochanteilen	24 x 11,5 cm	115 mm	ca. 120 kp
2-DF-Format voll	24 x 11,5 cm	105mm	ca. 170 kp

nach Lochanteil, in Rohdichten von 1,7 bis 1,9 t/m³ hergestellt. Bei der Herstellung wird darauf geachtet, dass keine organischen Faserstoffe beigemischt sind; Massivlehmziegel sind deshalb völlig schimmelpilzsicher.

Darüber hinaus sind Massivlehmziegel in der Lage, im Vergleich zu gebrannten Ziegeln das Zwanzigfache an Feuchtigkeit aufzunehmen, zu speichern und langsam an die Raumluft wieder abzugeben. Lehmdecken mit Massivlehm- oder Strohleichtlehmziegeln mit ihren hervorragenden hygroskopischen Eigenschaften gewährleisten ein gesundes, angenehmes Raumklima.

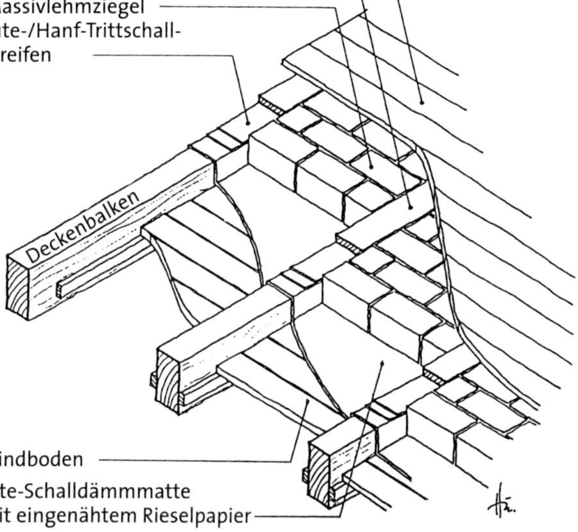

Deckenkonstruktion mit Massivlehmziegeln auf Blindschalung

Ausschreibungstext/Arbeitsanleitung

– Nach Einbau von Blindschaltbrettern vollflächiges Verlegen von Jutefilz-Trittschallmatten mit eingenähtem Rieselpapier, d = 15 mm.

– Zwischen Deckenbalken Verlegen von Massivlehmziegeln von 40 bis 115 mm Höhe und einem Flächengewicht von 55 bis 170 kg/m².

– Vollflächiges Überziehen der eingebauten Massivlehmziegel mit Lehmschlämme.

– Auf Deckenbalken Verlegen von Jutefilz-Trittschallstreifen der Stärke d = 100 mm.

– Auf Jutefilz-Trittschallstreifen Verlegen von Lagerbrett, d > 32 mm.

– Aufbringen von Holzdielenbelag, Befestigung mit Nägeln oder Schrauben, diese dürfen keinen Kontakt mit Deckenbalken haben.

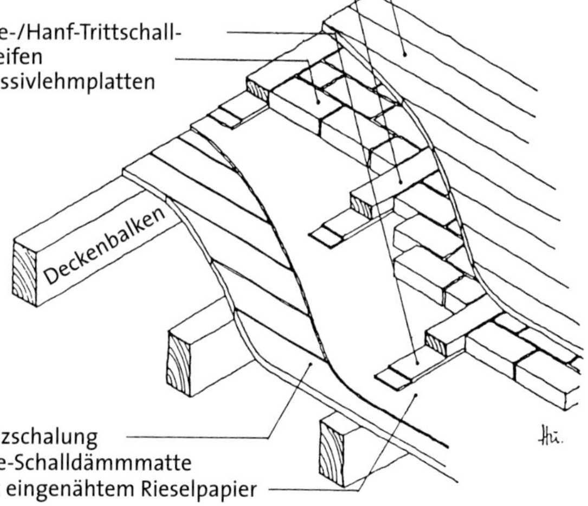

Einfache Massivlehmdecke mit sichtbaren Deckenbalken

Ausschreibungstext/Arbeitsanleitung

– Vollflächiges Verlegen von Jutefilz-Trittschallmatte mit eingenähtem Rieselpapier, d = 15 mm, Verlegung über Massivholzschalung.

– Über Deckenbalken Verlegen von Jutefilz-Trittschallstreifen, d = 10 mm.

– Verlegen von Lagerholz über Jutefilz-Trittschallstreifen, d = 40 bis 120 mm.

– Zwischen Lagerhölzer Verlegen von Massivlehmziegeln als Deckeneinschub, Höhe d = 40 bis 115 mm, Flächengewicht von 55 bis 170 kg/m².
– Aufbringen von Holzdielenböden, Befestigung mit Schrauben oder Nägeln, diese dürfen keinen Kontakt zum Rohboden/Deckengebälk haben.

Hochschalldämmende Massivlehmdecke mit sichtbaren Deckenbalken

Ausschreibungstext/Arbeitsanleitung

– Vollflächiges Verlegen von Jutefilz-Trittschallmatten mit eingenähtem Rieselpapier, d = 15 mm, Verlegung über Rohbodenbelag.
– Auf Jutefilz-Trittschallmatten vollflächiges Auflegen von Massivlehmziegeln von 50 bis 116 mm Höhe und Flächengewicht von 55 bis 170 kg/m².
– Über Massivlehmziegelbelag vollflächiges Verlegen von Jutefilz-Schalldämmmatte, d = 10 mm.

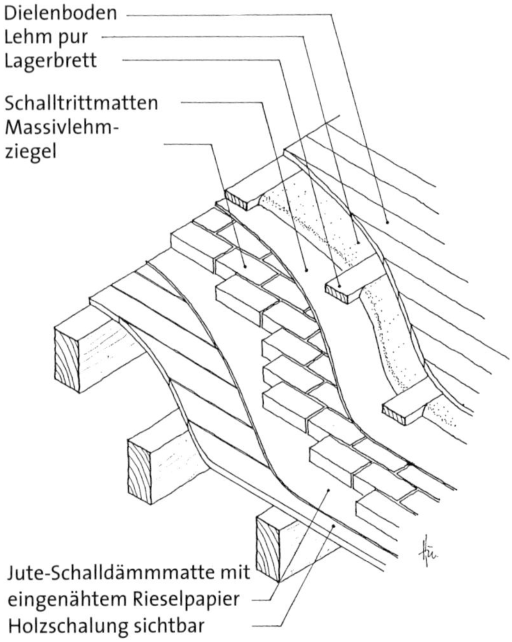

– Verlegen von Lagerhölzern über Schalldämmmatte im Bereich der Deckenbalken, d > 32 mm.
– Verfüllen des Zwischenraumes zwischen den Lagerhölzern mit erdfeuchtem Massivlehm (Baulehm z. B. aus Baugrubenaushub).
– Aufbringen von Holzdielenbelag, Befestigung in den Lagerhölzern.

Deckendämmung mit Leichtlehm, Schilf und Hanf

– 15 mm Lehmputz, vollflächige Jute-Putzträger-Gewebeeinlage
– Schilfrohrdämmplatten 50/80 mm, an Montagebrett fixiert
– 40/60 mm Hanf-Dämmstoffmatten zwischen den Balken
– Montagebrett 24 x 160 mm, an den Sparren fixiert
– 120 mm vorhandene Strohlehmdecke auf genuteten Staken
– 60/80 mm Hanfleichtlehm, leicht verdichtet
– 15 mm Hanf-Trittschallstreifen mit schwimmend verlegten Lagerhölzern
– 24 mm Massivholz-Dielenboden, Nut und Feder an Lagerhölzern fixiert

k-Werte der Bauteilschichten:

Bei 5 cm Schilfplatten + 4 cm Hanf-Dämmmatten + 6 cm Lehmdämmmörtel: 0,33 W/m²K
Bei 5 cm Schilfplatten + 6 cm Hanf-Dämmmatten + 8 cm Lehmdämmmörtel: 0,28 W/m²K

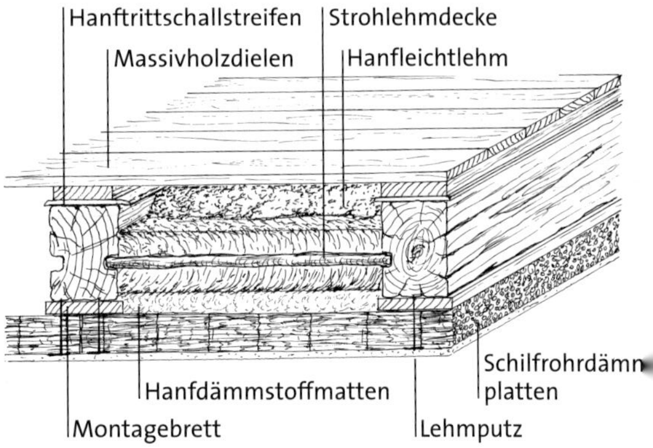

Schallschutz-Lehmdecke mit Hanfleichtlehm und Schilf

– 10 mm Lehmunterputz
– Jute-Putzträgergewebe, an Plattenstössen eingelegt
– 5 mm Lehmfeinputz oder 3 mm farbiger Lehmedelputz
– 30 mm Schilfrohrdämmplatten, gewölbt montiert
– Halteleisten, 30 x 50 mm, seitlich fixiert an den Deckenbalken
– Brettschalung, 24 mm, (Blindboden) zwischen den Deckenbalken
– 10 mm Jute-/Hanf-Trittschallmatten mit eingenähtem Rieselpapier, vollflächig über Balken und Blindboden ausgelegt
– Massivlehmsteine, ca. 1900 kg/m³ NF (H = 7,1 cm) bzw. DF (H = 5,2 cm)
– Auf Jutefilz-Trittschallmatten schwimmend verlegte Lagerhölzer
– 80 mm Hanfleichtlehm, leicht verdichtet
– 24 mm Massivholzdielen, fixiert in die Lagerhölzer

k-Wert der Bauteilschichten:
0,46 W/m² K

Gewicht bei NF-Format:
230 kg/m² (ohne Deckenbalken)

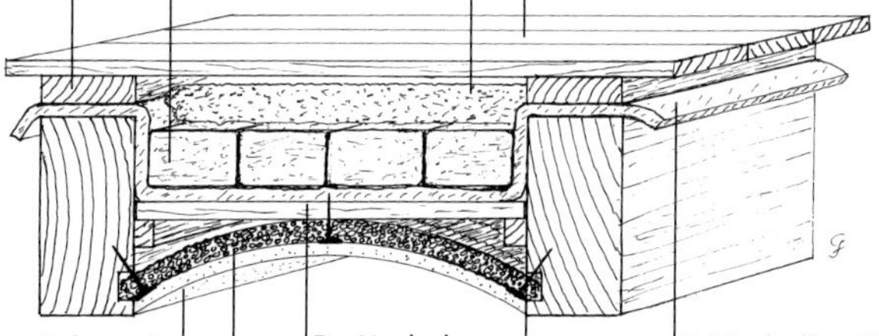

Bodenaufbau über Erdreich mit Hanf-/Kork-Kalkestrich und Schilfplatten

– 150 mm kapillar brechende, grobe Schotterschicht, gut verdichtet
– Bei Druckwassergefahr oder hohem Grundwasserspiegel: Einbau von horizontaler Feuchtigkeitsisolierung!
– 150 mm Hanf-/Kork-Kalkestrich (600 kg/m³)
– 50 mm Schilfbodenplatte, stark gepresst (falls wegen k-Wert notwendig)
– 60 mm Hanf-/Kork-Kalkestrich (600 kg/m³)
– Verlegen von Ziegel-Bodenplatten bzw. Massivholzdielenbelag mit Unterlüftung auf integrierte Lagerhölzer

k-Wert der Bauteilschichten:
0,35 W/m² K (bei Holzdielenboden)

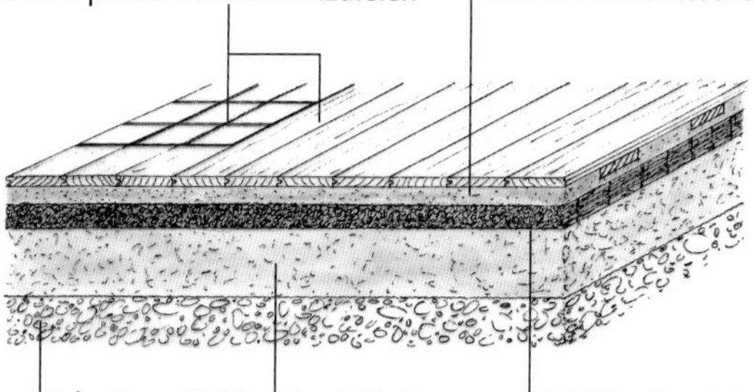

Holzkalkestrich

Holzkalkestrich ist leichter als Lehm und hilft damit, Flächengewichte im Deckenbereich zu sparen. Er wird fester als Leichtlehm und trocknet bei guter Konsistenz ohne Schwundrisse ab. Damit eignet er sich vor allem zum Höhenausgleich bei Fussbodenaufbauten. Es können Latten als Auflager für spätere Holzdielenböden ein- oder aufgelegt werden.

4 Teile Sägespäne, Holzschnitzel
1–2 Teile gewaschener Sand (Korngrösse 2 bis 4 mm)
2 Teile Trasskalk (Trassanteil grösser als 50%!)

Der Kalk wird zusammen mit Sand und Wasser im Zwangsmischer angerührt. Zum Schluss werden die Sägespäne beigemischt. Am besten eignen sich Weichholz-Fichtenspäne (keine Hobelspäne und kein Sägemehl beimischen). Die fertige Konsistenz kann erdfeucht oder leicht flüssig sein. Der Wassergehalt bestimmt die Trocknungsdauer. Die Holzkalkestrichmischung kann auf Wunsch schwerer eingestellt werden, indem der Sandanteil erhöht wird.
Erreichbare Rohdichten: 550 bis 1200 kg/m^3.

Wärmegedämmte Bodenplatte aus Korkgranulat und Kalk

Anstatt in Altbauten eine kalte Betonplatte zu giessen und sich mit den beschriebenen Feuchtigkeitsproblemen herumzuschlagen, gibt es eine einfache Alternative: Man nehme geschreddertes Recycling-Korkgranulat, feines Korkmehl, Sand, hochhydraulischen Trasskalk (mindestens 50% Trassanteil) und mische das Ganze im Beton- oder Zwangsmischer unter Wasserzugabe an. Damit lässt sich in einem Guss eine wärmegedämmte, druckfeste Bodenplatte in Stärken bis 20 cm herstellen, auf die z. B. Terracotta-Bodenplatten verlegt werden können.

1 Teil Trasskalk auf 3,5 Teile Kork + Sand. Kork + Sand = 60% grobes Korkgranulat (Körnung ca. 4 bis 12 mm), 15% feines Korkmehl (Körnung ca. 0 bis 1,5 mm), 25% gewaschener Sand (Körnung ca. 0 bis 4 mm).

Das Ganze kann in einer recht flüssigen Konsistenz angemischt werden und muss sofort – innerhalb von maximal 40 Minuten – verarbeitet werden. Dabei ist das Schwundverhalten einzukalkulieren. In kälteren Jahreszeiten kann die Mischung auch erdfeucht angemischt werden, was die Trocknung beschleunigt. Die Mischung zieht in der Regel innerhalb von 1 bis 1½ Stunden an und ist bei guter Trocknung nach 1 bis 2 Tagen begehbar. Voll belastbar wird die Bodenplatte erst nach vollständiger Trocknung.
Erreichbare Rohdichten von 350 bis 600 kg/m^3.

Die Anwendungsbereiche der kalkgebundenen Korkplatte sind vielfältig:

- als schalldämmende Estrichplatte im Badezimmer
- als Bodenplatte direkt auf einen vorhandenen Gewölbekeller aufgelegt
- als Bodenplatte über Erdreich auf kapillarbrechender Schotterschicht
- als wärmegedämmte Estrichplatte auf dem Balkon
- als schalldämmender Höhenausgleich bei Altbaudecken

Selbstverständlich kann die Korkbodenplatte auch auf vorhandenen Beton aufgebracht oder z. B. mit Korkgranulat als Dämmschüttung kombiniert werden, vor allem in feuchtegefährdeten Bauteilzonen.

Hanf- und Korkleichtlehm

Leichtlehmmischungen aus Hanf oder Kork haben vieles gemeinsam:

- realisierbare Rohdichten bei Wand- und Deckenfüllungen: 400 bis 550 kg/m³
- das Bindemittel Lehm muss mehr als 18% Tonanteil besitzen
- ihre Anwendungen als Decken- und Wandfüllungen sind identisch
- die Zuschlagsstoffe werden als handliche Sackware geliefert
- im recyclierten Korkgranulat wie auch in Hanfschäben sind Pilzsporen enthalten, die durch das Anmachwasser aktiviert werden. Nach Abschluss der Bauteiltrocknung entschwinden sie schadlos im «Untergrund».

Hanf- und Korkleichtlehme unterscheiden sich jedoch in drei wichtigen Punkten:

1) Der Zuschlagsstoff für Hanfleichtlehm ist preiswerter als Korkgranulat: 1 m³ Korkgranulat kostet ca. 170,– bis 190,– DM, Hanfgrossschäben ca. 78,– bis 85,– DM (Preise netto ab Werk, zuzüglich Fracht und Mwst., Preisstand Januar 2000).

2) Korkgranulat saugt kaum Wasser auf, Hanfschäben dagegen brauchen viel Wasser.

3) Korkleichtlehm kann im einfachen Betonmischer, Hanfleichtlehm nur im Zwangsmischer angemischt werden.

Standardrezeptur für Hanfleichtlehm:
1 m³ Hanfgrossschäben (Körnung ca. 5 bis 25 mm)
300 kg Lehmpulver (Tongehalt mindestens 18%, Körnung 0 bis 1,5 mm)

Standardrezeptur für Korkleichtlehm:
1 m³ grobes Korkgranulat (Körnung ca. 2 bis 20 mm)
300 kg Lehmpulver (Tongehalt mindestens 18%, Körnung 0 bis 1,5 mm)

Beide Rezepturen können durch Sandzugabe schwerer eingestellt werden (höherer der Schallschutz). Durch Zugabe von fein gemahlenem Korkmehl kann die Rohdichte von Korkleichtlehm in Deckenfüllungen bis auf 290 kg/m³ verringert werden.

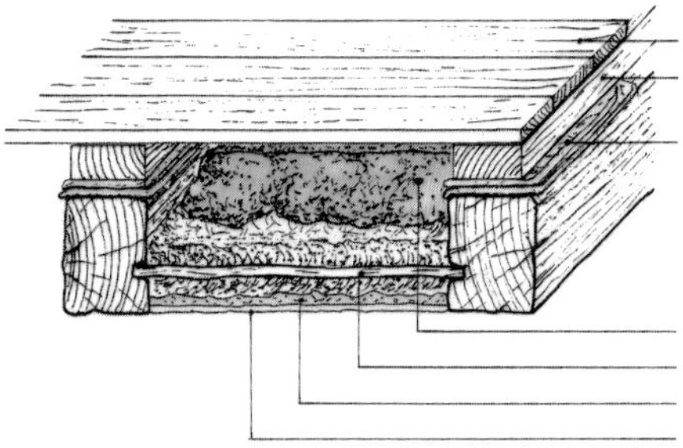

Kork-Leichtlehm kann rationell mit Estrichpumpen verarbeitet werden.

Wände und Mauerwerk

Innenwände mit Massivlehmziegeln

Ausschreibungstext/Arbeitsanleitung

Anwendungsbereiche: Ausmauerung von Gefachen im Innenbereich, für Neubau und Fachwerksanierung, wobei die Lehmwände statisch nicht belastet sein dürfen.

Keine Anwendung im Aussenbereich!

– Nach Erstellen der Holzkonstruktion (es handelt sich bei den 11,5 cm starken Massivlehmwänden nach DIN um nichttragende Innenwände, die nach ca. 4 m ausgesteift werden müssen) Montage von Dreikantleisten an Schwelle und Pfosten (Schenkellänge etwa 24 mm).

– Einschlämmen von Schwellen- und Pfosteninnenseite mit Lehmschlämme.

– Aufmauern des Mauerwerks mit kleinformatigen Massivlehmziegeln (DF-, NF-, 2-DF-Formate) der Rohdichte ca. 1,9 t/m³, Druckfestigkeits-Mittelwert ca. 2,5 N/mm². Verwendeter Mauermörtel: Lehmmörtel, z. B. mit Trockenlehmpulver angemischt: 1 Teil Trockenlehmpulver, 2,5 Teile gewaschener Sand, Körnung 0 bis 4 mm.

– Soll die Lehmwand später mit Kalkmörtel verputzt werden, sollte zum Mauern Kalkmörtel verwendet werden: 1 Teil Trasskalk, 4 Teile gewaschener Sand.

– Lager- und Stossfugen sollen gut ausgekratzt werden.

– Verwendung von NF- oder DF-formatigen Massivlehmziegeln.

– Beim Mauern mit Lehmmörtel sollten die Massivlehmziegel kurz in Wasser getaucht werden, damit ein besserer Verbund zwischen Mörtel und Lehmziegel entsteht.

Alternative: Mauerwerk ohne Mörtelfuge

Hierbei wird die untere Lehmziegellage, wie oben beschrieben, mit Lehmmörtel absolut waagerecht gemauert. Anschliessend wird die Oberfläche der ersten Lage stark angenässt und mit der Wurzelbürste so lange aufgerauht, bis die Lehmziegel

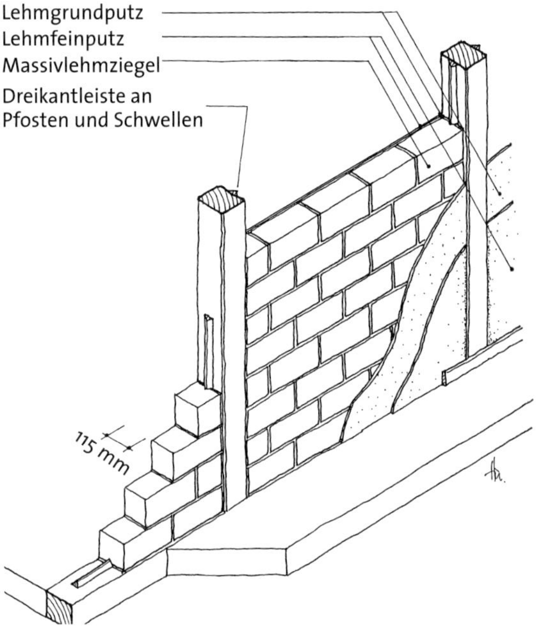

ihre volle Klebekraft entfalten. Die Lehmziegel der nächsten Mauerwerkslage werden, je nach Ziegelqualität, 1 bis 1,5 Minuten in Wasser eingesumpft und dann nass-in-nass aufeinander geschichtet. Die aufgeweichte Ziegeloberfläche kann mit der Hand oder mit der Wurzelbürste strukturiert werden.

Brandmauern mit Massivlehmziegeln bei Reihenhäusern

In einigen deutschen Bundesländern werden von den zuständigen Baubehörden Brandmauern aus Massivlehm genehmigt, so z. B. auch bei der Lehmbausiedlung in Köln-Blumenberg. Dort wurde die tragende Holzkonstruktion auf der Innenseite vor die 170 mm starke Brandmauer gestellt; die Mauer wurde mit Massivlehmziegeln und Lehmmörtel gemauert. Anschliessend erfolgte innen ein zweilagiger Lehmputz im Selbstbau.

Hierbei muss man der Baubehörde die jeweiligen Messwerte für Druckfestigkeit und Bruchlast nachweisen sowie schriftlich bestätigen, dass keine

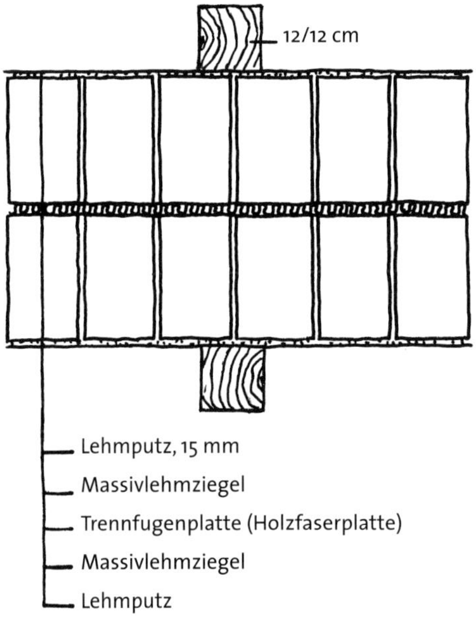

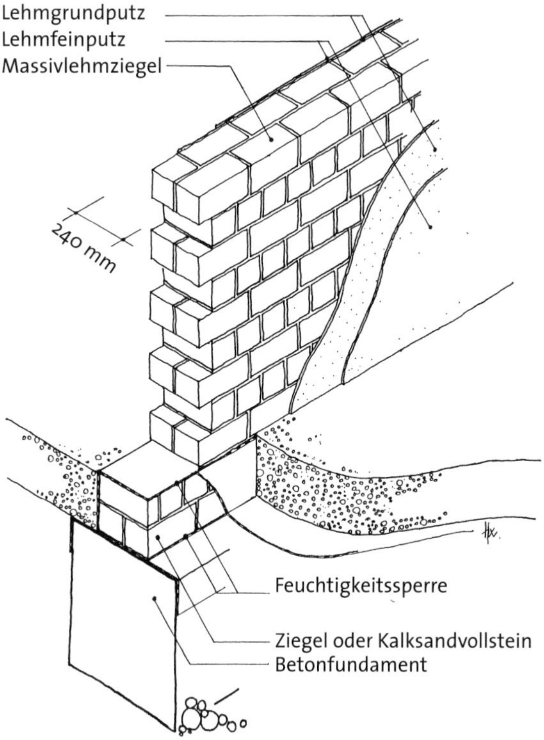

organischen Zuschlagstoffe den Lehmziegeln oder dem Lehmputz beigemischt sind.

Es ist vielen Baubehörden wohl noch nicht bekannt, dass Massivlehm nicht brennt (Brandklasse A 1) und somit bestens für Brandmauern geeignet ist. Brandversuche haben gezeigt, dass ein normaler, naturfaserarmierter Lehmputz von 2 cm Dicke nicht brennt, dass keine Flammenentwicklung stattfindet und somit problemlos die Bedingungen der Brandklasse F30 erfüllt. Mineralleichtlehm gehört ebenfalls in die Brandklasse «Nicht brennbar» A 1.

Neuausfachungen mit historischer Lehmgeflecht-Bewurftechnik

Ausschreibungstext/Arbeitsanleitung

– Überprüfung der vorhandenen Nuten (für Einbau von Staken), notfalls Neueinbau von Nuten.
– Einbau von Eichenstakhölzern in die Nuten. Ausrichtung nach historisch vorhandener Technik.
– Einbau von Weiden- oder Haselrutengeflecht, wobei in horizontaler Richtung geflochten wird. Weidenabstand nach historischen Vorgaben an anderen Gefachen (etwa 1,5 cm).
– Einschlämmen sämtlicher Holz- und Geflechtteile, welche mit Lehmausfachungen in Berührung kommen, mit Lehmschlämme, bestehend aus Trockenlehmpulver, mit Wasser zu kartoffelbreiähnlicher Konsistenz angerührt.
– Aufbringen von Strohhäcksel-Lehmgrundputz in Bewurftechnik, wobei gleichzeitig von beiden Seiten nach folgender Mischung beworfen wird: 1 Teil Trockenlehmpulver, 2 Teile Sand (Maurersand), 2 Teile Strohhäcksel (3 bis 5 cm), 1 Teil Schweineborsten.

Maximale Putzauftragsstärke d = 35 mm. Anschliessend wird die Oberfläche zur Aufnahme der nächsten Lehmputzschicht mit der Hand stark aufgerauht (Eindrücken von Löchern).

– Nach vollständiger Trocknung des Erstbewurfs wird der Zweitbewurf in folgender Mischung aufgebracht: 1 Teil Trockenlehmpulver, 1,5 Teile Quarzsand, 1 Teil Schweineborsten, 2 Teile Strohhäcksel.

Zur Aufnahme eines späteren Kalkputzes muss die Oberfläche mechanisch stark aufgerauht werden (Eindrücken von Löchern mit den Fingern, Tiefe 2,5 bis 3 cm).

In Bereichen, wo später ein Lehmaussenputz aufgebracht wird, muss die Oberfläche nur leicht angerauht werden (mit dem Holzkamm nach historischem Vorbild).

Reparatur von Ausfachungen in historischer Lehmgeflecht-Bewurftechnik

Ausschreibungstext/Arbeitsanleitung

– Überprüfung der statischen Verankerung der Geflecht-Lehmausfachungen, gegebenenfalls Neueinbau oder nachträglicher Einbau von neuen Stakungen und Geflechtteilen.

– Entfernen der losen Lehmteile, Reinigen von Staub und Schmutz.

– Annässen der zu reparierenden Lehmflächen mit gleichzeitigem Aufbürsten mit Wurzelbürste, bis die Klebekraft des Lehms zutage tritt.

– Einschlämmen der auszubessernden Lehmfläche mit Lehmschlämme, bestehend aus Trockenlehmpulver, in Wasser zu kartoffelbreiähnlicher Konsistenz angerührt. Sämtliche Holzteile werden ebenfalls eingeschlämmt.

Aufbringen von Strohhäcksel-Lehmputz in Bewurftechnik, notfalls in mehreren Lagen, maximale Auftragsstärke in einer Lage d = 35 mm. Putzmischung bestehend aus: 1 Teil Trockenlehmpulver, 2 Teile Quarzsand, 1,5 Teile Strohhäcksel (3 bis 5 cm lang), 1 Teil Schweineborsten.

Nach dem Aufwerfen wird die Strohhäcksel-Lehm-Mischung mit dem Reibebrett verdichtet und anschliessend mit der Hand aufgerauht zur Verbesserung der Putzträgereigenschaften (Eindrücken von Löchern, insbesondere für Kalkputzvorbereitung).

Wichtig: Die nachfolgenden Lehmputzschichten dürfen nur auf vollständig getrocknete Untergründe aufgebracht werden.

Massnahme gegen Holzverschmutzung: Bevor die Lehmbauarbeiten beginnen, sollten sämtliche sichtbaren Fachwerkteile, welche nicht mit Lehm in Berührung kommen, einmal mit Grundieröl vorbehandelt werden. Später lassen sich Lehmverschmutzungen nur mit grossem Kraftaufwand vom Holz entfernen.

Die Ausfachungen des Fachwerkhauses werden erneuert.

Fachwerk-Innendämmung mit Schilfdämmplatten und Hanfleichtlehm

– Vorhanden: 2 cm Kalkaussenputz, 120 mm Strohlehm auf Stakung/Geflecht
– vertikale Montagelattung, 40 x 60 mm, inkl. Montagebrett 24 x 160 mm
– 60/80 mm Zwischenfüllung mit Hanfleichtlehm
– 50/80 mm Schilfrohrdämmplatten, an Montagebrett fixiert
– 15–20 mm Lehmunterputz, Jute-Putzträgergewebe, vollflächig
– 2–3 mm farbiger Lehmedelputz, eventuell oberflächenfixiert

k-Werte der Bauteilschichten:
Bei 5 cm Schilfplatten + 8 cm Lehmdämmmörtel: 0,55 W/m² K
Bei 8 cm Schilfplatten + 6 cm Lehmdämmmörtel: 0,46 W/m²K

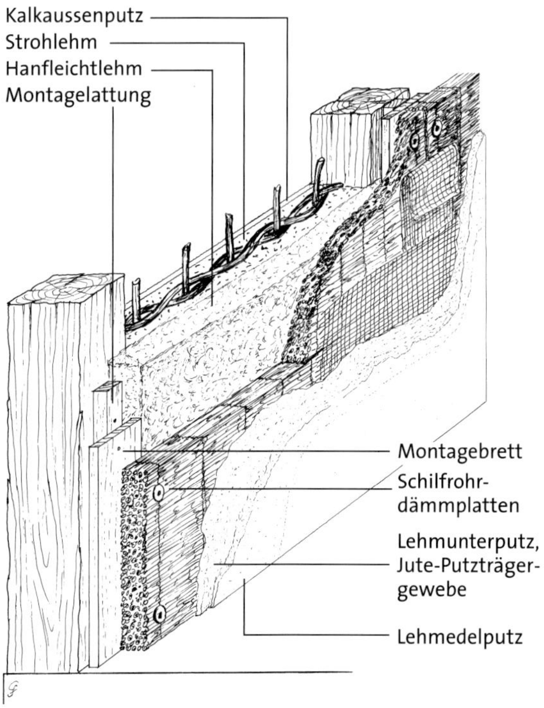

Fachwerk-Innendämmung mit Schilfdämmplatten und Hanfleichtlehm

– Vorhanden: 2 cm Kalkaussenputz, 120 mm Strohlehm auf Stakung/Geflecht
– 30 mm Hanfleichtlehm (500 kg/m³), vollflächig über Balken geputzt
– 50/80 mm Schilfrohrdämmplatten, in Lehmunterputz eingebettet, mit Spax-Schrauben am vorhandenen Fachwerkgebälk fixiert
– 15–20 mm Lehmfertigputz, Jute-Putzträgergewebeeinlage
– 2–3 mm farbiger Lehmedelputz, eventuell oberflächenfixiert

k-Werte der Bauteilschichten:
Bei 5 cm Schilfplatten: 0,63 W/m²K
Bei 8 cm Schilfplatten: 0,47 W/m²K

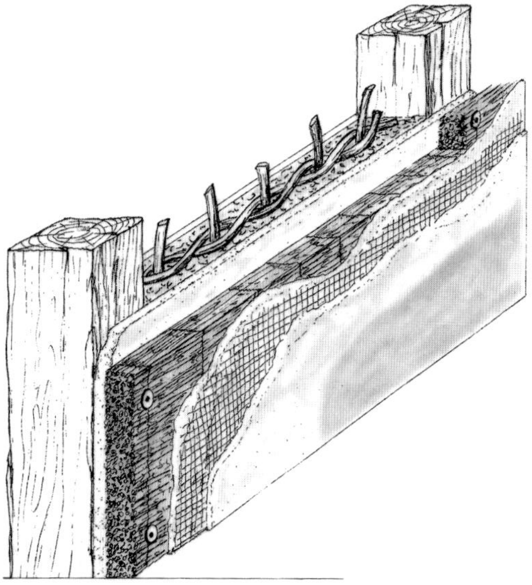

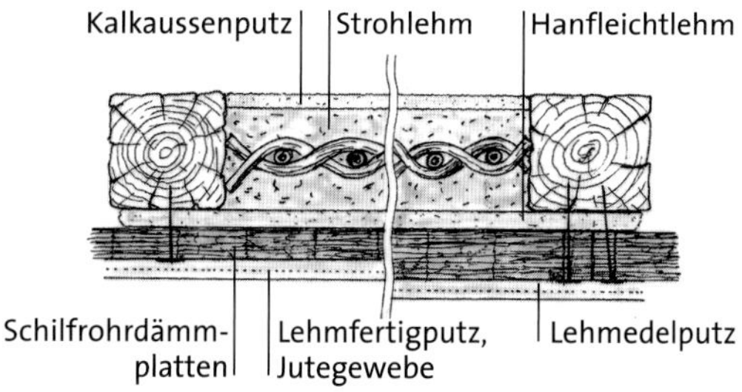

Mauerwerk-Innendämmung mit Hanfleichtlehm und Schilfrohrdämmplatten

– Vorhanden: Kalkaussenputz 2 cm, Ziegelmauer 24 cm (ca. 1600 kg/m³). Die Wand muss trocken sein! (Keine aufsteigende Feuchtigkeit!)
– Vertikale Montagelattung 40 x 60 mm inkl. Montagebrett, 24 x 160 mm
– 60 mm Zwischenfüllung mit Hanfleichtlehm
– 50/80 mm Schilfrohrdämmplatten, an Montagebrett fixiert
– 15 mm Lehmputz (Unterputz) inkl. Jute-Putzträgergewebe
– 2–3 mm farbiger Lehmedelputz
– Eventuell Oberflächenverfestigung mit farbloser Silikatfixierung

k-Werte der Bauteilschichten:
Bei 5 cm Schilfplatten: 0,50 W/m²K
Bei 8 cm Schilfplatten: 0,40 W/m²K

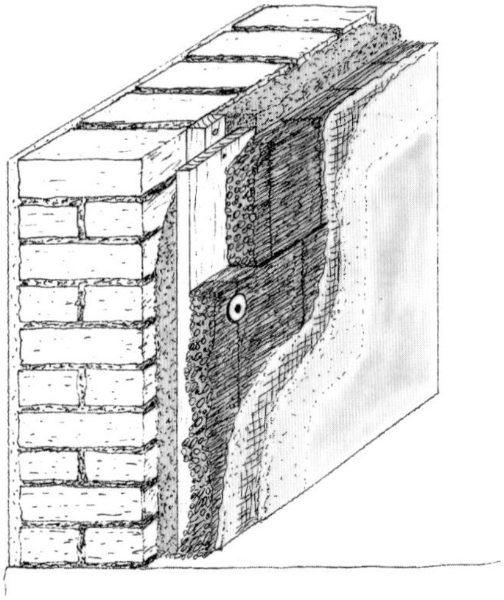

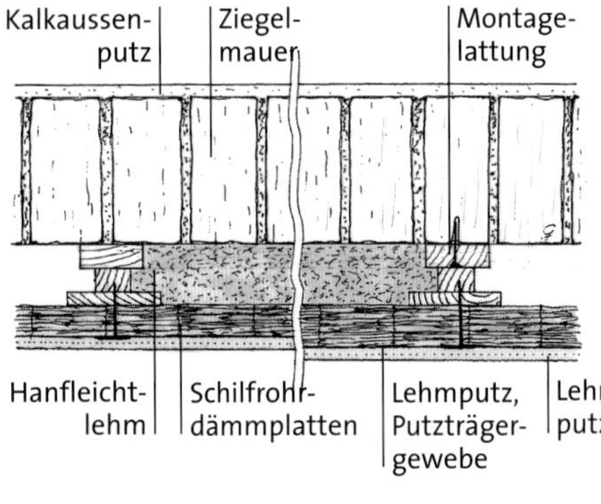

Fachwerk-Aussendämmung mit Schilfplatten Fensteranschluss im Schnitt:

– 2–3 mm farbiger Lehmedelputz, eventuell oberflächenfixiert
– 15 mm Lehmunterputz, inkl. Jute-Fasonleinen-Gewebe
– Schilf-Rabbitz-Putzträgergewebe
– Vorhanden: 120 mm Strohlehm auf Stakung/Geflecht
– Vertikales Montagebrett, 24 x 160 mm, aussen am Fachwerkgebälk fixiert
– 40 mm Hanfdämmstoffmatten (Zwischendämmschicht)
– Horizontale Montagehölzer ca. 80 x 100 mm an Fensterleibungen
– Schilfrohrdämmplatten 50/80 mm, an Montagebrett fixiert
– Schilf-Rabbitz-Putzträgergewebe, fixiert an horizontalen Montagehölzern
– Dreilagiger Kalkaussenputz 20 mm mit vollflächigem GFK-Armierungsgewebe

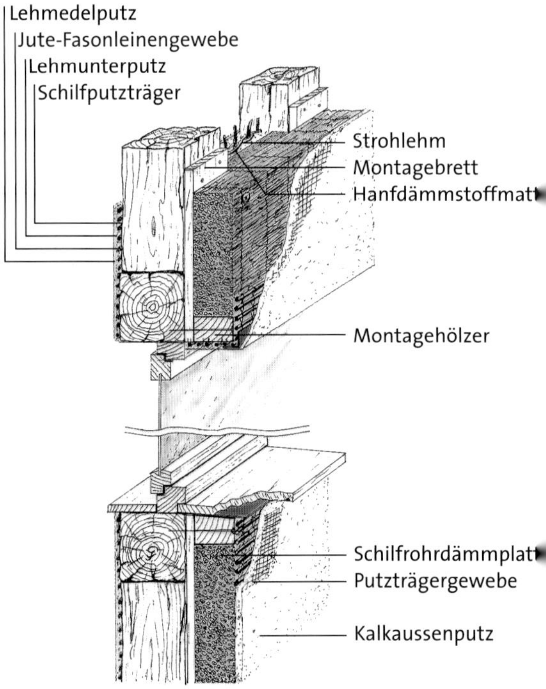

Fachwerk-Aussendämmung mit Hanfmatten und Schilfrohrdämmplatten

– 2–3 mm farbiger Lehmedelputz, eventuell oberflächenfixiert
– 15 mm Lehmunterputz, inkl. Jute-Fasonleinen-Gewebe
– Schilf-Rabbitz-Putzträgergewebe
– Vorhanden: 120 mm Strohlehm auf Stakung/Geflecht
– Vertikales Montagebrett, 24 x 160 mm, aussen am Fachwerkgebälk fixiert
– 40 mm Hanfdämmstoffmatten (Zwischendämmschicht)
– 50/80 mm Schilfrohrdämmplatten, an Montagebrett fixiert
– Dreilagiger Kalkaussenputz 20 mm mit vollflächigem GFK-Armierungsgewebe

k-Werte der Bauteilschichten:
Bei 5 cm Schilfplatten: 0,45 W/m²K
Bei 8 cm Schilfplatten: 0,36 W/m²K

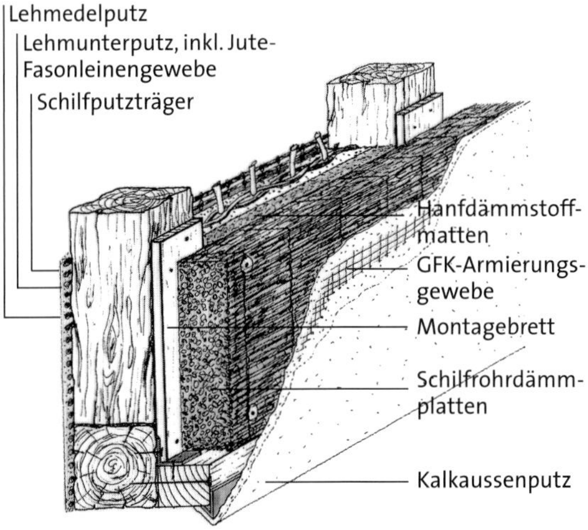

Fachwerk-Aussendämmung mit Hanfleichtlehm und Schilfrohrdämmplatten (Holzfassade)

– 2–3 mm farbiger Lehmedelputz, eventuell oberflächenfixiert
– 15–20 mm Lehmputz (Unterputz, Körnung 0–4 mm)
– Vorhanden: 120 mm Strohlehm auf Stakung/Geflecht
– Vertikales Montagebrett, 24 x 160 mm, aussen am Fachwerkgebälk fixiert
– 40 mm Zwischenfüllung mit Hanfleichtlehm
– 50/80 mm Schilfrohrdämmplatten, an Montagebrett fixiert
– 18 mm bituminierte Holzweichfaser-Wandplatte, Nut und Feder
– Vertikale Montagelattung, 30 x 50 mm (Hinterlüftungsebene)
– Horizontallattung mit Massivholz-Fassadenschalung

k-Werte der Bauteilschichten:
Bei 5 cm Schilfplatten: 0,50 W/m²K
Bei 8 cm Schilfplatten: 0,40 W/m²K

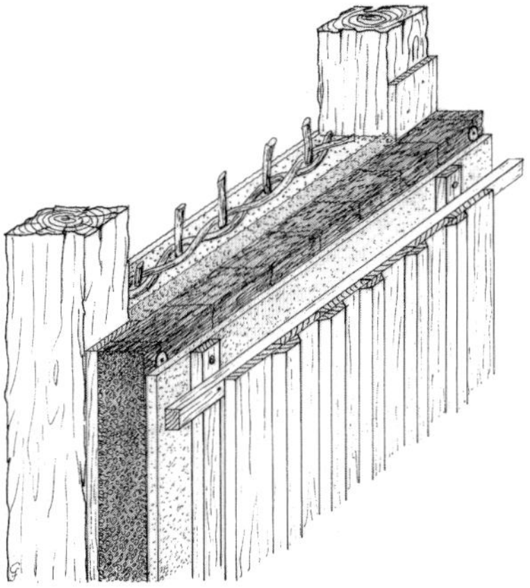

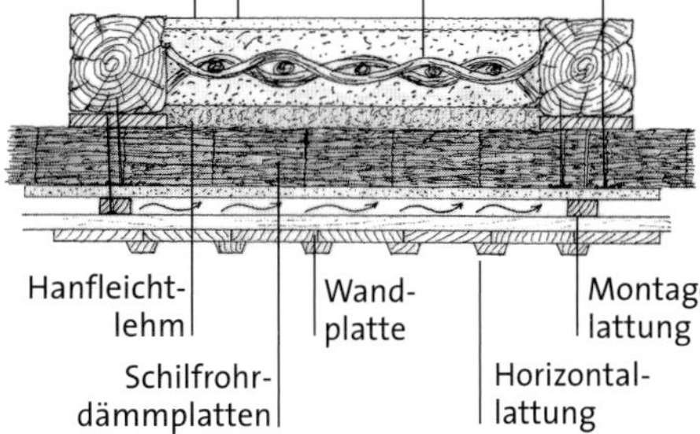

Mauerwerksdämmung mit Schilfrohrplatten

- Vorhanden: 2 cm Kalkinnenputz, 24 cm Ziegelmauer (ca. 1600 kg/m^3)
- Vorhanden: 2 cm Kalkaussenputz mit Kalk- bzw. Silikatanstrich
- Zementhaltige Aussenputze und Dispersionsfarben entfernen!
- 80 mm Schilfrohrdämmplatten, ins Mauerwerk gedübelt
- 10 mm Kalkputz-Spritzbewurf
- 5–7 mm Kalkunterputz mit vollflächigem Putzträgergewebe (GFK-Gewebe)
- 5–7 mm Kalkoberputz mit Silikatanstrich

k-Wert der Bauteilschichten:
Bei 8 cm Schilfplatten: 0,46 W/m^{2}K

Ausfachung mit Lehmsteinen.

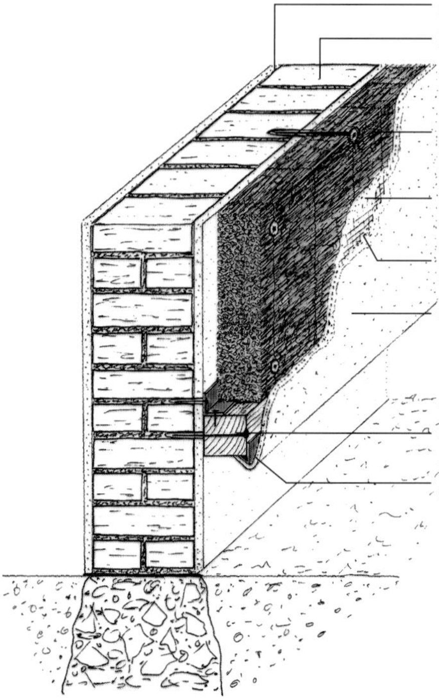

Wärmedämmung im Altbau

Gesetze und Verordnungen in Deutschland: Die Wärmeschutzverordnung (WSVO)

Die deutsche Bundesregierung hat sich verpflichtet, bis zum Jahre 2005 den Ausstoss von Kohlendioxid um 25% zu reduzieren. Für den Bereich der Altbausanierung haben die Regierungsbehörden deshalb im Jahr 1994 Verordnungen erlassen, an die sich Baugenehmigungsbehörden sowie Architektur- und Ingenieurbüros halten müssen.

Die seit Januar 1995 geltende Wärmeschutzverordnung greift bei der Altbausanierung wie folgt: Sobald im Rahmen der Sanierung erstmals Bauteile, wie z.B. Aussenwände, Fenster, Decken, Dächer und Kellerdecken sowie Wände und Decken gegen unbeheizte Räume erneuert werden, sind die Forderungen der neuen Wärmeschutzverordnung voll einzuhalten. Es sei denn, dass weniger als 20% der jeweiligen Bauteile erneuert werden. Folgende k-Werte müssen dann erreicht werden:

Bauliche Anforderungen an bestehende Gebäuden

Bauteil	Maximaler Wärmedurchgangskoeffizient in W/m²K
Aussenwände	k max. ≤ 0,5 (gilt allgemein) k max. ≤ 0,4 (gilt bei aussenliegender Wärmedämmung)
Aussen liegende Fenster, Fenstertüren, Dachfenster	k max. ≤ 1,8
Decken unter nicht ausgebauten Dachräumen, Decken (einschliesslich Dachschrägen), die Räume nach oben und unten gegen die Aussenluft abgrenzen	k max. ≤ 0,3
Kellerdecken, Wände und Decken gegen unbeheizte Räume sowie Decken und Wände, die an das Erdreich angrenzen	k max. ≤ 0,5

Sollte im Rahmen einer Sanierungsmassnahme z. B. ein neuer Anbau erstellt werden, gilt die Wärmeschutzverordnung bei kleineren Gebäuden wie folgt:

Bauteilverfahren für kleine Gebäude nach dem vereinfachten Nachweisverfahren

Bauteil	Maximaler Wärmedurchgangskoeffizient in W/m²K
Aussenwände	k max. ≤ 0,50
Aussen liegende Fenster, Fenstertüren sowie Dachfenster	k max. ≤ 0,70
Decken unter nicht ausgebauten Dachräumen und Decken (einschliesslich Dachschrägen), die Räume nach oben und unten gegen die Aussenluft abgrenzen	k max. ≤ 0,22
Kellerdecken, Wände und Decken gegen unbeheizte Räume sowie Decken und Wände, die an das Erdreich grenzen	k max. ≤ 0,35

Der mittlere äquivalente Wärmedurchgangskoeffizient entspricht einem über alle aussen liegenden Fenster und Fenstertüren gemittelten Wärmedurchgangskoeffizienten, wobei solare Wärmegewinne zu ermitteln und zu berücksichtigen sind.

Die neue Wärmeschutzverordnung erlaubt erstmals, neben dem vereinfachten Bauteilverfahren einen Wärmeschutznachweis mit Berücksichtigung von Einflussgrössen wie folgt durchzuführen:

Verluste	Gewinne
Transmissionswärmebedarf QT (Wärmeschutz der Gebäudehülle)	Interne Wärmegewinne QI (Personen, elektrische Geräte)
Lüftungswärmebedarf QL (Luftwechsel über Fenster oder Lüftungsanlagen)	Solare Wärmegewinne QS (Energielieferung durch Fenster, Heizenergielieferung z. B. durch Solarkollektoren)

Wärmepass-Zertifikat

Die deutsche Bundesregierung hat mit dieser Wärmeschutzverordnung den Weg für einen einheitlichen Wärmepass frei gemacht. Dabei handelt es sich um ein Zertifikat, das die rechnerischen Nachweise des Wärmeschutzes dokumentiert. Der Ausweis fördert das energiesparende Bauen und begünstigt bessere Energienutzungen. Der Wärmepass wird in der Regel vom Architekten oder Bauingenieur/Statiker aufgestellt, und dem Gebäudeeigentümer ausgehändigt. Der Hauseigentümer ist verpflichtet, diesen Ausweis Mietern oder eventuellen Käufern seines Gebäudes vorzulegen.

Darüber hinaus wird grosser Wert auf die Luftdichtigkeit der Gebäudehülle gelegt. Beim Niedrigenergiestandard bedeutet dies: Der notwendige Luftwechsel wird durch Lüftungs- und Wärmerückgewinnungsanlagen automatisch geregelt, einfache Fensterlüftung ist tabu.

Auswirkungen auf Altbausanierungen

Als Laie kann man sich kaum vorstellen, was diese Verordnungen in der Sanierungspraxis bedeuten können. Die Lobbyisten der Wärmedämmstoffindustrie, die Heizungs- und Lüftungsanlagenbauer freuen sich, da die Kassen nun kräftig klingeln. Das jahrhundertealte Wissen und die Erfahrungen mit historischen Bautechniken und Baukonstruktionen werden plötzlich durch «rechnerische, wissenschaftliche Methoden» verdrängt. Der sparsame Umgang mit Heizenergie, z. B. durch intelligente Strahlungsheizanlagen oder einfach durch niedrige Raumtemperaturen wird bei diesen Vorschriften nicht berücksichtigt. Ebensowenig werden die guten Wärmespeichereigenschaften traditioneller Massivbaustoffe, wie z. B. Lehm, Natursteinwände, Massivbacksteinmauern, massive Ziegel- oder Lehmdecken, berücksichtigt, obwohl man weiss, dass z. B. ein massives Mauerwerk grosse Wärmespeicherkapazitäten hat: Wenn die Wand einmal warm ist, bleibt die Wärme sehr lange gespeichert, auch wenn die Heizung abgestellt wird.

Der Dämmwahn geht sogar so weit, dass Baufachleute bei denkmalgeschützten Häusern, deren Fassade nicht verändert werden darf, bedenkenlos innenseitig Aussenwanddämmungen mit fragwürdigen Dämmkonstruktionen der Sechzigerjahre anbringen lassen. Damals wurden historische Fachwerkhäuser mit Polystyrol-Gipskarton-Verbundsystemen auf der Wandinnenseite totgedämmt. Schimmelpilze am Deckenrand waren die Folge. Bei Fachwerkhäusern erlebt mancher Hausbesitzer heute noch, wie die dahinter liegende Holzkonstruktion vor sich hin modert.

Der gesunde Menschenverstand bleibt auf der Strecke ...

Wenn man Baufachleute, die den Dämmwahn propagieren, auf diese Bauschadenthematik anspricht, verweisen sie einfach darauf, dass man gut lüften soll. Ich war sprachlos, als mir eine ökologisch engagierte Bauingenieurin bei der Besichtigung der berühmten Wartburg in Eisenach sagte, dass sie wegen Energieeinsparungen am liebsten die gesamten Aussenwände der Burg von innen dämmen würde. Auf meine Entgegnung, dass dadurch im Taupunktbereich Bauschäden durch Kondenswasserbildung entstehen könnten, sagte sie lapidar: «Da muss man halt eine gute Luftdichtung anbringen und notfalls eine Lüftungs- und Wärmerückgewinnungsanlage einbauen.»

Bisher habe ich noch keinen Handwerker erlebt, dem es gelungen ist, an einem historischen Gebäude eine absolut dichte Luftdichtungskonstruktion zu bauen, bei der auch die Anschlüsse von Wand zu Fenstern oder die Übergangsbereiche von Decken zu Wänden luftdicht und gleichzeitig elastisch abgeschlossen sind.

Viel Papier und keine Garantie

Die Bauwelt macht es sich einfach: Der rechnerische Wert der Wärmeleitfähigkeit samt Dampfdiffusionswiderstandsfaktor der Bauteile wird in den Computer eingegeben, und den Rest erledigen «intelligente» Bauphysikprogramme. Der Bauherr erhält beeindruckende Formulare mit komplexen Berechnungen, die er oftmals teuer bezahlt.

Ob das, was auf dem Papier steht, auch in der Praxis stimmt, kann niemand mit Bestimmtheit sagen. Baufachleute übernehmen keine Garantie für Berechnungen, die über gesetzlich geregelte Normen hinausgehen. Im Bauschadensfall beziehen sich die Baufachleute auf entsprechende Gesetzesverordnungen und DIN-/SIA-Richtlinien oder berufen sich auf den «aktuellen Stand heutiger Bautechnik und Baukunst».

Alles dicht ...

Als letzte Rettung wird die automatische Lüftungsanlage mit Wärmerückgewinnung propagiert. Sind sich Bauberater/Architekten nicht sicher, ob eine Dampfbremse ausreicht, greift man sicherheitshalber zu dampfsperrenden Materialien wie Kunststoff- oder Aluminiumfolien. Im festen Glauben, Klebebänder würden ewig halten, geht man davon aus, dass so nie Wasserdampf eintreten kann. Kompliziert wird es bei Abluftrohren, Steckdosen und Kaminen, den bauteildurchdringenden Elementen: An diesen Stellen entstehen bald die ersten Bauschäden durch eindringende Feuchtigkeit.

Wer in einem alten Haus mit Wänden aus Ziegeln oder Lehm gewohnt hat, erfährt bei ein paar Tagen Urlaub in einem modernen «Wohncontainer» hautnah, was Barackenklima bedeutet. Es genügt bereits, an einer «supergedämmten Aussenwand» z. B. ein Bild oder ein kleines Regal zu montieren, um die darunter liegende Dampfsperre/Dampfbremspappe durch Nägel oder Schrauben zu zerstören. Dann kann man die Dampfdiffusionsberechnungen getrost in den Papierkorb schmeissen – der Feuchtigkeitsbauschaden kommt bestimmt.

Wärmedämmung mit Hanf, Lehm und Schilf

– 2–3 mm farbiger Lehmedelputz, eventuell oberflächenfixiert

– 15 mm Lehmunterputz, inkl. Jute-Putzträgergewebe

– Schilf-Rabbitz-Putzträgergewebe

– 120 mm Hanfleichtlehm, Rohdichte: 500 kg/m³

– 50 mm Schilfrohrdämmplatten

– Aussteifende Holzplatte OSB bzw. diagonale Holzschalung, Nut und Feder

– 50/80 mm Schilfrohrdämmplatten

– Dreilagiger Kalkaussenputz, 20–25 mm, mit vollflächigem Glasfasergewebe

k-Werte der Bauteilschichten:
Bei 5 cm Schilfplatten: 0,29 W/m²K
Bei 8 cm Schilfplatten: 0,25 W/m²K

Aussenwand beim Lehmhausneubau

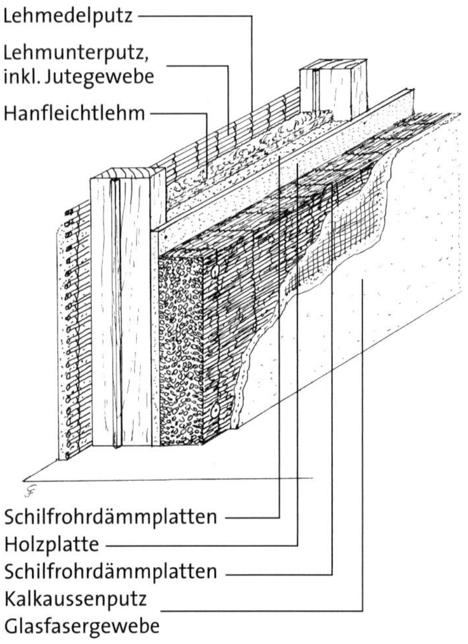

Neubau-Aussenwand mit Hanf, Lehm und Schilf

– 2–3 mm farbiger Lehmedelputz, eventuell oberflächenfixiert

– 15 mm Lehmunterputz, inkl. Jute-Putzträgergewebe

– Schilf-Rabbitz-Putzträgergewebe

– 2-DF-Holzlehmstein, 1000 kg/m³, bzw. 12 cm Hanfleichtlehm 500 kg/m³

– 50 mm Schilfrohrdämmplatten

– Aussteifende Holzplatte OSB oder diagonale Holzschalung, Nut und Feder

– 50/80 mm Schilfrohrdämmplatten

– 18 mm bituminierte Holzweichfaser-Wandplatte, Nut und Feder

– Montagelattung, hinterlüftete Massivholz-Fassadenschalung

k-Werte der Bauteilschichten:
Bei 5 cm Schilfplatten: 0,28 W/m²K
Bei 8 cm Schilfplatten: 0,24 W/m²K

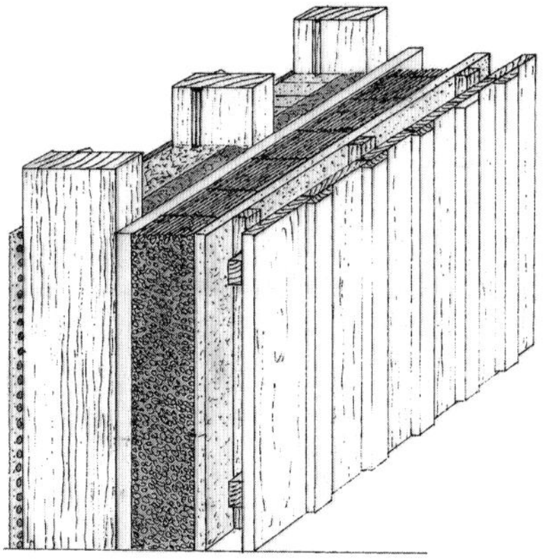

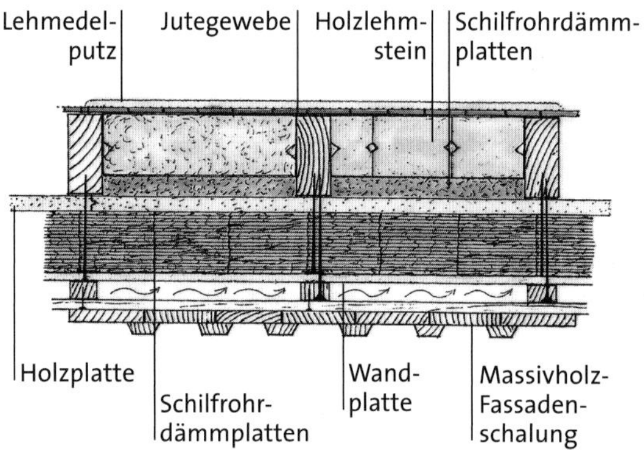

Dachdämmung mit Hanf, Lehm und Schilf im Altbau unter den Sparren

- 2–3 mm farbiger Lehmedelputz, eventuell oberflächenfixiert
- 15–20 mm Lehmputz, Jute-Putzträgergewebe, vollflächig eingelegt
- 80 mm Schilfrohrdämmplatten, an Montageholz fixiert
- 100 mm Hanfdämmstoffmatten zwischen den Montagehölzern
- Montageholz, ca. 80 x 100 bzw. 100 x 120 mm, an den Sparren fixiert
- 20 mm bituminierte Holzweichfaser-Unterdachplatte, Nut und Feder
- Vorhandene Dachsparren (Hinterlüftungsebene), Lattung, Dachdeckung

k-Wert der Bauteilschichten:
Bei 8 cm Schilfplatten, 100 mm Hanfdämmmatten: 0,23 W/m²K

Dachdämmung mit Hanf, Lehm und Schilf für Neu- und Altbau

- 15 mm Lehminnenputz mit Jute-Putzträgergewebe an Plattenstössen
- 50 mm Schilfrohrdämmplatten, an Sparren fixiert
- 20 mm Hanfdämmstoffmatten zwischen den Sparren
- 50 mm Schilfrohrdämmplatten, guter Schallschutz und Wärmespeicher
- 20 mm bituminierte Holzweichfaser-Unterdachplatte, Nut und Feder
- Konterlattung, 30 x 50 mm (Hinterlüftungsebene)
- Dachdeckung, z. B: Biberschwanzziegel-Doppeldeckung

k-Wert der Bauteilschichten:
Bei 2 x 5 cm Schilfplatten, 120 mm Hanfdämmmatten: 0,20 W/m²K

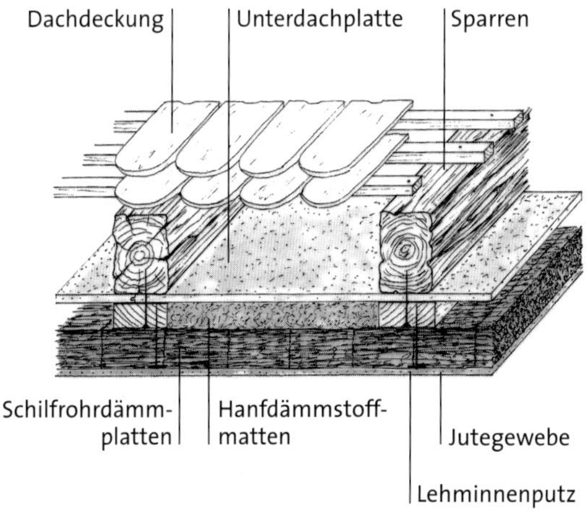

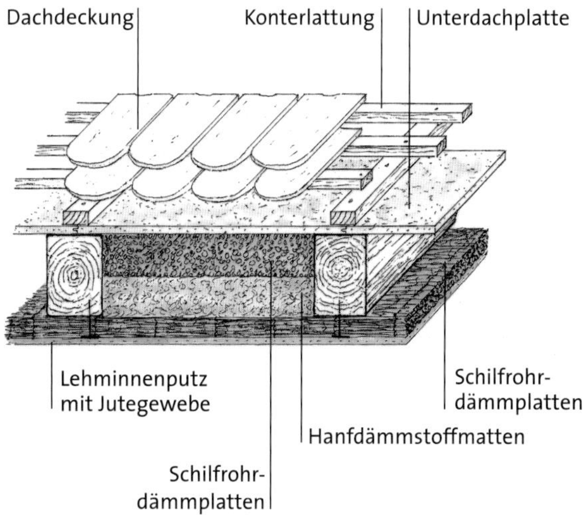

Putze und Anstriche

Oberflächenbehandlung von Lehmputzen im Nasszellenbereich (Küche, Bad, Dusche)

Überprüfen der Putzfläche auf Gehalt an Quarzsand. Danach richtet sich die Entscheidung, ob Silikat- oder Kalkanstriche angewendet werden. Bei ausreichendem Quarzsandanteil wird wie folgt gearbeitet:

1) Reinigen der Fläche, Putz abreiben.

2) Grundanstrich mit Silikatgrundierung (Egalisieren der Saugfähigkeit des Putzes).

3) Deckanstrich mit Silikatfarbe, auf Wunsch mit silikatechten Farbpigmenten abgetönt.

4) Je nach Deckfähigkeit zweiter Deckanstrich mit Silikatfarbe nach den Vorschriften des Herstellers.

Oberflächenbehandlung von Lehmputzen in nicht nässegefährdeten Räumen

1) Reinigen der Flächen, Putz abreiben.

2) Grundanstrich mit Kalkmilch. Nach einer Trockenzeit von 24 Stunden abfegen.

3) Deckanstrich mit Alkalikaseinfarbe, auf Wunsch farblich mit Pigmenten abgetönt. Herstellervorschriften beachten!

4) Gegebenenfalls zweiter Deckanstrich mit Alkalikaseinfarbe.

In stark strapazierten Räumen wie Flur, Treppenhaus, Kinderzimmer ist die Kaseinfarbe mit 2% Leinölfirnis zu emulgieren (Herstellerangaben beachten).

Eine Wand aus Holzleichtlehm und Lehmputzen wird mit selbst angemischter Kalkkaseinfarbe behandelt.

Rezepturen für Selbstbauer

Kalkkaseinleim

Rezept für die Herstellung von Grundierungen und als Farbbindemittel, anwendbar auf Lehmputzflächen im Innen- und Aussenbereich:

5 Teile Magerquark
1 Teil Sumpfkalk

Kalk und Quark werden ohne Wasserzugabe mit einem Quirl 1 bis 2 Minuten kräftig durchgerührt, bis ein flüssiger Leim entsteht. Der Kalkkaseinleim muss spätestens nach einer Stunde bei Verwendung als Farbe mit kalkechten Pigmenten angesetzt sein, sonst geliert er und wird unbrauchbar.

Kalkkaseinleimfarbe

Als wasserabweisende Oberflächenbehandlung für Feuchträume. Anzuwenden als Oberflächenbehandlung von Lehm- und Kalkputzflächen im feuchten Innenraumbereich.

1 Teil Kaseinleim
4 Teile Sumpfkalk oder kalkechte Farbpigmente
2 bis 5% Speiseöl oder Leinölfinis

Mit dem Rührquirl intensiv mischen; die Farbe kann, falls nötig, mit wenig Wasser verdünnt werden. Das Öl nimmt der Farbe ihre Sprödigkeit, verdickt sie aber etwas. Zweimal sehr dünn streichen.

Abbeizmittel für Alt- und Fehlanstriche

1 Teil Sumpfkalk
1 Teil Schmierseife (Kaliseife)

Sumpfkalk und Schmierseife gut miteinander vermischen (durchspachteln) und anschliessend mit dem Ziehspachtel auf die abzubeizende Wand auftragen. Nach wenigen Minuten die gelösten Ölfarben oder Emulsionsanstriche mit dem Spachtel abnehmen. Farbreste mit einer weichen Drahtbürste entfernen.

Haftbrücke für Kalkanstrich, Kalkkaseinmilch in Frescotechnik

250 g Magerquark
1 Kelle Sumpfkalk (etwa 500 g)
7 bis 8 Liter Wasser

Quark und Kalk mit dem Rührquirl gut vermischen, dann mit Wasser auffüllen und erneut vermischen. Die Kalkkaseinmilch-Haftbrücke wird spätestens am folgenden Tag dünn auf den noch feuchten Lehmputz aufgestrichen und mit dem Glättbrett eingerieben. Eventuell auftretende Putzrisse werden hierbei geschlossen, vor allem aber wirkt diese Schicht als Haftbrücke für den späteren Anstrich. Anwendung auf Lehmputzflächen sowohl im Aussen- wie auch im Innenbereich möglich.

Achtung: Der Kasein(quark)anteil darf nicht erhöht werden, weil der Putz sonst zu langsam trocknen würde.

Leistungsverzeichnis für Lehmputzarbeiten mit Richtpreisen

Putzvorbereitungen

Position	Bezeichnung	Preis
V-1	Voranstrich mit Lehmgrundierung Vorhandene mineralische Untergründe vollflächig mit pastöser, klumpenfreier Lehmgrundierung (mind. 18% Tongehalt) einmal deckend vorbehandeln (streichen bzw. spritzen).	Pro m^2 .... (ca. 7,– DM/Fr.)
V-2	Schilfputzträgermatten an Wänden Schilf-Rabbitz-Putzträgermatten, ca. 70-stengelig, Bindedrahtabstand ca. 10 cm, mit verzinkten Klammern auf der Unterkonstruktion besfestigen (Länge der Klammern ≥ 22 mm).	Pro m^2 .... (ca. 15,– DM/Fr.)
V-3	Schilfrohrdämmplatten Grossformatige Schilfrohrplatten, d = 50 mm, im Wandbereich vollflächig, dicht gestossen an die Unterkonstruktion schrauben. Befestigung mit rostgeschützten Bauschrauben, 75 mm, und Unterlagsscheiben bzw. Montagestiften für Holzwolleleichtbauplatten (alternativ: Dämmdübelsystem).	Pro m^2 .... (ca. 34,– DM/Fr.)
V-4	Putzarmierung mit Jute-Armierungsgewebe Grobmaschiges Jutegewebe, ca. 105 g/m^2, zur Überspannung rissegefährdeter Putzflächen, vollflächig im Innenbereich in die obere Putzlage einarbeiten. Überlappung: 80 mm bzw. nach Herstellerangabe. Fabrikat:	Pro m^2 .... (ca. 8,– DM/Fr.)
V-5	Putzarmierung mit Jute-Fasonleinen-Gewebe Engmaschiges Jute-Fasonleinen-Gewebe, ca. 210 g/m^2, als vollflächige Putzarmierung im Innenbereich mit pastös angemischter Lehmgrundierung nass-in-nass auf die angetrocknete Lehmputzlage aufbringen. Überlappung: 80 mm bzw. nach Herstellerangabe. Fabrikat:	Pro m^2 .... (ca. 15,– DM/Fr.)

Lehmaussenputze

Position	Bezeichnung	Preis
AP-1	Lehmputz, einlagig, im Gefahrenbereich Putz aus Lehm und gewaschenem Sand (Körnung ca. 0–2 mm), Druckfestigkeit > 1,5 N/mm^2, einlagig, an schlagregensicheren Gefachen im Aussenbereich. Putzgrund: .... Putzdicke: 10–15 mm Oberfläche: gerieben	Pro m^2 .... (ca. 35,– DM/Fr.)
AP-2	Lehmputz, zweilagig Putz aus Lehm und gewaschenem Sand, Unterputz (Körnung ca. 0–4 mm), Oberputz (Körnung ca. 0–2 mm), Druckfestigkeit > 1,5 N/mm^2, zweilagig, an schlagregensicheren Wänden im Aussenbereich. Putzgrund: .... Putzdicke: 20–25 mm Oberfläche: gerieben	Pro m^2 .... (ca. 51,– DM/Fr.)

Position	Bezeichnung	Preis
Lehminnenputze im Wandbereich		
IP-1	Lehmputz, einlagig, geglättet Lehmputz, für Wände im Innenbereich, aus Lehm und gewaschenem Sand (Körnung 0–2 mm), Druckfestigkeit > 1,5 N/mm^{2}. Putzgrund: .... Putzdicke: 10–15 mm Oberfläche: glatt	Pro m^2 .... (ca. 26,– DM/Fr.)
IP-2	Lehmputz, einlagig, gerieben Lehmputz, für Wände im Innenbereich, aus Lehm und gewaschenem Sand (Körnung 0–2 mm), Druckfestigkeit > 1,5 N/mm^{2}. Putzgrund: .... Putzdicke: 10–15 mm Oberfläche: gerieben	Pro m^2 .... (ca. 24,– DM/Fr.)
IP-3	Farbiger Lehmedelputz, einlagig, gerieben Pigmentfreier Lehmfinishputz, für Wände im Innenbereich, aus farbigen Tonerden und feinkörnigen Sanden (Körnung 0–1,5 mm). Putzgrund: .... Putzdicke: 2–3 mm Oberfläche: gerieben	Pro m^2 .... (ca. 31,50 DM/Fr.)
IP-4	Zulage: Verputzen von Fachwerkwänden Zulage für das Aufbringen des Lehmputzes IP-3 auf Wände mit sichtbarem Fachwerk.	Pro m^2 .... (ca. 9,50 DM/Fr.)
IP-5	Zulage: Verputzen von Holzständerwänden Zulage für das Aufbringen des Lehmputzes IP-3 auf sichtbares Holzständerwerk.	Pro m^2 .... (ca. 8,50 DM/Fr.)
Lehmputze an Decken		
DP-1	Lehmputz, einlagig Lehmputz an Decken im Innenbereich, aus Lehm und gewaschenem Sand (Körnung 0–2 mm). Putzgrund: .... Putzdicke: 10–15 mm Oberfläche: gerieben	Pro m^2 .... (ca. 36,– DM/Fr.)
DP-2	Lehmfeinputz, einlagig Lehmfeinputz, an Decken im Innenbereich, aus Lehm und gewaschenem Sand (Körnung 0–1,5 mm). Putzgrund: .... Putzdicke: 3–5 mm Oberfläche: gerieben	Pro m^2 .... (ca. 33,– DM/Fr.)
DP-3	Lehmputz auf Unterzüge mit Putzträger Unterzüge oder Balken mit 70-stengeligen Schilf-Rabbitz-Putzträgermatten mit verzinkten Klammern oder Nägeln bespannen. Unterputz aus Lehm und gewaschenem Sand (Körnung 0–4 mm), Auftragsdicke 15 mm, Oberputz aus Lehm und gewaschenem Sand (Körnung 0–2 mm), Auftragsdicke 5–10 mm. Putzgrund: .... Abmessungen: .... Putzdicke: 20–25 mm Oberfläche: gerieben	Pro m^2 .... (ca. 96,– DM/Fr.)

Bauphysik mit Naturbaustoffen

Stoffwerte

Material	Wärmeleitfähigkeit (W/mK)	Dampfdiffusions-widerstandszahl	Rohdichte (kg/m³)
Lehm- und Leichtlehmsteine			
Massivlehmstein (Grünling)	1,13	9/12	2000
Holzlehmstein 1000	0,35	6/10	1000
Holzlehmstein 1200	0,47	6/10	1200
Holzlehmstein 1500	0,60	6/10	1500
Holzlehmstein 1700	0,75	9/12	1700
Korkleichtlehmstein 600	0,13	5/9	600
Putze, Mörtel			
Kalkmörtel	0,87	15/35	1800
Kalkgipsputz	0,70	10	1400
Zementputz	1,4	15/35	2000
Lehmputz 1800	0,91	9/12	1800
Leichtlehmmörtel 600	0,17	6/8	600
Dämm- und Ausbaustoffe			
Zellulosedämmstoffe	0,040–0,045	1/2	35–65
Holzweichfaser-dämmplatten	0,050–0060	5/7	190–220
Schilfrohrdämmplatten	0,055	2/4	190
Schafwolle	0,035–0,040	1/2	ca. 25
Flachs-/Hanfdämmstoffe	0,036–0,040	1/2	25–30
Holzwolleleichtbauplatten	0,090	2/5	420
Blähglimmerschüttung	0,070	2	100
Blähperliteschüttung	0,060	2	100
Blähtonschüttung	0,160	2	130–160
Korkdämmplatten	0,045	5/10	270
Korkgranulat	0,050	1	110

Bauschäden bei Fachwerk- und Altbausanierungen – und wie man sie vermeiden kann

Neue Fachwerkschwelle auf Dachpappe

Es ist eine allgemein verbreitete Praxis, direkt unter die Fachwerkschwelle eine Dachpappe zu verlegen. Von oben eindringendes Wasser kann sich auf dem Schwellbalken stauen und leitet damit einen langsamen, aber sicheren Faulprozess ein.

Besser verfährt man folgendermassen:
- Die Schwellbalken werden in ein Kalkmörtelbett gelegt.
- Darunter wird eine Rollschicht gemauert, gebrannte Ziegelsteine als Hochkant-Binderschicht.
- Darunter kommt die Dachpappe (eine besandete Dachpappe reicht aus).
- Damit die Pappe durch die ungleichmässig wirkenden Lasten nicht kaputt gehen kann, wird diese ebenfalls in ein Mörtelbett gelegt.

Natursteinsockel, Ziegelsteinschicht, Fachwerkschwelle.

Holznagel vergessen – Wasser im Gebälk

Holznägel haben im historischen Fachwerkbau eine statisch wichtige Funktion: Sie halten das Gebälk zusammen und übernehmen Zugkräfte. Heutzutage verwenden die Handwerker bei Holzsanierungen in der Regel metallische Holzverbinder, meist winklige, verzinkte Eisen, die am Holz festgenagelt oder verschraubt werden. Wird dabei vergessen, die alten Löcher der Holznägel zu schliessen, kann das fatale Folgen haben: Eindringendes Regenwasser staut sich im Holz, da das Wasser nicht ablaufen kann.

Solche Bauschäden sind einfach zu vermeiden:
- Bohren Sie von unten ein Loch ins Holzgebälk, damit das Wasser abfliessen kann.
- Verschliessen Sie die alten Löcher mit neuen Holznägeln oder mit Weinkorken, die in der Grösse gut angepasst werden müssen.

Holzsanierung mit Kunstharz.

Natursteinsockel mit Zement verputzt und verfliest

Natursteine wie z.B. Kalk- oder Sandstein sind sensible Naturprodukte. Sie können grosse Mengen Wasser oder Kondensfeuchte aufnehmen. Ist der Wandaufbau nach beiden Seiten richtig ausgeführt, das heisst diffusionsoffen, können sie das Wasser auch sehr schnell wieder abgeben. Wird ein Natursteinsockel jedoch mit Zement verputzt, kommen die sensiblen Steine schnell ins Schwitzen: Da der kapillare Feuchteaustausch nach aussen nicht mehr funktioniert, bleibt das Wasser im Stein. Ein

Nachtfrost genügt, um den Putz abzusprengen und die Steinoberfläche zu zerstören. Ausserdem wird das Wasser innerhalb des Steingefüges nach oben gedrückt – die Fachwerkschwelle verfault dann in kurzer Zeit von unten. Dasselbe passiert, wenn Natursteine aussen mit Keramikfliesen verkleidet werden.

Sanierungsempfehlungen:
– Zementputze und Fliesen vollständig entfernen und das Mauerwerk ca. 3 Monate austrocknen lassen.
– Natursteinsockel mit Kalkmörtel (z.B. Trasskalkmörtel) verfugen oder
– Sockel mit Kalk/Trasskalk verputzen und mit Reinsilikatfarben streichen.

Der Aussenputz löst sich – die Farbe blättert ab

Im hessischen Lehmland gab es eine verbreitete Unsitte, die viele Bauschäden zur Folge hatte: Die Handwerker schmierten einen meist einlagigen Kalkzementputz von 5 bis 10 mm Dicke auf die Lehmgefache. Dann wurde zweimal eine Acryl- oder Kunstharzfarbe darauf gestrichen. Auch die sichtbaren Fachwerkbalken erhielten eine Acryl- oder Kunstharzbeschichtung. Das Ganze wurde rundum, auch auf den schlagregengefährdeten Wetterseiten ausgeführt. Schon nach kurzer Zeit zeigten sich die Schadensbilder: Zuerst wurden im Aussenputz auf der Wetterseite starke Risse sichtbar, dann platzten ganze Putzfelder ab. Auf den wetterabgewandten Seiten blätterte überall die Farbe ab.

Zementputz löst sich ab.

Ursache und Wirkung liegen hier klar auf der Hand: Zementputze und filmbildende Anstriche wirken wie Dampfsperren. Zwischen Lehm und Putz entsteht Staufeuchte, der Frost trennt die Schichten ab. Zusätzlich dringt der Schlagregen in die Fuge zwischen Holz und Ausfachung ein, das Holzgebälk kann nicht mehr schnell genug austrocknen, was meist zu Holzschäden führt.

Wie man es besser machen kann, zeigen die wenigen von fragwürdigen Modernisierungen verschont gebliebenen Fachwerkbauten:
– Auf der Wetterseite findet die Fassade mit Holzschindeln, Naturschiefer oder hinterlüfteten Holzschalungen Schutz vor Schlagregen.
– Zur Putzvorbereitung wurden die Strohlehmgefache stark aufgerauht.
– Dann wurde das Lehmgefach mehrmals mit Kalkmilch eingestrichen.
– Der Kalkverputz erfolgte in Wurftechnik, mindestens zweilagig in Stärken von 15 bis 20 mm.
– Putzflächen wurden aussen mit Kalk- oder Silikatfarben gestrichen.

Zementputz auf Lehm – das kann nicht gehn!

– Das Fachwerkgebälk wurde nach intensiver Trocknung mit selbst angemischten Leinölfarben zwei- bis dreimal lasiert.

Neue Bodendämmung und plötzlich nasse Wände

Bauphysikalisch problematisch ist die Dämmung im Fussbodenbereich an angrenzendem Erdreich, wenn z.B. kein Keller vorhanden ist. Hier findet man im Altbau die abenteuerlichsten Konstruktionsbeispiele, die immer dann zu Bauschäden geführt haben, wenn die Erdfeuchte Faserdämmstoffe wie Stein- und Mineralwolle oder Schlackenfüllungen durchdringen konnte.

Nicht immer hilft eine hundertprozentige Feuchtigkeitssperre und schon gar nicht der Einbau einer Betonplatte. Feuchtigkeit sucht sich immer den einfachsten und schnellsten Weg. Beim traditionellen Bodenaufbau konnte die Erdfeuchte aufgrund der nach oben offenen Konstruktionen grossflächig und langsam austreten, ohne grössere Schäden zu verursachen. Eine neue Betonbodenplatte würde dazu führen, dass die Feuchtigkeit unterhalb der Betonplatte in Richtung Fundament/Sockelmauerwerk wandert und dort in die Wände aufsteigt, so dass die Fachwerkschwelle von hinten verfault. Früher baute man in die Mauerwerke keine Feuchteschutzpappen ein – Bitumenpappe kannte man nicht. Bei Bruchsteinmauern und Backsteinwänden haben diese erhebliche Mauerwerksschäden zur Folge, was man am Abplatzen der Aussen- und Innenputze feststellen kann.

Bewährt haben sich diffusionsoffene Dämmkonstruktionen mit mineralisch (z.B. mit Trasskalk) gebundenen Dämmstoffen wie Korkgranulat, die ein hohes Mass an Feuchtesicherheit garantieren. Unter die neue Wärmedämmschicht sollte eine kapillarbrechende Schotterpackung in der Stärke von 15 cm eingebaut werden.

Kellerfenster zugemauert – die Balken faulen

Ein Keller muss immer gut belüftet, aber auch gut entlüftet sein. Deshalb haben unsere Altvorderen die Kellerlöcher im Winter mit einem strohgefüllten Kartoffelsack geschlossen, im Sommer lediglich den Holzladen herunter geklappt. Gedankenlos werden heutzutage Kelleröffnungen zugemauert oder moderne Kellerfenster in Baumarktqualität eingesetzt. Die Folge: Die Deckenbalken fangen an zu «schwitzen», das Holz verfault langsam, aber sicher, bis eines Tages die Auflagebereiche völlig vermodert sind und die ganze Decke herunter kracht.

Wirkungsvolle Sanierungsempfehlungen:

– Glasfenster entfernen und die Öffnung im Winter wieder mit dem guten alten strohgefüllten Kartoffelsack verschliessen.
– Holzklappladen für den Sommerbetrieb anbringen.
– Zugemauerte Kelleröffnungen wieder öffnen.
– Gegebenenfalls eine Lüftungsöffnung in der Kellertür aussägen.

Lehm raus, Porenbeton rein – Schallschutz ade

Die Werbung der Bauindustrie zeigt bei vielen Sanierungsentscheidungen Wirkung: Landauf landab werden Lehmgefache aus historischen Gebäuden entfernt, und dann müssen die Gefache wieder mit irgendetwas gefüllt werden, am besten mit einfach zu bearbeitenden Baustoffen wie z.B. Porenbetonsteinen.

Lehm hat bekanntermassen sehr gute Schallschutzeigenschaften, besitzt dank seiner geringen Gleichgewichtsfeuchte holzkonservierende Eigenschaften und sorgt für ein gesundes Raumklima. Porenbetonsteine jedoch haben sehr schlechte Schallschutzwerte und von Holzkonservierung kann keine Rede sein. Oftmals werden sie mit Zementmörtel vermauert oder verklebt, man vergisst die Dreikantleisten, so dass schliesslich Wasser in die Fachwerkfuge eindringen kann.

Porenbeton mag sich für Trennwände mit geringen Schallschutzanforderungen oder z.B. die moderne Gestaltung einer Küche eignen. Das Aussenfachwerk jedoch sollte mit Lehmbaustoffen ausgefacht werden:

– Mit geringem Zeit- und Materialaufwand können alte Strohlehmgefache repariert werden.
– Komplett entkernte Gefache sollte man mit Hanf-, Holz- oder Korklehmsteinen unter Verwendung von Lehmmörtel ausmauern.
– Aufgepasst: in die Aussengefache nie Grünlinge (Massivlehmsteine) mauern!
– Und nicht vergessen: Dreikantleisten links und rechts im Gefach, Steine seitlich nuten!

Übrigens: Gerade bei Deckenaufbauten bewährt sich das gute Schallverhalten von Lehm. Daher: Lassen Sie den Lehm in den Decken drin. Es gibt nichts Besseres.

Ausfachungen mit Porenbeton, Zementputz und Dispersionsfarbe.

Glaswolle vor der Fachwerkaussenwand – eine üble Wanddämmung

Seit den Sechzigerjahren werden Aussenwand-Innendämmungen bei Fachwerksanierungen leider immer noch mit Glas- und Mineralwollmatten ausgeführt. Auf der Wandinnenseite werden Dampfsperren aus Plastik- oder Alufolie gespannt, im festen Glauben, dass so niemals Wasserdampf in die Dämmwolle gelangen kann. Davor wird eine Gipskartonplatte montiert.

Tausende von Fachwerkhäusern wurden mit diesen Bauverfahren kaputt saniert:
– Fenster- und Türanschlüsse werden undicht, denn Holz arbeitet, und nur wenige Handwerker arbeiten perfekt.
– Wasserdampf dringt in die Dämmwolle ein bzw. kondensiert daran.
– Mineral- und Glaswolle halten Wasserteile fest, werden schwer und sacken zusammen.
– Grosse Kältebrücken entstehen, ein feuchter Dämmstoff dämmt nicht mehr.
– Zwischen altem Strohlehm und dem Dämmstoff entsteht ein «Moderklima». Es bilden sich graue Schimmelpilze am Übergang von der Decke zur Aussenwand.
– In kalten Wintermonaten läuft das Kondenswasser bis zur Fachwerkschwelle hinunter und lässt diese langsam von innen heraus verfaulen.

Und irgendwann ist die Sanierung der Sanierung fällig.
– Verwenden Sie homogene Lehmkonstruktionen.
– Sie finden dazu viele Detailbeispiele in diesem Buch.
– Vermeiden Sie Dampfsperren und Luftschichten.

Fenster falsch montiert – nach zehn Jahren kaputt

Wasser sucht sich immer den einfachsten Weg. Bei falsch eingebauten Fenstern läuft es z.B. auf die Fensterbänke oder dringt in offene Fugen ein. In einem hessischen Freilichtmuseum hielten auf der Wetterseite falsch eingebaute Holzfenster gerade mal zehn Jahre. Jedes gut konstruierte Holzfenster überlebt bei sachgemässem Einbau gut und gerne hundert Jahre!

Die Einbau-Grundregeln sind recht einfach:
– Das Fenster wird nach aussen fachwerkbündig so eingebaut, dass der Wasserablauf durch nichts behindert wird.
– Die Wetterschenkel erhalten gut ausgeprägte Abtropfkanten.
– Helle Anstriche – am besten deckend weiss mit Leinöllacken gestrichen – halten am längsten.

Falsch eingebaute Fenster. Schadenbild nach 22 Jahren.

– Fensterbänke auf der Aussenseite sind nicht nötig. Blumenkästen in Metallgestelle einsetzen.

Zementestrich und Fliesen – wo kann das Haus noch «atmen»

Eine weit verbreitete Mode bei «zeitgemässen Sanierungen» sind moderne Bäder, die vom Boden bis zur Decke mit Fliesen verkachelt sind: Die alte Lehmdecke wird mit einem Zementestrich überzogen, Lehmwände mit Gipskarton beplankt und vollflächig zugefliest. Die Decke wird oftmals mit beschichteten Paneelen verkleidet. Wohin soll da die Badezimmerfeuchte entweichen können?

Der heisse Wasserdampf kondensiert zunächst an der Decke und an den kalten Wand- und Bodenfliesen. Bei mangelnder Lüftung bilden sich zunächst schwarze Schimmelpilze am Deckenrand, zwischen der Gipsplatte und der Lehmwand modert das alte Stroh im Lehm vor sich hin und nährt die hungrigen Schimmelpilze. Deckenbalken aus Holz «arbeiten» immer, die nach DIN verlegte «Elefantenhaut» und der Estrich können nicht alle Spannungen aufnehmen und beginnen zu reissen. Erstes Wasser dringt in den Bodenaufbau, die Balken fangen an zu «schwitzen».

Ohne auf Wohnkomfort verzichten zu müssen, kann ein Altbaubad auch so aussehen:
– Fussboden aus schönen Holzdielen oder Korkparkett, mit Naturharzölen behandelt.
– Wand und Decke mit farbigen Lehmedelputzen in Pastelltönen gestaltet.
– Putzflächen wisch- und waschfest mittels Siliatfixierung.
– Im Spritzwasserbereich eine hinterlüftete Holzschalung oder ein Kachelschild.

Sind Wand- und Deckenaufbauten konsequent in Lehm ausgeführt, wird die anfallende Kondensfeuchte sofort aufgenommen, gespeichert und weitertransportiert. Im Idealfall gibt es im Lehmbadezimmer keine beschlagenen Spiegel und Sie sind nach dem Abtrocknen wirklich trocken. Wer im Bad unbedingt Bodenfliesen haben will, sollte Terracotta-Bodenplatten in ein Kalkmörtelbett verlegen und die Oberfläche mit Naturharzöl behandeln.

Kirche aus Sandstein mit Zementputz. Wasser dringt hinter der Putzschicht ein.

Bauschäden im Lehmbau – Qualitäts- und Produktmängel

Mangelhafte Lehmputzqualitäten

Immer wieder beklagen sich Bauherren zu Recht über zu weiche, spröde Lehmputze, die oftmals stark absanden. (Wenn man mit dem Ellbogen an die Wand stösst, brechen kleine Putzteile ab.) Lehmbaustoffhersteller sind bezüglich der Produktqualität leider an keine Qualitäts- oder DIN-Normen gebunden. Die vom «Dachverband Lehm» publizierten «Lehmbauregeln» verstehen sich lediglich als unverbindliche Richtlinien und Empfehlungen. Jeder kann irgendeinen Lehm mit Sand vermischen, etwas Strohhäcksel beigeben und das Ganze als Lehmfertigputz verkaufen. Und so werden über die Hälfte der Lehmbaustoffe auch hergestellt. Zuschlagstoffe wie Strohhäcksel oder Hanffasern garantieren noch lange keinen risssicheren, guten Lehmputz. Oftmals kompensieren Faserstoffzuschläge schlechte Lehmqualitäten.

Seriöse Hersteller verwenden gute Lehmqualitäten mit gleich bleibendem Tongehalt und positivem Quellverhalten. Die Wahl der Sande und deren Sieblinienabstimmung mit Einbezug hygroskopischer Feinstpartikel ist verantwortlich für hohe Druckfestigkeiten. In guten Lehmfertigputzen finden Sie keine Faserstoffe. Diese würden die Druckfestigkeit stark mindern. Bei Verarbeitung mit handelsüblichen Putzmaschinen – ohne integrierter Zwangsvormischung – hat das Bindemittel keine Zeit zu quellen, was sehr zu Lasten einer guten Putzhaftung geht. Das Nachquellen an der Wand verursacht Risse.

Nachfolgend einige Qualitätsmerkmale von Lehmfertigputzen, auf die Sie beim Kauf achten sollten:

- Druckfestigkeit höher als 1,5 N/mm² (Laborprüfung nach Richtlinien der Beton-DIN).
- Das Bindemittel muss einen geringen Tonanteil von maximal 0,7% aufweisen. Keine Faserstoffzusätze (Strohhäcksel neigt zu Fäulnisbildung durch Pestizideinsatz).
- Nur DIN-geprüfte Sande dürfen verwendet werden. Keine kalkhaltigen Sande oder Mehle!
- Hygroskopische Feinstpartikel verbessern die Putzqualität erheblich.
- Handwerker sollten sich die Putzmaschinentauglichkeit am Bau vorführen lassen.
- Seriöse Hersteller erstellen umfangreiche technische Merkblätter.

Bei farbigen Lehmedelputzen sind die Qualitätsunterschiede besonders krass:

- Einige Putze zeigen schon bei 3 mm Auftragsstärke starke Putzrisse.
- Viele Putze sanden extrem ab oder kreiden stark.
- Zugemischte Farbpigmente ergeben sterile, eintönige Oberflächen.
- Kalkhaltige Steinmehle, Marmorsande mindern die Druckfestigkeit.
- Seriöse Hersteller erstellen umfangreiche technische Verarbeitungsrichtlinien.

Dazu als Beispiel das Produktdatenblatt zur Verarbeitung eines speziellen Jute-Armierungsgewebes:

Jute-Fasonleinengewebe (Firma Tex-Bis)
Technische Anwendungs- und Produktinformation
Anwendungsbereiche:

Das fein gearbeitete, engmaschige, reissfeste Jute-Fasonleinengewebe findet im Neu- und Altbau Anwendung als Putzarmierung oder als preiswerte Textiltapete. Es wird durch Einschlämmen mit Lehmgrundierung auf die Putzflächen gebettet. Mit Jute-Fasonleinen-Gewebe werden farbige Lehmedelputze an Wänden, Dachschrägen und Decken risssicher aufgebracht. Mittels der natürlichen Klebekraft der Lehmgrundierung haftet das Jute-Fasonleinen gut auf Untergründen wie:

- Lehmputzen, Kalkputzen, Zementputzen, Kalkgipsputzen, Kunstharzputzen
- Geputzten Schilfplatten, Schilfrohrgewebematten, Heraklithplatten, allen Steinarten, Beton
- Bauplatten, Gipskarton-Innenausbauplatten, Polystyrolplatten usw.

Verarbeitung:

Zunächst wird die Oberfläche auf Saugfähigkeit (Wasseraufnahmefähigkeit) überprüft.

– Bei stark saugenden Untergründen muss die Oberfläche zuerst angenässt und dann mit Lehmgrundierung beschichtet werden.

– Das Jute-Fasonleinen-Gewebe wird unmittelbar in die noch feuchte Grundierschicht mit Lehmgrundierung eingeschlämmt.

– Die Jutebahnen werden an den Stössen 8–10 cm überlappend aufgebracht und mit Lehmgrundierung beschichtet.

– Beim Beschichten der Jutestösse sollte die Konsistenz der Lehmgrundierung durch Wasserzugabe verflüssigt werden (wässrige Joghurtkonsistenz).

– Beim Auftrag von farbigen Lehmedelputzen wird die getrocknete Oberfläche vor Beginn des Putzauftrags leicht angenetzt.

– Um Ansätze zu vermeiden sollte der Lehmedelputz an den Jutestössen mit einer Glättscheibe in einem Zug aufgetragen werden. Dadurch werden die Putzdicken im Stossbereich auf 2–4 mm angepasst.

– Es ist zu beachten, dass im Bereich der Stossüberlappungen die Lehmgrundierung nicht zu dick aufgetragen wird. (Überschüssige Grundierung notfalls entfernen!)

– Der Lehmedelputz wird grossflächig in Putzdicken von 2–3 mm aufgezogen.

– Nach 1- bis 2-tägiger Trocknung wird die Putzoberfläche mit Reibebrett, Filzscheibe oder Schwamm/Schwammbrett beliebig gestaltet. Arbeitsproben sind in jedem Fall anzufertigen.

– Nach Trocknung kann die Oberfläche wischfest fixiert werden (farblos).

Lieferform des Jute-Fasonleinen Gewebes:
Rollenware in Breiten von 100, 120, 215 cm (30, 100, 120 m²/Rolle)

Materialbedarf Lehmgrundierung (Eimer mit 17 kg Inhalt):
Grundierung auf stark saugenden Untergründen: ca. 22 m²/Eimer
Grundierung auf schwach saugenden Untergründen: ca. 28 m²/Eimer
Verklebung von Jute-Fasonleinen-Gewebe: ca. 15 m²/Eimer

Schlechte Lehmsteine im Aussenfachwerk

Auch für Lehmsteine gibt es bezüglich der Eignungsprüfung leider keine verbindlichen Qualitäts- oder DIN-Normen. Der ausschreibende Architekt und der Kunde müssen sich auf die Empfehlungen des Herstellers oder der Verkäufer verlassen.

Häufig passiert Folgendes: Im einschlägigen Baustoffhandel oder direkt beim Lehmbaustoffhersteller werden Lehmsteine für die Ausmauerung der Aussengefache bestellt und vorschriftsgemäss mit Lehmmörtel eingemauert. Nach der vorgegebenen Trocknungszeit werden Aussen- und Innenputze sachgemäss aufgetragen. Und schon nach einer kurzen Regenperiode oder nach einer kalten Frostnacht platzen ganze Putzfelder ab, die Lehmsteine lösen sich an der Oberfläche auf. – Was ist geschehen? Wer ist verantwortlich? Wer haftet für den Schaden?

Bautechnisch gesehen sind die verwendeten Lehmsteine aufgrund mangelhafter Lehm-/Tonqualitäten nicht frostsicher, sie zeigen ein schlechtes Quellverhalten und sind somit für die Anwendung im sensiblen Aussenbereich absolut nicht geeignet. Oftmals werden sie im Strangpressverfahren unter hohem Vakuumdruck produziert, wie z.B. die so genannten Grünlinge.

Dass Grünlinge in der Aussenwand nichts zu suchen haben, ist mittlerweile hoffentlich allgemein bekannt. Was aber ist zu tun, wenn Hersteller und Verkäufer unter einem bundesweit bekannten Vertriebsnamen dem gutgläubigen Bauherrn solch mangelhafte Baustoffe liefern? Zuerst kommt der Schadensgutachter zwecks Beweisaufnahme. Dann gehts es vor Gericht. Der nächste Gutachter wird vom Gericht bestellt ... Und wenn man Pech hat, urteilt der Richter im Sinne des Herstellers, weil dieser ja keiner DIN-Norm unterliegt und sich in den Gerichtsunterlagen keine technischen Merkblätter des Herstellers finden lassen.

Deshalb einige empfehlenswerte Qualitätskriterien für Lehmsteine:

– Manuell hergestelle Leichtlehmsteine, leicht verdichtete Kork- und Hanflehmsteine, auch manche Strohlehmsteine sind für den Aussenwandbereich besonders gut geeignet.

– Hersteller, die keine eigene Tongrube haben, können keine gleich bleibenden Lehm-/Tonqualitäten gewährleisten.

– Grünlinge, auch Massivlehmsteine genannt, sind nicht für den Aussenbereich geeignet.

– Nur wenige Hersteller mit eigenen, guten Tonqualitäten haben das keramische Baustoffwissen über die Produktion von maschinell hergestellten Aussenwand-Lehmsteinen.

– Im Produktdatenblatt des Herstellers muss ausdrücklich die Anwendungseignung für den Aussenbereich schriftlich festgehalten sein.

– Hinweise auf die weitere Oberflächenbehandlung (Putze, Anstriche) dürfen nicht fehlen.

– Seriöse Hersteller erstellen umfangreiche Produkt- und Anwendungsempfehlungen.

Anhang

Adressen Deutschland

Lehmbau

Hersteller, Händler, Fachbetriebe, Fachberatung Lehm und Naturbaustoffe

00000

Günter Richter, Lehmbaufachbetrieb, RadebergerStr. 103, 01099 Dresden, Tel. 0351/8023769

Dipl. Ing. W. Ehrich, Dölitzer Wassermühle, Vollhardtstrasse 16, 01279 Leipzig, Tel. 0341/6880734

Andreas Koch, Bausanierung, Röderstr. 11, 01471 Radeburg, Tel. 035208/81670

Ziegelwerk Klaus Huber, Orststr. 43, 01623 Graupzig, Tel. 035246/50215

Wirthwein & Hawemann GbR, Lehmprojekt, Moitzburger Weg 67, 01109 Dresden, Tel. 0351/885066

Manfred Fahnert, Freiheit 6, 01662 Meissen, Tel. 03521/400602

Dr. Kleiber GmbH, Lehmbau, Nikolaistr. 11, 02826 Görlitz, Tel. 03581/405134

Joachim Fröschke, Zimmerei, ökolog. Baustoffe, Dorfstr. 33, 03238 Münchhausen, Tel. 035323/63510

Auterwitzer Lehmbauhütte GmbH, Dorfstr. 4a, 04720 Auterwitz, Tel. 034325/20662

Frank Sellentin, Simidenstr. 36, 04277 Leipzig, Tel. 0341/3025379

Ökohaus und Garten, Naturbaustoffe, Neuendorf 20, 06484 Quedlinburg, Tel. 03946/703031

Karphosit GmbH, Hallesche Str. 78, 06408 Peissen, Tel. 03471/628714

Depas Denkmalpflege GmbH, Weltwitzer Weg 8, 07806 Neustadt/Orla, Tel. 09795/2020

Jan-Peter Speckmann, Lehmbau, Haus Nr. 5, 07819 Ottmannsdorf, Tel.036482/48686

Natur-Bau Küchler, Schubertstr. 29, 09337 Hohenstein-Ernstthal, Tel. 03723/42235

Reiner Siegel, Lehmbau, Am Graben 13, 09465 Sehma, Tel. 03733/60160

10000

Lehmbau Kontor, Verein zur Förderung ökologischen Bauens e.V., Taborstr. 20, 10997 Berlin, Tel. 030/6115006

Kirch Bauhof mbH, Forster Str. 5, 10999 Berlin, Tel. 030/6112011

Fa. Baumhaus, Kurt Lenglachner, Usedomer Str. 17, 13355 Berlin, Tel. 030/4634537

Gottschalk Baudenkmalpflege GmbH, Ahornweg 7, 14 662 Friesack, Tel. 033235/1559

Ingo Dreger, Baudenkmalpflege GmbH, Rückertstr. 27a, 14469 Potsdam, Tel.0331/500805

Strauss Naturhaus und Garten, Grüner Grund 53, 15 517 Fürstenwalde, Tel. 03361/310225

Ruppiner Bauhof GmbH, Erich-Dieckhoff-Str. 32, 16816 Neuruppin, Tel. 03391/59620

Terraform Naturbaustoffe GmbH, Schlossstr. 11, 16831 Rheinsberg, Tel. 033931/42000

Naturbau Sielaff, Dorfstr. 14, 17192 Klein Dratow, Tel. 039934/7684

Naturbaustoffe Rostock, R. Drawe, Doberaner Str. 48a, 18057 Rostock, Tel. 0381/2015243

Huwald Fröhlich, Koppelow 13, 18292 Koppelow, Tel. 038451/70707

Ökologische Beschäftigungsinitiative e.V., Dorfstr. 34, 18442 Krummenhagen, Tel. 038327/60138

Naturbauhaus Eike Biallas, Bergstr. 63, 19055 Schwerin, Tel. 0385/512173

Lehmklut GmbH, Ziegeleiweg 8, 19386 Benzin, Tel. 038731/24883

20000

Lauenburgische Lehmwerkstatt, Alte Salzstr. 30, 21483 Lütau, Tel. 04153/55348

Nordische Naturbau GmbH, Schwienholm 4, 24875 Havetoftloit, Tel. 04623/1490 oder 04641/3302

Komhof e.V., Dorfstrasse 34, 23714 Malkwitz, Tel. 04523/5944

Hans Baumann, Lehmbau, Kriesebyau 6, 24354 Rieseby, Tel. 04355/1595

Mumm Ökotec, Achter de Kark 32, 25882 Tetenbüll, Tel. 04862/103091

Naturbau Haupt, Obendorfer Weg 18, 24601 Wankendorf, Tel. 04326/2369

Zeitzeichen für ökologisches Bauen, Fahrendorf 11b, 27442 Gnarrenburg, Tel. 04764/772

Bau-Kontor Silke Güldner, Eupenerstrasse 28, 27576 Bremerhaven, Tel. 0471/56206

Öko-Bau GmbH, Lehmbauprodukte, Dorfstr. 4, 29416 Depekolk, Tel. 039032/750

Kontor für Baubiologie, Hansenerstrasse 16, 29525 Uelzen-Hansen, Tel. 0581/74744

30000

Hasko-Bau GmbH, Eleonorenstrasse 19, 30449 Hannover, Tel. 0511/457267

Manfred Röver, Dipl. Ing., Am Salinenplatz 3, 31552 Apelern-Soldorf, Tel. 05723/3845

Schaper Baustoffe, Wehrberger Str. 34, 31785 Hameln, Tel. 05151/94860

Kreidezeit GmbH, Hindenburgstrasse 15–16, 31195 Lamspringe, Tel. 05183/5651 und 5652

Holz & Lehm, Denkmalpflege GmbH, Eimter Str. 147, 32049 Herford, Tel. 05221/963925

Baubude, Mindener Str. 444, 32479 Hille-Hartum, Tel. 0571/49564

Stuck-Kaminski, Am Windbusch 1, 32758 Detmold, Tel. 05231/64698

Lehm- und Naturbaustoffe, Jörg Meyer, Köllerweg 13, 32825 Blomberg, Tel. 05236/8271

Planungsbüro für ökologisches Bauen, Am Wasserturm 1, 34128 Kassel, Tel. 0561/883050

Ziegelei A. Gumbel, Lehmprodukte, 34630 Gilserberg, Tel. 06696/212

Ökobauladen Butzbach, Griedelerstr. 15, 35510 Butzbach, Tel. 06033/9706-46

Robert Kehl, Bauunternehmen, Am Baumrasen 23, 36419 Geisa, Tel. 036967/71295

Atelier Kirleis, Hauptstr. 39a, 37083 Göttingen, Tel. 0551/796417

Bauhof-Naturbaustoffhandel, An der Ziegelei 2, 37124 Göttingen, Tel. 0551/77905

Ökotec Bauhof GmbH, Kirchstrasse, 38822 Ströbeck, Tel. 039427/681

40000

Erdwerk-Lehmbau Poll & Weber GbR, Kirchfeldstr. 2a, 40217 Düsseldorf, Tel. 0211/385038-0

A. Kiwall, Maurermeister, Stevensend 6, 41379 Brüggen, Tel. 02157/130583

Peter Breidenbach, Claytec-Lehmbau, Nettetalerstrasse 113, 41751 Viersen, Tel. 02153/918-0

Scherkenbeck, Lehmbau-Tischlerei, Steinhaus 3, 42 399 Wuppertal, Tel. 0202/61830

Stang, Baubetrieb, Oberschmitte 12, 42799 Leichlingen, Tel. 02175/6223

Kneppler & Schindler, Lehmbau-Fachbetrieb, Huckarder Str. 2, 44147 Dortmund, Tel. 0231/7214621

Holz & Lehmbau GmbH, Vereinsstr. 19, 44793 Bochum, Tel. 0234/67440

Michael Valero, Lehmbau, Alt Bossel 5a, 45549 Sprockhövel, Tel. 02324/71926

Fa. Gerversmann, Mitwick 14, 48249 Dülmen, Tel. 02594/80053

Der Rheine Naturbauladen, Hovesaatstrasse (beim TAT), 48432 Rheine, Tel. 05971/990170

50000

Holzbau Markus Ressmann, Am Böttchen 22, 50374 Erftstadt, Tel. 02235/67849

Lutze & Törmer, Luisenstr. 61–65, 51399 Bürscheid, Tel. 02174/63123

Energieladen Köln GmbH, Olpener Strasse 616, 51109 Köln, Tel. 0221/8902033

Institut für ökologische Architektur e.V., Breibergstrasse 2, 50939 Köln, Tel. 0221/426468

Günter Schulze, Kirchweg 8, 51674 Wiehl-Marienhagen, Tel. 02261/73635

Glashaus GmbH, ökologischer Baufachhandel, Alexanderstr. 69/71, 52062 Aachen, Tel. 0241/23227

Technischer Lehmbau Aachen, Königstr. 29, 52064 Aachen, Tel. 0241/404114

Fieth & Heiermann GbR, Lehmbau, Am Gut Boisdorf 8, 52355 Düren, Tel. 02421/680790

Kurtz Holz- und Baufachhandel, Ellbachstr. 1, 52428 Jülich, Tel. 02461/680540

Seifert Lehmbau, Bahnhofstr. 31, 53347 Alfter, Tel. 02222/2651

Lehmbau Wemer Haag, Am Toetschberg 3, 53894 Mechernich-Floisdorf, Tel. 02443/5681

Zaun Baustoffe GmbH & Co.KG, Diemstr. 18–22, 53881 Euskirchen-Wisskirch, Tel. 02251/7918-0

Emil Knoll, Restaurator, Steinfelder Weg 16, 53947 Nettersheim, Tel. 02486/283

Gerd Meurer, Natürliches Bauen, Roonstr. 41, 56068 Koblenz, Tel. 0261/31069

Meyland Bruhn, Baubiologie, Heiderweg 3, 56379 Sulzbach, Tel. 02604/8554

Pueblo, Lehmbau, Langstr. 17, 56479 Waldmühlen, Tel. 02664/90999

Holz + Haus, Jens und Gaby Weidler, Hauptstrasse 18, 57653 Kraam, Tel. 02688/1772

Ralf Brandenstein, Lehmbau, Hagenerstr. 281, 58285 Gevelsberg, Tel. 02332/83039

Egbert Linnemannstöns, Lehmbau, Gobel-von-Drachen-Str. 16, 59069 Hamm, Tel. 02385/6523

Natürlich Bauen GmbH, Zur Bonnekoh 3, 59514 Welver, Tel. 02384/54235

GEBA GmbH, Bremscheid 30, 59889 Eslohe, Tel. 02973/1392

60000

Casa Viva GmbH, Vogelsbergstr. 25, 60316 Frankfurt, Tel. 069/4970400

Tex-Bis Naturbaustoffe GmbH, Schloss Windecken, 61130 Nidderau, Tel. 06187/901820

Klaus Schillberg, Schlossbergstr. 7, 61130 Nidderau, Tel. 06187/901820

Holzberg, Naturbaustoffe – Lehmbau, Frankfurterstr. 16, 61137 Schöneck, Tel. 06187/6608

Maeusel GmbH, Baustoffzentrum, An der Rosenheile 10, 61138 Niederdorfelden, Tel. 06101/5352-0

Jürgen Deckstein, Dipl. Ing., An den Morgen 31, 61381 Friedrichsdorf/Ts., Tel. 06172/733751

Schwalm GmbH, Altbaumodernisierung, Junkernwiese 4, 63 697 Hirzenhain, Tel. 06045/96010

Öko-Baumarkt, Zwerggasse 3, 64546 Mörfelden, Tel. 06105/21081

Uwe Neumann, Lehmbau-Restaurator, Escholbrückerstr. 6A, 64319 Pfungstadt, Tel. 0171/5843385

Ökotec Schneider oHG, Walter-Rathenau-Allee 23, 64720 Michelstadt, Tel. 06061/71515

GFM GmbH, [Herrn] Sparwasser, Untergasse 11, 65239 Hochheim/Main, Tel. 06145/593900

Domus Natura, Th. Freimuth, Steinheimerstr. 6, 65366 Geisenheim, Tel. 06722/980713

Willi Zuber, Ing.-Büro, Vor der Horst 26, 65307 Bad Schwalbach, Tel. 06124/4402

Uwe Wemo, Ökologie im Saarland, Mettnicher Str. 31, 66620 Nonnweiler-Primstal, Tel. 06875/93300

Dieter Seyler, Lehm + Form, Kleine Pfaffengasse 28, 67346 Speyer, Tel. 06232/77190

Eiwa-Lehmprodukte, Hauptstrasse 29, 67806 Bisterschied, Tel. 06364/257

Klaus Gahn, Lehmbau, Bleichstr. 7, 67583 Guntersblum, Tel. 06249/7908

Vera Arnold, Architekturbüro, Zur Leimengrube 6, 69429 Waldbrunn-Katzenbach, Tel. 06274/929096

Lehmbau Gerhard Wilhelm, Eulbuschgasse 16, 67487 Maikammer, Tel. 06321/158582

70000

Baubiologie 3B, Bethlestr. 30, 72070 Tübingen, Tel. 07071/45020

Reinhold Rönz, Architekt, Im Schulfeld 10, 72290 Lossburg-Schömberg, Tel. 07446/3186

Arnold Weber, Architekt, Brückenstr. 2, 74219 Möckmühl, Tel. 06298/7096

Beoplan-Lehmbau, Eselsmühle-Bügenstegen 7, 74582 Gerabronn, Tel. 07952/1250

G. Joshua Fischer, Lehmbaustoffe, Hegelstr. 22, 75417 Mühlacker, Tel. 07041/3636

Siegfried Heidt GmbH, Stukkateurmeister, Raiffeisenstr. 8, 77 866 Rheinau-Linx, Tel. 07853/997188

Baubiologie Peter Schober, Branneggerstrasse 49, 78462 Konstanz, Tel. 07531/21477

Kreutzfeld-Schablow, Jürgen, Reichenauer Strasse 186, 78467 Konstanz, Tel. 07531/152682

Holz-Brüner GmbH, Lange Steig 3, 78199 Bräunlingen, Tel. 0771/92090

Barbara Wimmel, Kussmaulstrasse 58, 79114 Freiburg, Tel. 0761/83469

Gerhard Vitt, Farbenwerkstatt, Königschaffhauser Str. 2, 79369 Wyhl, Tel. 07642/45326

Rupert Schneider, Naturbaustoffe, Hasengasse 10, 79737 Herrischried, Tel. 07764/574

80000

Straubinger Bauunternehmung GmbH, Wollanistr. 12, 81671 München, Tel. 089/401947

Baustoff Union GmbH & Co. KG, Wasserburger Landstr. 133, 81827 München, Tel. 089/45310-0

Naturbau Oberland, Gewerbegebiet 4, 82399 Raisting, Tel. 08807/948424

Werkhaus Bau & Putz GmbH, Schustergasse 1, 83512 Wasserburg, Tel. 08071/93307

Institut für Baubiologie und Ökologie, Holzham 25, 83115 Neubeuern, Tel. 08035/2039

Vivahaus, Bernd Blöchinger, Schwalbenholzstr. 8, 84137 Vilsbiburg Tel. 0172/7806625

Siessmeier, Hermann, Planungsbüro, Reichenwallerstrasse 14, 87719 Mindelheim, Tel. 08261/70147

Haug & Uhl GbR, Ökologische Bautechnik, Alpenstr. 17, 87764 Legau, Tel. 08330/1659

Klaus Wik, Architekt, Biberacher Str. 98, 88441 Mindelheim, Tel. 07351/7719

M. Nothhelfer, Architekt, Zum Rebösch 10, 88662 Oberlingen-Hödingen, Tel. 07551/64406

Lebensraum, Roderich Seefried, Höhenstrasse 8, 88639 Wald-Rothenlachen, Tel. 07578/1546

Ziegelwerk Ott GmbH, Casaluta, Ziegeleistr. 17, 88697 Bermatingen, Tel. 07544/4086

Josef Neidlinger, Alte Schule Waldkirch, 89368 Winterbach, Tel. 09075/8848

90000

Baumüller Holzhandel GmbH, Isarstr. 20, 90451 Nürnberg, Tel. 0911/641700

Egginger Naturbaustoffe-Handels GmbH, Stein-hiebl 2, 94094 Malching, Tel. 08533/7981

Lehmbär Masching+Stein, Losau 67, 95365 Rugendorf, Tel. 09223/944061

Leben & Bauen GmbH, Kapellenweg 1, 97450 Schwebenried, Tel. 09728/1313

Architekturbüro Baumeister, Grabenstrasse 17, 97295 Waldbrunn, Tel. 09306/8344

Armin Döpfner, Stukkateurmeister, Stephansberger Weg 21, 97359 Schwarzach, Tel. 09324/785

Andreas Hesselbach, Baustoffhandel, Ringstr. 19+25, 97618 Unsleben, Tel. 09773/8412

Thilo Schneider, Lehmbau, Anger 56, 99100 Kleinfahner, Tel. 036206/23470

Breuer, Ökologische Baustoffe, Dorfstr. 19/1a, 99441 Hohlstedt, Tel. 036425/50008

Hartmann Bausysteme, Hauptstr. 3, 99819 Ettenhausen/Nesse, Tel. 036920/80425

GEBA GmbH, August-Bebel-Str. 28, 99998 Körner, Tel. 036025/562-0

Baustoffrecycling

Martin Blöcher, Baustoffrecycling, Alte Ziegelei, 32657 Lemgo-Entrup, Tel. 05261/13880

Holznagel Historische Baustoffe, Friedhofstrasse 4, 79822 Titisee-Neustadt, Tel. 07651/3808

Krause Historische Baustoffe, Rüttihofstrasse 1, 77749 Hohberg-Diersburg, Tel. 07808/3229

Florian Langenbeck, Weisserlenstrasse 1e, 79108 Freiburg, Tel. 0761/135801

Peter Rieger, Tiefensteinerstrasse 7, 79774 Albbruck-Etzwihl, Tel. 07753/607

Adressen Schweiz

IG Lehm Kurse, Arwed Meier-Junginger, Spinnereiweg 17, 3004 Bern, Tel. 031/302 81 60, Fax 031/302 22 34

IG Lehm Sekretariat, Edwin Demuth, Bahnhofstrasse 76, 8196 Wil ZH, Tel. und Fax 01/869 06 60

AAB Atelier für Architektur+ Baubiologie, Spinnereiweg 17, 3004 Bern, Tel. 031/302 81 60, Fax 031/302 22 34

Werner Aeschlimann, Lehm- und Naturbau, Lärchenweg 3, 3315 Bätterkinden, Tel. 032/665 27 75

Architekturbüro Degen + Hettenbach, Planung und Beratung, Hinterweg 14, 4106 Therwil, Tel. 061/72188 81, Fax 061/721 88 85

Baugemeinschaft Höschgasse, Paul Wolf, Höschgasse 64, 8008 Zürich, Tel. 01/383 07 11

Bausyndikat/ARGE Lehmbau, Sami Weisser, Postfach 663, 8038 Zürich, Tel. 052/232 09 90

Rolf Bollmann, Lehmbau – lebendiges Bauen, Schlehbühl, 8635 Dürnten, Tel. 055/240 98 82

Britschgi Bauuntemehmung, Himmelrich 2, 8512 Thundorf, Tel. 052/376 33 88

Ecobau GmbH, Spinnereiweg 17, 3004 Bern, Tel. 031/305 61 71, Fax 031/302 22 34

Peter Ehrenzeller, Lehmofenbau, Blumengasse, 8330 Auslikon, Tel. 01/950 57 64

Alfred Fischer, Lehmbau/Farben, Traubenweg 4, 8115 Hüttikon, Tel. 01/844 13 33

Roger Fischer, Planungsbüro für ökologisches Bauen und Lehmbau, Eglistrasse 8, 8004 Zürich, Tel. 01/401 01 58

Rolf Fischler, Lehm- und Ökobau, Bahnhofstrasse 100 4313 Möhlin, Tel. 061/851 57 57, Fax 061/85157 58

Peter Frei, Kreativ Ofenbau, Postfach 105, Biederthalstrasse 2, 4118 Rodersdorf, Tel. und Fax 061/731 11 38

Andreas Frey, Lehmbau und Herstellung von Lehmsteinen, 5033 Buchs, Tel. und Fax 062/822 49 13

Michael Habelt-Müller, Beratung Lehm- und Naturbau, Holi 22, 3257 Ammerzwil, Tel. 032/389 24 46

Institut für Baubiologie, Militärstrasse 84, 8004 Zürich, Tel. 01/299 90 40

Dieter Jenzer, Rutengeflechte und -gestaltung, Rue du Nord 197, 2300 La Chaux-de-Fonds, Tel. 032/914 51 19

Ruedi Kunz, Architekt/Baubiologe, Schwandenhütte, 6383 Wiesenberg, Tel. 041/629 09 32

Paul Nijman, Architekturbüro für natürliches, gesundes Bauen, Studenweg 7, 6207 Nottwil, Tel. und Fax 041/937 10 18

Ralph Künzler, Lehmbau und Beratung, Seidenstrasse 16, 8400 Wil, Tel. 052/242 84 29

Natürlich Renovieren, Carlo Vagnières, Produkteverkauf, Versand und Handwerksbetrieb, Dorfstrasse, 8914 Aeugst am Albis, Tel. 01/776 18 56

Thomas Neuweiler, Lehmbau, Lindbergstrasse 12, 8404 Winterthur, Tel. 052/242 83 92

Andi Reusser, Bauunternehmung/ Lehmbau, Kapellenstrasse 27, 4565 Recherswil, Tel. 032/675 65 35

René Rütsche, Lehm- und Oekobau, Neuenburgstrasse 20, 3282 Bargen, Tel. 032/392 36 23

Schweizerische Interessengemeinschaft für Baubiologie/Bauökologie (SIB), Militärstrasse 84, 8004 Zürich, Telefon 01/299 90 43

René Spühler, Natürliches Bauen, Sonnebärg 825, 8197 Rafz, Tel. 01/869 18 09

Ernst Sturzenegger, Postfach, 9004 St. Gallen, Tel. 071/244 26 28
Edgar Überschlag/ Roberto Conciatori, Büro für Baukultur GmbH, Architektur, Bauökologie, Fluhmattstrasse 2, 6004 Luzern, Tel. 041/412 02 90

Bruno Weber, Naturfarbenmaler und Lehmbau, Erlenweg 20, 5436 Würenlos, Tel. 079/677 08 74

Paul Wyser, Lehmbau und Gestaltung, Bauberatung, Brunngasse 3, 2502 Biel, Tel. 032/322 38 17

Bauteilnetz Schweiz, Kontaktinfo Bauteilladen Aarau, Industriestrasse 20, 5000 Aarau, Tel. 062/824 02 00 oder 079/329 01 41

Lehmbaustoffhändler

Werner Aeschlimann, Lärchenweg 3, 3315 Bätterkinden, Tel. 032/665 27 75

Zentrum für Lehmbau, Lagerhausweg 41, 3028 Bern-Bümpliz, Tel. 076/320 57 75

Albinat AG, Hauptstrasse 66, 8572 Berg, Tel. 071/636 22 33

Stroba Naturbaustoffe, Dieter Baltensperger, Postfach 7, 8310 Kemptthal, Tel. 052/345 10 10

Bio Bau Zentrum BBZ AG, Naturbaustoffe, Melchnaustrasse 5, 4900 Langenthal, Tel. 062/822 47 20, Fax 062/922 48 00

Vinzenz Jud, Zentrum für natürliches Bauen und Wohnen, Grabackerstrasse 21, 8722 Kaltbrunn, Tel. 055/283 27 23

Haga AG, Gesund Bauen und Wohnen mit Naturbaustoffen, 5102 Rupperswil, Tel. 062/897 41 41, Fax 062/897 26 30

Claytec AG Schweiz, Baustoffe aus Lehm, Junkerbifangstrasse 2, 4800 Zofingen, Tel. 062/752 99 80, Fax 752 99 81

Naturhuus für gesundes Bauen, Güterstrasse 1, 9100 Herisau, Tel. 071/354 85 85, Fax 071/354 85 80

Adressen Österreich

Josef Grabner, 8362 Tautendorf, Tel. 03387/2696

Natur & Lehm, Roland Meingast, Weilburgstrasse 10/3, 2500 Baden, Tel. 02252/484 05, Fax 02252/852 32

Österreichischer Lehmbauverein, 3704 Grosswetzdorf 31

Österreichisches Institut für Baubiologie und -ökologie (IBO), Alserbachstrasse 5/8, 1090 Wien, Tel. 0222/7 13 37 93

Maffin, Rauch, Werkstätte für Keramik und Lehmbau, Quadererstrasse 14, 6824 Schlins, Tel. 05524/83 27

Georg W. Reinberg, Architekt, Meobaldgasse 10/10, Tel. 0222/587 65 14-0 (Lehmbaustoffhändler)

Weitere Adressen Lehmbaustoffe, Lehmbaufachberatung

Italien/Südtirol:
Geo-Sana, Bergweg 1, I-39040 Salurn, Tel. 0471/884494

Belgien:
André Schopmann, Dorpstraat 17, B-3792 St-Pieters-Oeren, Tel. 074/662337

Frankreich/Elsass:
Architekturbüro Roger Jost, F-67220 Triembach-au-Val, Tel. 088/571590 oder 572626

Ecofa D. Weber, 10, rue du Bemstein, F-67650 Dambach-La-Ville, Tel. 088/924992 oder 924894

Empfehlenswerte Literatur

Dethier, Jean: Lehmarchitektur, Ausstellungskatalog, Prestel-Verlag, München 1982

Keppler/Lemcke: Mit Lehm gebaut, Block-Verlag, München 1986

Knieriemen, Heinz, Krampfer, Martin: Kinderwerkstatt Naturfarben und Lehm, Spielen, werken und bauen mit natürlichen Materialien, AT Verlag, Aarau 1999

McDonald und Myhrman: Build It With Bales: A Step by Step guide to Straw Bale Construction, erhältlich bei Out-On-Bale, 1037 E Linden Street, Tucson/Arizona USA

McHenry Jr., Graham Paul: Adobe and rammed earth buildings, University of Arizona Press, Tucson/Arizona USA

Niemeyer, Richard: Der Lehmbau und seine praktische Anwendung, Öko-Buchverlag, Staufen

Schillberg, Klaus: Altbausanierung mit Naturbaustoffen, AT Verlag, Aarau 1996

Schneider, Jürgen: Am Anfang war die Erde, Sanfter Baustoff Lehm, Frankfurt/Köln 1985

Schrader, Mila: Auf der Suche nach historischen Baumaterialien, Edition anderweit 1995

Sieber, Heinz G. (Hg.): Baustoff Lehm, Lehmbau-Verfahren, Verlag C. F. Müller, Karlsruhe 1991

Steen, Steen und Bainbridge: The Straw Bale House, Chelsea Green Publishing Company, White River Juction, Vermont 05001

Stein, Ingolf/Leszner Tamara: Lehmfachwerk, Rudolf Müller Verlag 1987 (zu beziehen bei Ökobuch-Verlag, Staufen)

Volhard, Franz: Leichtlehmbau, Alter Baustoff, neue Technik, C. F. Müller Verlag, Karlsruhe 1984

Wedig, Harald: Bauen mit Ballen, Wohn- und Nutzgebäude aus gepresstem Stroh, Organischer Landbau, D-46509 Xanten 1999

Wichmann, Hans (Hg.): Architektur der Vergänglichkeit, Lehmbauten der dritten Welt, Birkhäuser Verlag, Basel 1986

Ziesemann, Gerd, Krampfer, Martin: Natürliche Farben, Anstriche und Verputze selber herstellen, AT Verlag, Aarau 1996

Zeitschriften

Wohnung + Gesundheit, Fachzeitschrift für ökologisches Bauen + Leben, Institut für Baubiologie und Ökologie, Prof. Dr. Anton Schneider, Holzham 25, D-83115 Neubeuern, Tel. 08035/2039

Baubiologie, Fachzeitschrift der Schweizerischen Interessengemeinschaft für Baubiologie/Bauökologie (SIB), Speerstrasse 18, 9500 Wil, Abonnentenverwaltung Tel. 071/929 57 61, Redaktion Tel. 071/929 57 60

Gesundes Bauen und Wohnen, Fachzeitschrift für Baubiologie + Bauökologie, Bundesverband Gesundes Bauen und Wohnen e.V., Postfach 1543, D-38005 Braunschweig, Tel. 0521/352851

Das Alternative Branchenbuch, Ausgaben Deutschland und Schweiz, Altop, Gotzinger Strasse 48, D-81371 München 70, Tel. 089/7258043

Natürlich, Bahnhofstrasse 39, CH-5000, Aarau, Tel. 062/836 63 52

ökoForum, Das österreichische Magazin für Umwelt und Gesundheit, Dürergasse 3/4, A-1060 Wien, Tel. 0222/586 94 29

Gesund bauen und wohnen, Etzel-Verlag AG, Postfach 182, CH-6330 Cham

The Last Straw, The Journal of Straw Bale Construction, P.O. Box 42000, Tucson, AZ 85733-2000, USA

Videofilme

Sanierung von Altbauten mit modernen Lehmbautechniken und Naturbaustoffen
(VHS-PAL, 34 Min., geliefert in Videobox)

Der Film zeigt anschaulich die Möglichkeiten einer modernen, zeitgemässen Sanierung und Restaurierung von Altbauten und Fachwerkprojekten mit baubiologisch/ökologisch wertvollen Baustoffen und Techniken in Handhabung und Verarbeitung. Besonderer Schwerpunkt ist dabei der Naturbaustoff Lehm, auf dessen hervorragende Eigenschaften und Merkmale anhand unterschiedlicher Sanierungsprojekte eingegangen wird. Ausgehend von historischen Betrachtungen und Techniken reicht das Spektrum von konkreten Aussagen, Erfahrungen von BauherrInnen, Selbstbauer-Innen und Architekten über detaillierte und chronologisch aufgebaute Anleitungen bis hin zur modernen Verarbeitung von Lehm- und Naturbaustoffen, wie Schilf, Flachs, Zellulosedämmstoffen, Holzweichfaserplatten, Baupapieren.

Der Film ist zugleich Dokumentation und Anleitung, was den aktuellen Stand moderner Lehmbautechniken und Naturbaukonstruktionen im Bereich der Altbau- und Fachwerksanierung betrifft.

Hergestellt in Zusammenarbeit mit Klaus Schillberg als technischem Berater. Foto-Media- und Filmstudio MILANO, September 1994.
Preis: DM/Fr. 59,00 plus DM/Fr 7,00 Versandkosten.

Farbige Lehmedelputze – Herstellung und Verarbeitung

Hanf-Lehmbausystem – Herstellung und Verarbeitung

Beide Videofilme VHS, ca. 21 Min.
Preis: beide Filme DM/Fr. 29,00 plus DM/Fr 7,00 Versandkosten

RecyKork®-Lehmbausystem in der Praxis

VHS, ca. 12 Min.
Preis: DM/Fr. 20,00 plus DM/Fr 7,00 Versandkosten

Kork – Der Film

VHS, ca. 40 Min.
Preis: DM/Fr. 65,00 plus DM/Fr 7,00 Versandkosten

Alle zu beziehen bei: Klaus Schillberg, Schlossbergstr. 7, 61130 Nidderau, Tel. 06187/901820

Lehm – Der wiederentdeckte Erdbaustoff

VHS, ca. 45 Min.
Preis: DM/Fr. 65,00 plus DM/Fr 7,00 Versandkosten

Bezug: Werkstatt Hanauerland, Abtlg. RecyKork®-Lehmbausystem, Landstr. 1, 77694 Kehl-Kork, Tel. 07851/84505

Dank

An dieser Stelle danken wir Daniel Gerber, SIB, Redaktion «Baubiologie», für seinen Beitrag zum Kapitel «Lehmbau mit transparenter Wärmedämmung», Seite 79–84, und Angela Muther Schroth, Wängi, für den Text zum Kapitel «Strohballenbau – das Spiel mit gigantischen Bauklötzen», Seite 93–97. Weiter geht unser Dank an Eric Schürgers, UfB Kork, die Firmen Geo-Sana und Tex-Bis Naturbaustoffe, ausserdem an Filip Grandic und Sylvia Hungar für die Erstellung der Detailzeichnungen und an Michael Habelt-Müller, Ammerzwil, für die Modelle von Wand- und Deckenaufbauten.

Stichwortverzeichnis

Die fett gedruckten Seitenzahlen verweisen auf Haupteinträge.

AT Verlag, Aarau, Schweiz
Lithos: AZ Grafische Betriebe AG, Aarau
Druck und Bindearbeiten: Kösel, Kempten
Printed in Germany

ISBN 3-85502-688-2